政府会计与国家治理现代化丛书

章贵桥 著

政府会计功能论

The Theory of Government Accounting Function

本著作系国家社会科学基金重点项目“人工智能背景下会计职能转变研究”(20AGL014)最终研究成果和最终研究报告

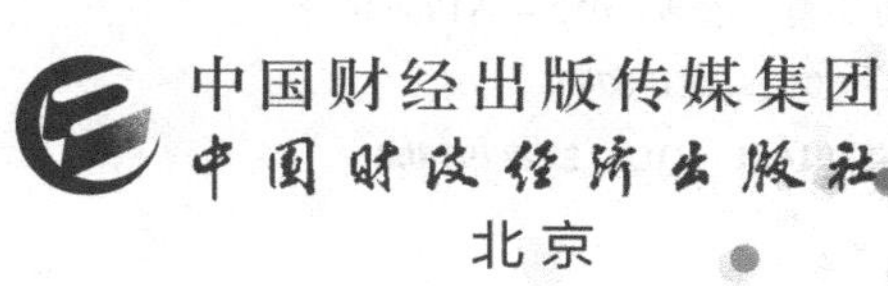
中国财经出版传媒集团
中国财政经济出版社
北京

图书在版编目（CIP）数据

政府会计功能论 / 章贵桥著. --北京：中国财政经济出版社，2024.12

（政府会计与国家治理现代化丛书）

ISBN 978-7-5223-1691-8

Ⅰ.①政… Ⅱ.①章… Ⅲ.①预算会计-研究-中国 Ⅳ.①F812.3

中国版本图书馆 CIP 数据核字（2022）第 178190 号

责任编辑：李　静　　　　责任校对：张　凡

封面设计：王　颖　　　　责任印制：张　健

政府会计功能论

ZHENGFU KUAIJI GONGNENGLUN

中国财政经济出版社 出版

URL：http：//www.cfeph.cn

E-mail：cfeph@cfeph.cn

社址：北京市海淀区阜成路甲 28 号　邮政编码：100142

营销中心电话：010-88191522

天猫网店：中国财政经济出版社旗舰店

网址：https：//zgczjjcbs.tmall.com

北京厚诚则铭印刷科技有限公司印刷　各地新华书店经销

成品尺寸：170mm×240mm　16 开　16 印张　238 000 字

2024 年 12 月第 1 版　2024 年 12 月北京第 1 次印刷

定价：88.00 元

ISBN 978-7-5223-1691-8

（图书出现印装问题，本社负责调换，电话：010-88190548）

本社质量投诉电话：010-88190744

打击盗版举报热线：010-88191661　QQ：2242791300

序　言

章贵桥同学是我在南京大学期间指导的博士生。该同学在博士求学期间，学习认真、勤奋努力，尊敬师长，博士期间获得了优秀博士研究生标兵、国家奖学金等荣誉称号，是位优秀的学生。在他读博期间，我给他的研究方向就是政府会计功能。他从读博期间一直到现在，10 多年来，他在此方向与领域展开了持续的不间断辛勤探索与耕耘，终有小成，良堪欣慰。

通读他所著的《政府会计功能论》，整部著作共有 10 章内容，大体可以分为三个部分。第一部分，作者从行政学与会计学视角探讨了何为政府会计功能，也就是对政府会计功能进行科学界定与定位。即政府会计功能本质为协同相关公共管理工具对政府管理形成一种积极作用的客观存在，其有效发挥可为政府财政预算有效和高效管理提供有力支持。依据功能论思想，会计功能大致可以分为两大类：契约与估值功能。进而再细分，政府会计契约功能经过演绎，可以细分为财政资源配置、财政预算监督和社会责任践行等功能；政府估值功能经过细化可划分为行政成本核算、财政风险预警、预算安排及绩效评估等功能。第二部分，作者依据政治学、行政管理学、产权经济学、人工智能理论和会计学等理论，并经过理论推导，科学演绎出政府会计功能发挥作用的路径与机制，由此总结该作用机制所能达到的领域与阈界。第三部分，作者经过细致分析认为，随着时代变迁科学演进政府会计功能，并使之有效和高效应用与运用，对经济与社会产生的积极经济后果，如有效节约与均衡政府行政成本与环境治理成本，改善社区治理，有力抑制财政预算领域的棘轮效应与预算软约束，促成政府财政预算绩治，助推数字政府体制建设，进而助力我国经济与社会高质量发展。

整部著作立足于当代我国财政预算管理领域背景，写作思路清楚，逻辑通顺，理论体系与框架清晰明了。基本理论和方法的阐述符合“规范化”与“本土化”原则，立足中国语境，理论联系实际，将经济学中抽象性的原理与我国财政预算管理领域的经济活动现象相联系，具有一定的普适性。本书在研究范式上运用多学科理论进行交叉研究，在选题与思想上有一定新意和创新，多章内容经过修改后发表在国内权威期刊，著作相关研究内容对指导我国财政预算管理实践、政府会计理论研究和政府会计教学等，具有一定借鉴与启迪作用。希望章贵桥同学在今后的科研工作中，再接再厉，不断推陈出新，为我国的政府会计理论研究事业作出新的贡献，此序。

陈志斌

2023 年 12 月 15 日

前 言

随着大数据和人工智能等数字科技的蓬勃发展，数智化治理正在深刻影响政府治理的内外部环境。如何借助人工智能技术，优化升级政府会计功能制度设计与安排，加强政府会计估值功能深度，拓展政府会计契约功能广度。在数智时代背景下，会计职能转变的逻辑进路为何，如何进行数智时代政府会计功能体系框架的构建，进而助推我国数字政府治理体制建设，助力我国经济与社会高质量发展是当前政府会计亟须解决的重要难题之一。本书将依据相关理论对此展开探讨与研究，全书共包括10章内容。在该书的写作过程中，笔者的研究生张小晗、杨梅、吴梦珂、吴毓宁、刘唯真、张东旭、杨佳慧和杨媛媛参与了部分文献的搜集与整理及部分图表的绘制，在此一并感谢！

第1章导论，开篇章。首先回顾与展望了新中国成立70年来我国政府会计理论研究与发展。新中国成立70年来，我国预算与政府会计理论研究经过不断改革与创新，取得了巨大成就和显著进步。本书通过对新中国成立70年来的预算与政府会计大事记予以回溯和述评，并以中国知网中预算与政府会计理论研究文献为样本，利用大数据可视化等多种统计方法对70年来的理论研究与探索脉络进行分析和梳理。以《国务院关于批转财政部权责发生制政府综合财务报告制度改革方案的通知》（国发〔2014〕63号）等发布以来的研究热点为依据，并以《政府会计制度》和《政府会计准则》等界定出预算与政府会计理论研究范围，旨在全面反映新中国成立以来，我国预算与政府会计理论研究与发展对促进我国各级政府财政预算管理水平，提升政府治理和国家治理能力所作出的理论研究与实践应用贡献。

第2章研究了随着时代变迁的社会责任与政府会计功能的关系。政府会计功能本质是一个动态且不断演绎的学科范畴，其内涵应随着时代与环境变迁，践行社会责任内容与方式不同等，应追随时代与环境进行演进与拓展。现阶段群体性事件频发的复杂性促使政府机构与部门在践行政府社会责任时不应再止步于被动地履行，而需要随着政府社会责任演进主动嵌入相关积极功能。与此相对应，要坚持和改造政府部门履行社会责任传统功能，更重要的是，要完善与创新政府部门履行社会责任形成性职能，使政府部门与机构承担政府社会责任趋于理性与主动。由此必将提升政府部门与机构治理多元社会能力，增强政府行政公信力，改善现阶段群体性事件频发现状。而完善与创新政府会计职能必然是其中极为重要的一环。

第3章探讨政府会计职能运用与发挥对环境治理的效应。现阶段我国环境治理状况形势严峻，而环境保护和治理综合性与复杂性使政府部门在践行环保职责时不应仅局限于单个行政职能或组织，应与相关行政职能机构组织协同，科学重构与界定关联行政职能，并应积极嵌入与创演形成性行政职能。其中，科学定位和拓展政府会计职能尤为重要，合理界定其本质职能将增强环保成本透明度，其预测职能可实现环境治理成本科学与合理规划，预警职能对计量与测算未来潜在环境恢复成本不可或缺，管理与治理职能充分发挥将直接优化当期环保成本等。因而，科学拓展和延伸政府会计职能可使环境保护与治理成本趋近均衡配置，对改善我国环保治理效率与效力必将生成积极作用。

第 4 章研究了政府会计功能有效发挥对社区治理的作用。10 年后，我国进入老年化社会，社区治理是国家治理和政府治理现代化的重要组成部分。并且随着我国老龄化社会结构进程加速，社区治理问题日益突出，科学与适宜的管理和治理机制就越发重要。政府会计体系作为现代化社区财政预算管理有效制度安排与设计之一，其职能有效发挥可以增强老龄社区财政预算管理效果，促成社区成本均衡管理等，进而夯实社区良治路径和机制。其中，有效运用政府会计契约功能可以实现社区财政预算资金均衡配置，促进社区行政生态清明和社区绩治，科学应用政府会计估值功能可以增强社区财政透明度，提升社区基金使用效率等。由此，提高我国多元化社区机构组织的管理和治理能力，并助力我国数字社区和智慧社区建设与发展。

第 5 章相对而言，我国的政府行政成本一直以来都偏高。数智化政府会计功能有效运用发挥应该促进政府行政成本均衡管理。我国正在推行高质量治理和积极转变政府职能时期，并随着我国行政体制改革进程不断深化，应主动嵌入相关积极辅助职能。其中，完善、变革与创新政府会计职能不可或缺，其反映受托责任职能可检验行政成本耗费效果，监控职能可增强行政成本支出效率，绩效评估职能对提升行政成本执行效益尤为关键，预警职能对预防政府因举债而产生行政坏账成本至关重要，由此经过职能拓展达到提高行政效率与效力，实现行政成本均衡管理，继而增进政府执行力和公信力，增强政府组织管理能力，并支持高质量治理执行机制形成。

第 6 章考察了运用政府会计职能对我国财政预算中的预算软约束和棘轮效应治理状况。现阶段预算软约束和棘轮效应是导致我国地方政府债务快速增长的主要成因之一。实质上，第一，棘轮效应和财政预算软约束导致财政预算利益相关者中的“理性经济人”的逆向选择行为，造成财政资源配置不均衡、资源浪费和土地财政非理性超收等不良后果。第二，棘轮效应和财政预算软约束是政府产权流通过程中产生的外部溢出效应，解决外部性的主要方法是将外部性内部化。政府会计治理机制作为公共财政预算领域内科学的管理机制和制度设计安排工具之一，其功能有效发挥将有力增加政府产权功能释放，增强政府产权流通性，有助于完善和健全财政预算管理机制，提升财政预算执行效率和效果，抑制棘轮效应和削弱财政预算软约束负面影响，优化公共财政资源配置，对助力经济与社会良性发展具有不可替代的作用。

第7章承接上章，本章继续考察数智时代，政府会计职能有效发挥地方政府债务治理的效用。后疫情时代，我国经济与社会进入新一轮稳健复苏与加速发展阶段。因此，财政部制定和出台了一系列针对地方政府举债的政策与措施，以此助力各地方政府拉动经济增长，增强经济发展后劲。在后疫情与数智时代，如何借助演进与跃迁的政府会计功能，增强政府会计估值与契约功能加成性和广延性，并科学运用与发挥其作用机制，是后疫情时代政府会计亟须解决的重要难题之一。以此助力地方政府科学确立经济增长目标，有效降低地方政府举债风险水平，强化地方政府财政预算风险预警机制，合理防范与化解地方政府举债危机，优化地方政府财政生态环境，提升地方政府财政治理能力与水平，助力我国各层级地方政府经济社会良性发展。

第8章基于前几章研究结论，本章探讨数智化政府会计职能运用与发挥对财政预算的综合治理效果。融合人工智能技术的政府会计功能体系可以对政府机构和部门公开披露的财务数据和信息进行智能分析和深度分析，提高财政预算资源的均衡配置，加强政府行政成本管控力度，有效抑制财政预算软约束情境，升级财政预算管理体系，优化政府行政事务绩效考评，强化政府财政预算风险预警机制，改善政府财政预算的绩效管理模式，减少和消除财政预算管理和治理中不合理等现象，实现政府财政预算绩效治理的优化升级，有效增强政府财政预算决策安排的科学化与高效化，助力我国政府对经济与社会管理和治理能力水平的提升，加速我国国家和政府治理现代化的进程。

第9章综合上述章节研究论断，探讨数智时代政府会计功能体系框架的构建。大数据和人工智能等技术的发展与应用，使会计职能不再囿于传统范式，在数智时代将促使会计职能发生飞跃性转变，会计估值和契约职能的加成性和广延性将得到极限扩展与延伸，深度挖掘会计估值职能向内作用机制，可以提升企业和政府会计的财务战术能力，增强会计管理能力。不断拓展会计契约职能向外作用的广度，可以提高企业与政府会计的战略管理能力，加强会计治理能力。进而从财务战术和战略管理两个角度，探讨数智时代背景下会计职能转变的逻辑进路与框架体系的构建，以期为政府和企业在不同时期依据现实需要，实施差异化的财务战略与战术管理提供些许理论和实践启示，并以此提升数智时代情境下会计机制的综合治理效率与效果。

第10章终章探讨了数智化政府会计功能体系对建设我国数字政府治理体制的作用与效果。作为本书最后一章，本章展望了数智化的政府会计功能框架体系对完善我国数字政府治理体制建设的效果。数智技术的快速发展与应用将对我国政府会计功能应用广度与深度产生巨大的变革。在政府会计功能结构中嵌入人工智能技术可以有效拓展其维度和边界。运用变迁后的政府会计功能对财政预算数据流进行整合、加工、分类和处理等，可以形成公共财政预算管理和治理的有效信息流。以此加速数字政府治理方式、路径和机制的创新，改变政府组织治理模式和政府治理结构。进而从技术上提速手工行政、技术行政向智能行政模式转变，助力传统型政府向数字化和智能化的“智慧型政府”过渡。有助于增强政府产权的价值创造，降低国家和社会的运行成本，实现规模经济收益，提升政府决策力、政府竞争力和政府生产力，助推和完善我国数字政府治理体制建设，助力我国经济与社会高质量发展。

章贵桥

2023 年 8 月 15 日凌晨

于上海大学管理学院 304

目　录

第1章

导 论*

1.1 引言

2019年是新中国成立70周年，70年来的浩浩荡荡，70年来的波澜壮阔，70年来的风雨兼程，我国取得了举世瞩目的辉煌成就。我国经济与社会的变化更是日新月异，人民生活水平得到了前所未有的改善和提高。筚路蓝缕启山林，栉风沐雨砥砺行。70年来，中国预算与政府会计理论研究与发展也经历了极不平凡和艰苦卓绝的历史过程，我国的预算与政府会计领域的学者们开拓进取，迎难而上，分别从不同视角探索与研究我国预算与政府会计的理论创新和实践应用，对推动和促进我国的预算与政府会计理论的发展，对助力提升政府治理与国家治理建设也起到了不可或缺的作用。特别是党的十一届三中全会以来确定和实行改革开放战略宏图的四十年来，我国的预算与政府会计理论研究不仅实现了量的高速增长，更实现了质的突飞猛进并取得丰裕硕果。同时2019年也是《国务院关于批转财政部权责发生制政府综合财务报告制度改革方案的通知》（国发〔2014〕63号）①

* 本章内容经过修改发表在《会计研究》2019年第12期。

① 《国务院关于批转财政部权责发生制政府综合财务报告制度改革方案的通知》文中以下部分简称《改革方案》。

和《中华人民共和国预算法》（以下简称《预算法》）修订发布的第6年，特别在《改革方案》基础上，后续推出与实施的《政府会计准则》和《政府会计制度》，更是极大地推动了我国预算与政府会计事业的向前发展。在此时间节点上，对我国预算与政府会计理论研究的发展加以回溯和展望，梳理和描绘我国预算与政府会计理论研究大事记整体发展走向和线路，可以为提高政府治理体系创新力度和完善我国预算与政府会计体系框架提供些许指导性建议和启示。

与已有文献相比，本书可能存在以下贡献：第一，本书重点从预算与政府会计研究大事记的视角，回溯了70年来与我国预算和政府会计相关的理论研究的发展历程；第二，利用大数据的可视化统计方法分析70年来我国预算与政府会计理论研究的脉络与趋势；第三，梳理与述评新中国成立70年来我国预算与政府会计理论研究的最新学术成果，并预测《改革方案》发布后，未来我国预算与政府会计理论研究与探索趋向。

本章后续部分的安排如下：第二部分回顾和梳理新中国成立70年来，基于理论研究大事记背景下，我国预算与政府会计理论在学术研究中的发展历程和理论研究成就；第三部分评述70年来我国预算与政府会计理论研究对增强财政预算绩效治理和提升政府和国家治理能力的助力作用；第四部分展望中国特色的预算与政府会计理论学术研究的发展方向，即数智时代背景下，中国特色的数字预算与政府会计理论学术研究趋势。

1.2 70年来我国预算与政府会计理论研究大事记发展回顾

70年来经过我国预算与政府会计理论学者们不懈探索与研究，不论发文的数量还是研究的质量都取得了巨大的进步和飞跃。从基础实践到初步探究到国际对比与借鉴，再到具有中国特色的理论研究和实践应用研究均呈朝气蓬勃的蒸蒸日上态势。本书根据新中国成立70年来我国发展的历史时期，把我国研究预算与政府会计研究进路演变划分为三大阶段。第一阶段，新中国成立后（1949—1978年）的我国预算会计研究阶段；第二阶段，改革开放以来（1979—2013年）的我国预算与政府会计并轨研究阶段；第三阶段，《改革方案》出台后（2014—2018年），凸显我国政府会计理论研究与实践应用阶段。

借助中国知网（CNKI），我们共获得了13852篇文献，1949—1978年以“会计”为主题词检索得到386篇文献，以“预算”为关键词获取了722篇文献。1979—2018年以我国预算与政府会计为关键词，我们得到了12744篇文献，其中以政府会计为主题词3766篇文献，以预算会计、权责发生制、政府会计准则和政府会计制度等为主题词共计8978篇文献，并剔除如下文献：（1）课程与试题类文献；（2）会议综述类文献；（3）缺失与主题不相关的文献；（4）重复类文献等。

1.2.1 1949—1978年我国预算会计研究大事记回顾与述评：发展经济，保障供给

新中国成立初期，百废待兴。在经济上，我们建立了新民主主义经济制度，以规划经济为主体，其他经济形式为辅的经济发展方向，实质是建立完全的计划经济体制。基于全力建设与支持社会主义的计划经济体制目标和要求，预算会计工作的首要目标和任务就是要建立新中国统一的预算会计制度。此阶段与预算和政府会计研究相关的大事记（见表1-1）。

表1-1 1949—1978年与预算和政府会计研究相关的大事记①

年份	标志性事件	主要内容
1949	12月12日财政部设立主管会计制度的专门机构会计制度处，负责会计制度的拟定、审查工作，安绍云任处长	

① 预算和政府会计研究相关大事记一部分摘录自：张涛，韩传模．新中国七十年会计大事记，财务与会计，2019，15：5-15；另一部分来源于财政部官方网站，下同。

续表

年份	标志性事件	主要内容
1950	3月3日通过《关于统一国家财政经济工作的决定》，发布《中央金库条例》	要求统一全国财政收支、物资调度、现金管理；成为新中国会计核算制度的第一个统一规定，对落实国家统一财政收支的各项措施起到了重要的促进作用
	9月财政部会计制度处升格为会计制度司，安绍云任司长	
	12月12日印发《各级人民政府暂行总预算会计制度》	对会计科目、会计凭证、会计账簿、会计报表等作出具体规定
	12月13日印发《各级人民政府暂行单位预算会计制度》	规定基本采用收付实现制
1951	1月创刊《新会计》	新中国第一本全国性会计月刊，会计名家杨纪琬教授创建并担任主编，财政部副部长王绍鏊为月刊题写刊名
1952	11月6日财政部召开全国预算、会计、金库制度会议，讨论各级总预算、总会计和单位预算会计制度草案	
1955	12月9日印发《地方财政机关总预算会计制度》《各级国家机关单位预算会计制度》	改现金收付记账法为借贷记账法
1956	11月12日财政部、国家档案局联合印发《预算会计账簿凭证报表保管销毁暂行办法》	
1962	5月10日批准《关于全国会计工作会议情况的报告》	财政部、中国人民银行联合召开新中国成立以来第一次专门研究会计工作的全国性会议，旨在切实加强会计工作，更好地为经济建设服务；指出：办经济离不开会计，经济越发展，会计越重要
1963	9月3日国务院副总理李先念发表题为《对财务会计人员的几点希望》文章	
1964	1月19日以基层单位财会人员为对象的全国性财会专业刊物《会计》月刊创刊号出版，时任国务院副总理李先念为创刊号题词	
1965	8月印发《关于印发预算会计工作改革要点和各级行政事业单位适用的三本会计制度的通知》	财政部召开全国预算会计工作会议

为了我们的经济建设，要不断改进财务管理的方法，充分发挥各方面当家理财、精打细算的积极性（李先念，1963）。会计核算要全面与深刻反映社会主义资金（价值形式）再生产（葛家澍，1956；杨纪琬，1961；余绪缨，1978），预算会计就是关于预算资金的征集、支领的会计（顾准，1964），预算编报（史绍绂，1962、1963；田一农，1957），预算执行（阿云，1957；吴盛光、叶锦棠，1963），预算会计工作等（刘佩珂，1962；米志诚，1959；尤愚，1953；余性元，1958）都要为我国计划经济体制下的财政预算管理服务，要为新中国社会主义经济建设服务。此时期确立了预算会计工作总体指导方针“发展经济，保障供给”，主要是为国家财政预算管理服务，为社会主义计划经济建设服务。此阶段预算会计研究对于助力政府管理与治理机制的基本指导思想是确保社会主义预算资金按照国家指导计划有效分配和执行。但在1966—1976年，正常的预算会计工作秩序受到了干扰，预算会计理论研究与实践应用处于停滞状态。党的十一届三中全会召开之后，我国预算会计工作秩序恢复正常，理论与实践研究也得到了有序、有效的渐次展开（张雪芬，2010）。

1.2.2　改革开放以来，基于大数据可视化统计分析的预算与政府会计研究回溯

（1）研究趋势总体性回顾

在实施改革开放宏观战略之后，我国的预算与政府会计理论探索与研究，主要是探讨预算与政府会计如何改革，改革目标和路径，改革后的经济后果等。集中度较高的主要有财政预算管理、预算会计目标、预算会计改革、权责发生制、政府会计改革等以及近期最热点的政府会计制度和政府会计准则体系建设和实施等。预算与政府会计各主题词之间存在着密切关联，其中权责发生制与政府会计信息和政府财务综合报告、预算会计体系与政府会计改革、政府会计制度与政府会计准则间等联系更为紧密。我们对所获得的12744篇文献运用大数据可视化方法进行了统计分析，结果

如图 1－1 所示。

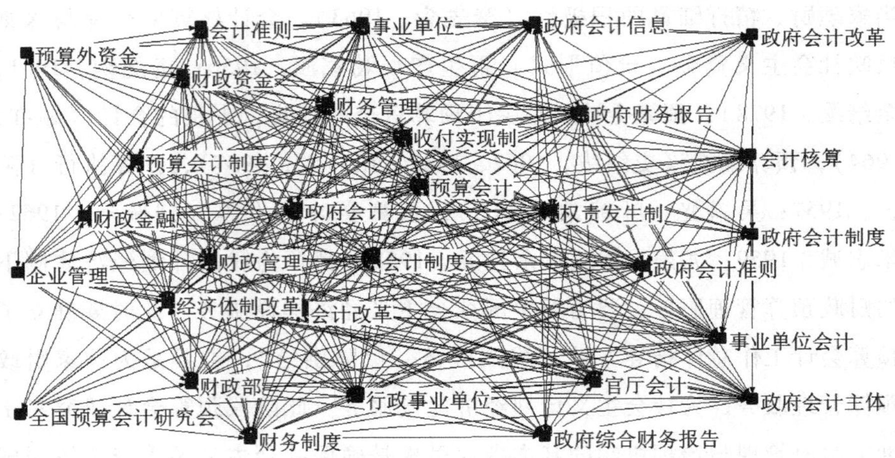

图 1－1　1979—2018 年出现次数大于 10 次的前 30 名关键词

在图 1－1 基础上，我们进一步统计了 1979—2018 年预算与政府会计理论研究中前 10 名的热点关键词在不同阶段出现的频率，结果如表 1－2 所示。

表 1－2　1979—2018 年预算与政府会计理论研究中前 10 名热点关键词

单位：次

关键词	总计	1979—1988 年	1989—1998 年	1999—2008 年	2009—2018 年
预算会计	1561	36	463	511	551
政府会计	1077	5	30	267	775
权责发生制	511	0	6	156	349
收付实现制	272	1	16	124	131
会计制度	269	1	35	127	106
政府会计准则	259	0	1	11	247
政府会计改革	216	0	1	41	174
官厅会计	203	6	32	97	68
政府会计制度	201	0	0	0	201
会计改革	179	0	33	38	108

第一，表 1－2 的 Excel 统计结果表明现阶段我国预算与政府会计研究以预算会计、政府会计改革、权责发生制等为主，也可以发现当下政府会计理论研究方向，即政府会计准则和政府会计制度的研究与探索等正成为

最受关注的研究主题。第二，从表1－2中我们也可以发现，在改革开放之后我国预算与政府会计从研究主题和内容等都得到快速拓展和衍生，研究质量和数量也呈现出大幅度提升态势，研究的主题已由服务预算资金管理逐步过渡到如何科学、有效、综合和全面提升政府管理与治理层面。预算与政府会计理论研究文献在时间维度上的分布情况如图1－2所示。

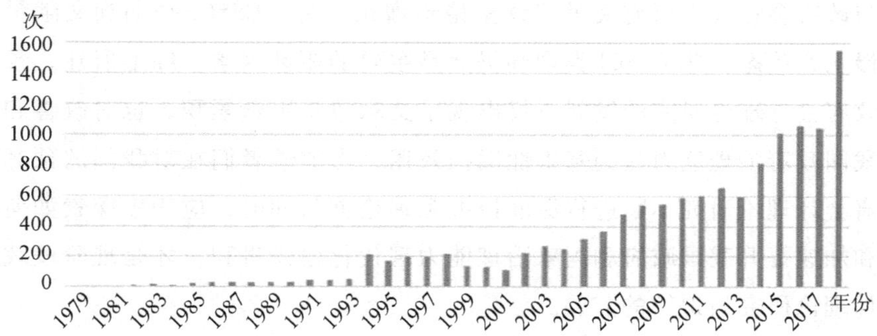

图1－2 预算与政府会计理论研究文献年份分布图（1979—2018年）

从图1－2 Excel图像显示，在我国确立市场经济体制之后，我国政府会计学界的学者们分别在不同时间点上对我国预算与政府会计理论展开研究，对推进我国预算与政府会计学术研究，促进我国预算与政府会计理论研究不断向前发展和创新起到不可估量的巨大作用，而纷繁郁盛的预算与政府会计文献着实改变和提升了我国预算与政府会计发展相对滞后的局面，同时对改善和提升我国政府治理能力也产生了积极作用和效用。图1－2中柱状图显示了1979年以来，我国预算与政府会计理论研究文献数量分布上的总体特征。在我国确立市场经济体制之前的文献量稍显薄弱，之后表现呈快速上升之势。尤其在《改革方案》发布之后，预算与政府会计理论研究更是出现了急速的上升趋势，至2018年达到阶段性顶峰。可见预算与政府会计学术理论研究受到了理论界与实务界热切关注。图1－3使用Excel软件统计了发表在CSSCI类期刊和非CSSCI类期刊中文献数量的分布概况。

（2）1998—2018年不同期刊种类的分布特点

从图1－3可知，在已刊发的预算与政府会计理论研究文献量上，非

CSSCI类期刊占据着相对的领先地位，但在2003年确立财政部成立政府会计改革小组之后并正式启动政府会计改革，以及2007年政府会计改革被写入“十一五”规划之后，CSSCI类期刊文献量和非CSSCI类期刊都呈现出较快增长趋势。尤其是在2014年《改革方案》颁布后，CSSCI类期刊文献量和非CSSCI类期刊更是出现了快速增长态势。从总体数量上看，关于预算与政府会计理论研究文献持续呈稳步增长形势，CSSCI类期刊文献量呈缓慢上升状态，非CSSCI类期刊仍然是主要的驱动因素。综上所述，预算与政府会计理论研究的发展不仅出现了文献数量不断累积，也对改善和提高我国政府治理能力起到基础性助推效用。当前学者们在对我国的预算与政府会计理论研究不断进行深度挖掘和理论创新同时，应积极探索如何高效和加速提升我国政府和国家治理能力现代化建设进程，才是现阶段政府会计理论研究最迫切的需要。

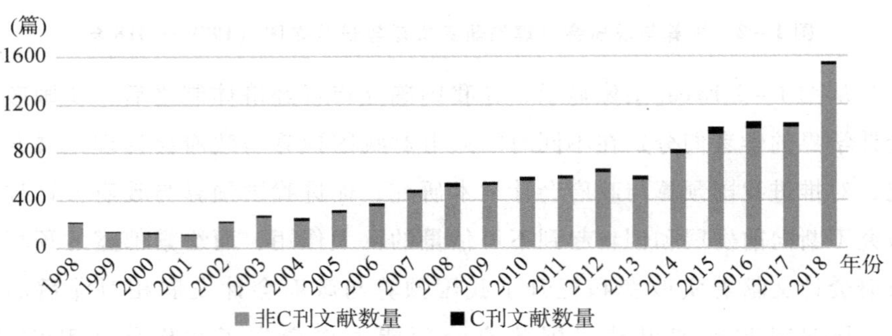

图1-3 预算与政府会计理论研究（1998—2018年）在CSSCI期刊与非CSSCI期刊分布图

1.2.3 1979—2013年预算与政府会计理论研究大事记回溯

1979—1988年，预算会计改革正处于初步阶段，其主要是预算管理的改革调整的需要，尚未冲破计划经济体制下的单一预算会计模式，在这个时期，政府会计的改革处于起步阶段（荆新，2018）。改革开放伊始，计划经济时代的传统收支模式仍是我国预算与政府会计采用的主要预算管理模式。但不同的是，在此阶段我国逐渐从高度集中的计划经济体制过渡至有计划的商品经济时代，政府统一主导的计划经济体制逐步演变为政府间接调节的计划经济体制，市场经济体制中的资源配置机制开始回归市场。与此同时，预算会计在内容、职能与核算范围上也有了新的突破和进展，但此阶段的预算管理与预算会计核算主体、方法等问题依然不适应市场经济体制需要，以直接行政管理为主的预算管理模式的问题仍十分突出。在我国确立市场经济体制之前的这段时期，预算会计理论研究与实践应用已不能有效满足国家对服务和提升政府管理与治理需要和需求。这在一定程度上羁绊着社会主义市场经济体制的建立。因此，为了满足预算会计有效服务市场经济体制的需要，助力提升政府治理能力的需求，财政部于1993年正式启动了预算会计改革（徐玉德、沈帅，2018）。

（1）1979—1993年预算与政府会计理论研究大事记

1979—1993年的预算与政府会计研究主题有了较大的丰富。其间在1990年我国正式成立了全国预算会计研究会。此后，预算会计理论研究迅速兴起，研究聚焦于提高有计划的商品经济体制下政府预算和财政管理能力。要正确认识预算会计的地位充分发挥预算会计的作用，及时正确地反映预算执行情况，为各级领导机关决策服务；加强会计监督，维护财经纪律；积极参与预算管理，提高资金的使用效益；做好资金调度工作，保证预算资金按计划及时供应（田一农，1979、1988）。预算会计工作是整个预算管理的一个重要组成部分，是预算管理的基础。国家财政的收和支都要通过预算会计进行收纳、拨付、核算和监督。做好预算会计工作对于保证国家预算的圆满实现具有重要的作用（迟海滨，1990）。

表1-3　　1979—1993年预算与政府会计理论研究大事记

年份	标志性事件	主要内容
1979	1月1日经国务院批准，财政部正式恢复会计制度司建制，并开始办公	
	1月20日财政部创刊《财务与会计》	
	12月26日创刊《会计研究》	在广东佛山市召开中国会计学会成立大会，学术界第一次提出了“会计管理”的概念，并集中讨论了会计学的科学属性和会计职能

续表

年份	标志性事件	主要内容
1980	3月31日中国会计学会创办的《会计研究》创刊号正式出版发行	
1981	11月2日成立"会计名词规范化研究组"	组织会计学界对若干会计名词的定义及其内涵和外延进行讨论，逐步统一认识并使之规范化，以利于会计理论研究的开展
1983	10月5日财政部发布《财政机关总预算会计制度》，自1984年1月1日起执行	
1985	1月21日通过《中华人民共和国会计法》，自1985年5月1日起施行	
1988	修订《财政机关总预算会计制度》和《行政事业单位会计制度》	
1990	8月29日成立全国预算会计研究会，推选田一农为会长	
1991	7月29日财政部发布《会计改革纲要（试行）》并提出我国会计改革的总体目标	
1993	年底财政部成立预算会计改革领导小组和常务工作组	

加强预算会计的宏观控制作用是对国家预算在实施过程中为保证计划目标实现所采取的调节措施，目的在于使预算会计更好促进增产节约、增收节支，提高财政资金使用效益，从而取得最优的经济效益和社会效益（傅斌，1987；郭振明，1986；刘叔申、周凯，1993；孙恪庄，1988；史绍绂，1980、1981；王百行、耿建云，1980；魏明海，1988；辛荣耀，1983；周友梅，1982）。预算会计既是预算管理的基础和重要组成部分，也是整个会计工作的重要组成部分。成立预算会计研究会，不仅是推动预算会计工作、开展预算会计理论研究的需要，也是发展具有中国特色的会计理论方法体系的需要（杨纪琬，1990）。在会计改革的大转折时期，预算会计向何处去，预算会计应该按照什么思路和目标模式来改革，预算会计准则如何制定，正成为会计改革的一个新的热点（王庆成，1993）。

1993年后我国处于建立社会主义市场经济阶段。伴随着经济体制改革冲破了计划经济体制下的预算会计模式，经济体制的改革范围涉及国家经济的方方面面。因此，预算与政府会计理论研究也受到了显著影响。在这一时期，预算与政府会计的改革进入了主动摸索的阶段，政府预算与会计已开始全面摆脱计划经济体制下的束缚，逐步与社会主义市场经济体制相适应（赵建勇，2000）。逐渐出现了政府会计、事业单位会计等相关研究主题，理论与实践研究都有了很大的突破。这一阶段预算和政府会计改革理论与实践应用研究已渐序展开和缓缓兴起，研究方向不仅仅局限于财政预算资金管理领域，学者们开始探讨如何借助预算会计改革有效服务与提高政府和国家治理能力。1994—2013 年，我国学者所讨论的预算与政府会计主题再次扩展，已经覆盖预算与政府会计研究的各个领域。

（2）1994—2013 年预算与政府会计理论研究大事记

我国社会主义市场经济体制正式确立后，1994 年，“分税制”的财政体制改革也正式开启，基于此情境原有的预算会计制度已经无法适用于新的预算管理需求，阻碍了预算会计职能的发挥。因此，此时期我国开始按照市场经济体制的需求进行改革，配合市场经济体制和政治体制的预算与政府会计体系已初步建立，先前的预算会计模式逐渐被放弃，建立起适用于分税制财政管理体制并轨的预算与政府会计模式。从 1994 年到 20 世纪末，我国预算与政府会计的主要目标是支持与服务社会主义市场经济体制的建立和运行，并以此提升我国财政预算资金使用效率与效果。1994—2013 年预算与政府会计理论研究大事记如表 1－4 所示。

表 1－4　1994—2013 年预算与政府会计理论研究大事记

年份	标志性事件	主要内容
1994	2 月财政部成立预算会计改革常务工作组	
	3 月 22 日第八届全国人民代表大会第二次会议通过《中华人民共和国预算法》	
1995	12 月 15 日印发《会计改革与发展纲要》	提出了“九五”期间和 21 世纪初我国会计改革与发展的目标和任务
1996	10 月 22 日财政部部长刘仲藜签发财政部第 8 号令发布《事业单位财务规则》	
2003	6 月 26 日成立政府及非营利组织会计专业委员会	负责对政府及非营利组织会计准则的研究、制定与实施提供咨询意见，委员会主任为楼继伟，副主任为阎达五、董大胜，成员包括许善达、张通、刘玉廷
	财政部成立政府会计改革领导小组，正式启动政府会计改革研究工作	
2007	政府会计改革被写入《中华人民共和国国民经济和社会发展第十一个五年规划纲要》	
2010	年底财政部印发《权责发生制政府综合财务报告试编办法》	

续表

年份	标志性事件	主要内容
2011	3月23日国务院常务会议决定将继续压缩中央部门“三公”经费预算，6月会将中央本级“三公”经费支出情况向社会公开	
	9月9日财政部发布《会计改革与发展“十二五”规划纲要》	
2012	11月29日财政部印发《行政事业单位内部控制规范（试行）》（财会〔2012〕21号）	
	12月6日财政部修订《事业单位会计准则》，于2013年1月1日起施行	

预算会计是在1953年由财政部会计制度司划到预算司管理的。40多年来，这类会计经过几次改进，已经形成一套较为完整的预算会计组织体系和制度体系（杨纪琬，1997）。我国预算会计工作目标是按照社会主义市场经济体制的要求对现行预算会计进行改革，把握预算会计改革方向，厘清预算会计，明确预算会计主体，改革预算会计的结账基础和记账方法，理顺预算会计组成体系，切实使我国政府预算资源得到最大程度的利用和合理配置（丛树海，1997；冯巧根，1994、1995；冯淑萍，1998；李定清，1995；李建发，1997；孟凡利，1994；史绍绂，1994；王庆成，1995、1996；预言，1997；阎达五、荆新，1998；赵建勇，1995、1996、1999）。

从21世纪初到2013年，这一阶段的研究主要集中探讨和探索我国预算与政府会计体系应该如何改革，并探讨如何通过改革更加有效地支持与助力我国政府和国家治理能力的提升。学者们分别从不同研究视角提出了对我国政府会计改革的构思，如对我国政府会计改革方向、道路和模式（荆新等，2004；陆建桥，2004；刘光忠，2002、2010；刘玉廷，2004、2010；宋衍蘅、陈晓，2002；王庆成，2001、2003；肖鹏，2010、2012；张雪芬，2001；张国兴，2008；赵健勇，2000），我国政府会计改革的目标（陈穗红、石英华，2007；陈小悦、陈璇，2005；张琦等，2011），政府会计改革与环境（李晓慧、马金玉，2009；张琦、程晓佳，2012；张琦等，2009），现行预算与政府会计体系改革中存在的主要问题（王庆成，2000、2003；王庆华，2004；赵健勇，2001；张琦等，2010），借鉴国际上发达国家政府会计改革的经验（陈立齐、李建发，2003；陈璐璐，2007；路军伟、陈希晖，2009；李秀玉、李朝阳，2012；欧阳宗书等，2013；戚啸艳等，2013；余应敏，2008；张娟，2010），借鉴IPSAS、FASAB、

GASB 等（《非营利组织会计问题研究》课题组，2001；财政部会计司考察团，2004；李红霞，2005；叶龙、冯兆大，2006；张琦、程晓佳，2008），制定政府会计概念框架和政府会计准则（北京市预算会计研究会《政府会计课题组》，2006；陈志斌，2011、2012；戚艳霞等，2010；张娟，2010），政府会计制度建设（邢俊英，2004），构筑政府会计结构（成小云，2012；王彦等，2009），权责发生制记账基础与我国政府会计改革（《政府会计权责发生制研究》课题组，2002；陈穗红等，2004；陈胜群等，2002；贺敬平等，2011；刘谊、廖莹毅，2012；戚艳霞等，2008；王雍君，2002；徐镇绥，2006），与政府会计改革和政府治理密切相关的主要有：财政透明度与政府会计改革（程晓佳，2004；孙琳、方爱丽，2013）、公共受托责任与政府会计改革（陈志斌，2003；路军伟，李建发，2006；戚艳霞、王鑫，2013）、政府会计改革与成本核算和政府绩效（常丽，2009；张琦，2006）、政府会计改革与政府治理（谢志华等，2010），构建以服务政府和国家治理导向的政府综合会计信息与财务报告系列（刘国强，2006；李建发，2001；章贵桥、潘俊，2013；张琦，2007；张琦、张娟，2012；张琦等，2018；赵西卜等，2010）。在此阶段我国预算与政府会计改革的研究也由过去冷门研究逐渐走向热点研究方向发展，对政府会计理论的研究深度与广度越发加强，并形成系统化，研究成果也越来越丰硕。同时，政府会计改革理论与实践应用的研究课题与提升政府和国家治理内容趋向紧密相联和对接。

2013 年，党的十八届三中全会决定全面深化改革，对于国家治理体系和治理能力现代化提出了新的要求，明确提出改革我国政府会计，提出关于“建立权责发生制政府综合财务报告制度”的意见。政府会计改革的理论与实践研究正式成为政府与国家治理能力现代化不可或缺的关键要求和主要内容之一。因此，为了顺利推进我国政府会计改革，并从当时我国现实环境和已有预算与政府会计体系改革试验效果出发，结合已有预算与政府会计理论的最新研究成果，2014 年 12 月 12 日，国务院关于批转《财政部权责发生制政府综合财务报告制度改革方案的通知》（以下简称《改革方案》），标志着我国政府会计改革与应用正式开启（张涛、韩传模，2019）。

1.2.4 2014—2018 年预算与政府会计理论研究大事记回溯

2014 年是我国预算与政府会计理论研究具有划时代意义的一年，是我国预算与政府会计发展具有里程碑大事记的一年，除《改革方案》之外，该年我国全面修订《预算法》，国务院印发了《关于加强地方政府性债务管理的意见》（国发〔2014〕43 号）等。规定和要求各级政府财政部门按年度以权责发生制为基础，编制政府综合财务报告，报告各级政府整体财务状况和运行情况等。此时期的研究显著特色是政府会计理论与实践研究以加速提升我国政府和国家治理能力现代化为主导思想。

表 1－5　　2014—2018 年预算与政府会计理论研究大事记

年份	标志性事件
2014	8 月 31 日表决通过《全国人大常委会关于修改〈预算法〉的决定》，并决议于 2015 年 1 月 1 日起施行
	9 月 21 日国务院印发《关于加强地方政府性债务管理的意见》（国发〔2014〕43 号）
	12 月 12 日国务院转发《权责发生制政府综合财务报告制度改革方案》，政府会计改革全面启动
2015	10 月 23 日财政部印发《政府会计准则——基本准则》（部长令第 78 号）在政府会计改革中具有里程碑意义
	12 月 16 日，财政部政府会计准则委员会成立并召开第一次全体会议
2016	7 月 6 日财政部印发《政府会计准则第 1 号——存货》等 4 项具体准则的通知（财会〔2016〕12 号）
	8 月 1 日印发《政府会计制度——行政事业单位会计科目和会计报表》征求意见稿（财办会〔2016〕30 号）
2017	2 月 21 日印发《政府会计准则第 3 号——固定资产》应用指南通知财会〔2017〕4 号
	4 月 17 日印发《政府会计准则第 5 号——公共基础设施》（财会〔2017〕11 号）
	7 月 28 日印发《政府会计准则第 6 号——政府储备物资》（财会〔2017〕23 号）
	10 月 24 日印发《政府会计制度——行政事业单位会计科目和报表》（财会〔2017〕25 号）标志着具有中国特色的政府会计标准体系初步建成

续表

年份	标志性事件
2018	3月23日财政部会计司关于政府会计准则制度研究征询意向公告
	4月19日印发《政府会计准则第X号——会计调整（征求意见稿）》（财办会〔2018〕9号）
	4月24日印发《政府会计准则第X号——负债征求意见稿）》（财办会〔2018〕12号）
	8月16日印发国有林场和苗圃、测绘事业单位、地质勘查事业单位、高等学校、中小学校、科学事业单位、医院、基层医疗卫生机构、彩票机构执行《政府会计制度——行政事业单位会计科目和报表》的补充规定和衔接规定的通知
	10月21日印发《政府会计准则第7号——会计调整》（财会〔2018〕28号）
	11月9日印发《政府会计准则第8号——负债》（财会〔2018〕31号）
	11月15日印发《中共中央 国务院关于全面实施预算绩效管理的意见》（中发〔2018〕34号）

2014年，《改革方案》的出台是推动政府会计改革发展的标志性事件，是我国预算与政府会计体系发展和建设的标志性理论成果。我们以《改革方案》中提出的关于预算与政府会计研究范围中所含的关键主题为依据，筛选出政府会计改革、权责发生制、政府会计准则和政府会计制度等热点研究主题，并进行了大数据可视化统计分析。

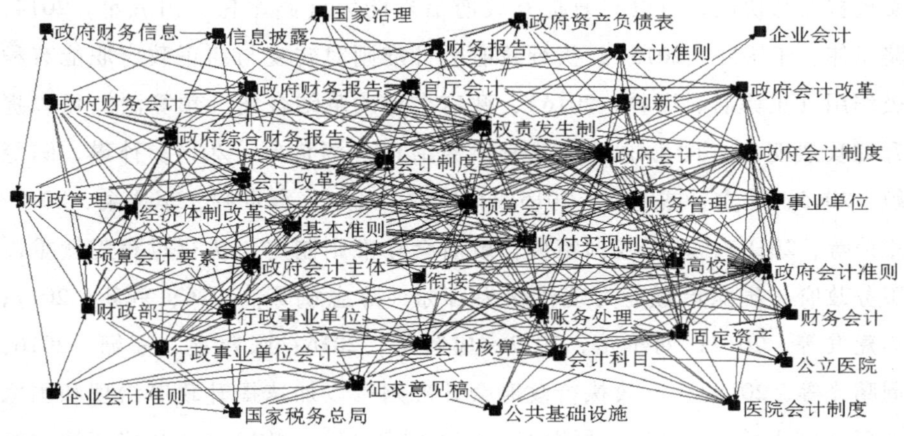

图1-4　2014—2018年出现次数大于10次的全部关键词

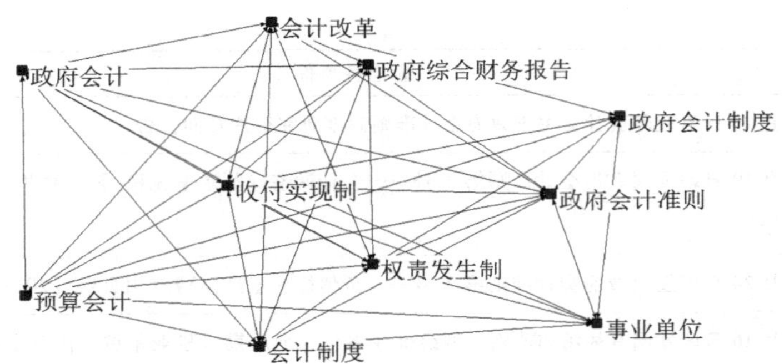

图 1－5　2014—2018 年出现次数大于 10 次的前 10 名关键词

通过对 2014—2018 年预算与政府会计大事记梳理以及对 2014—2018 年全部关键词和出现次数大于 10 的前十名关键词进行大数据可视化分析可以看出，在《改革方案》发布后，学术界掀起了对政府会计理论研究的热潮，学者们对政府会计的研究范围越来越广，各研究热点与政府和国家治理能力现代化之间的联系也更加紧密。此期间学者关注点领域主要集中在政府会计体系应用权责发生制，政府会计准则和制度体系等对政府与国家治理产生的经济后果，如运用权责发生制构建国家治理导向的政府综合财务报告（常丽，2016；姜宏青、李科辰，2017；荆新、何淼，2015；李建发、张国清，2015；李建发、赵军营，2016；戚艳霞，2016；王晨明，2015、2016），政府会计改革驱动因素对执行预算会计和财务会计双轨制实现权衡与协同，可以有效提升政府治理能力（路军伟、田五星，2014；路军伟、于国旺，2015），执行政府会计准则对转变与纠正政府职能有积极作用（王雍君、谢林，2016），政府会计改革结合新《预算法》可以提升财政透明度，助力地方性政府债务治理（潘俊等，2014；孙琳、陈舒敏，2015；王鑫、戚艳霞，2015；余应敏，2014；章贵桥、李增泉，2018；张琦等，2018），基于我国情境，政府会计准则制定与执行过程应侧重以服务政府与国家治理能力现代化为目标（陈志斌等，2016；荆新，2017；李建发等，2017；刘子怡，2017；应唯等，2016；张曾莲、高姗，2016；周曙光等，2018），有效执行政府会计准则可以加速提升政府治理和国家治理（陈志斌等，2015；周曙光、陈志斌 2017），政府会计功能拓展与演变可以助力政府与国家治理能力现代化建设（陈志斌等，2014、2017、

2018；章贵桥，2017）。

综上所述，我们可以发现，《改革方案》的发布极大地推动了学者们对在政府会计中应用权责发生制所产生的经济后果展开研究；我国的政府会计理论研究也越来越成为一个有组织和有逻辑的研究系统，并进入了理论研究繁荣阶段，呈现出一派欣欣向荣的景象。同时《改革方案》出台后，政府会计理论与实践的研究重点以加快提升与建设政府和国家治理能力现代化为导向，如政府会计准则和政府会计制度制定和执行、政府财务报告的披露、政府会计功能拓展与延伸等如何更加高效且加快推进我国政府和国家治理能力现代化建设。此时期我国政府会计理论与实践研究快速向前发展有效助力并助推了我国政府和国家治理能力现代化建设进程。

1.3 新中国成立 70 年来我国预算与政府会计理论研究大事记和提升政府治理研究评述

70 年来，我们已经取得了举世公认的伟大成就。预算与政府会计理论与实践研究在我国不同历史时期对加强政府预算财政资金管理，提升政府和国家治理也发挥着巨大的作用。预算与政府会计在促进政府财政预算管理、在改善和增强政府治理和国家治理能力主要体现在以下几个历史时期。

首先，在新中国成立初期至党的十一届三中全会召开前，预算会计本身在国民经济整体的经济计算中有它特殊重要的作用，预算结构直接体现了国家的政治经济文化的方向和政策（顾准，1964）。此时期预算会计理论与实践研究主要体现在建立健全政府会计核算体系，加强政府财政预算资金核算、监督与管理，实现国家财政预算资金增收节支等方面，但对于如何有效服务和支持政府管理财政预算资金，提升政府治理研究却显得相对薄弱。其次，在改革开放后至我国社会主义市场经济体制确立前，社会主义计划经济时代的预算与政府会计研究主要聚焦如何及时正确可靠地反映各期各级政府财政收支状况，对政府财政预算资金进行收支管理和会计监督，维护财经纪律，提高各级政府财政预算资金的使用效益与效果，此阶段预算与政府会计研究对服务和提升政府和国家治理已渐进兴起。再次，在我国确立市场经济体制后至《改革方案》发布前，预算与政府会计理论与实践研究主要集中在形成和构成本土系统化学科同时，应与提升政府和国家治理能力建立起紧密关联，助力我国确立社会主义市场经济体制，助推市场资源配置功能回归和转变政府职能，促进国家财政职能实现，降低政府行政成本，积极探索预算会计改革道路和机制，借鉴国际和发达国家预算与政府会计改革经验以及制定我国政府会计概念框架与政府会计准则体系，探索权责发生制和双轨制在我国财政领域的试行和运行，构建以服务政府和国家治理为导向的政府财务综合报告等，预算与政府会计理论与实践研究已与提升政府和国家治理能力现代化紧密相联，有力支撑和提升了当时的我国政府和国家治理能力现代化建设。最后，在国务院转批财政部《改革方案》之后的现阶段，政府会计理论研究与实践应用更趋向紧密结合。政府会计理论和实践研究主题演变为以服务政府和国家治理能力现代化体系为主，主要表现为增强财政透明度，防范地方政府财政风险，加强地方政府债务治理，抑制财政预算软约束和棘轮效应，改善社会资本和地方政府之间的信息不对称，促使PPP合作的展开，优化公共权力配置，保障及监督公共权力运行和评价其运行效果，保障政府治理合法规范，促进政府治理互动制衡，助力政府治理科学高效等。实现了加速提升政府和国家治理能力建设和积极推进了政府和国家治理能力现代化进程的要求，同时增强了公众对我国政府的政治信任等。

1.4 未来我国政府会计理论研究与助力提升政府和国家治理能力研究展望

当下，政府会计理论研究应更多关注我国政府治理和国家治理中面临的现实问题与难点。新时代我国政府会计领域主要矛盾是国家治理体系和治理能力现代化的需要和政府会计不平衡不充分的发展之间的矛盾。必须坚持以国家治理现代化为中心的发展思想，不断健全政府会计体系，发挥政府会计的国家治理职能（陈志斌，2019）。我国未来一段时期的政府会计理论研究应该根植于我国情境，政府会计理论研究仍将以提升政府治理和国家治理能力建设为指导方针和方向。

1.4.1 政府会计准则制定与政府会计制度体系建设

当前我国政府会计正处于改革和发展的关键阶段，既面临着机遇，也面临着诸多方面的问题和挑战。因此在政府会计准则与制度体系建设中，应立足国情与实践反馈，借鉴与比较国际经验，并充分考虑我国政府特定的环境以及政府财务信息生成与披露方式和政府财务报告使用者的信息需求，不断进行理论研究与探索。结合政府会计制度实践应用与反馈，陆续制定和推出后续具体政府会计准则体系，不断修订与完善政府会计制度。并与《中华人民共和国会计法》和新《预算法》等法律法规制度相配合，加强政府会计法制化建设，维护社会主义市场经济秩序，应严格政府成本的核算与控制，建立健全现代政府管理会计，加强大数据、互联网和人工智能技术在政府会计理论研究与实践应用领域的运用和发挥，以提高政府预算绩效评价的科学性、规范性和合理性，进一步增强政府财政资源的最优配置和产出效果的最大化。助力各级政府全方位、全过程与全覆盖实施预算绩效管理（王泽彩、胡志勇，2019；马蔡琛、朱旭阳，2019），切实提高预算财政资金经济效益，奠定政府和国家善治的基础。

1.4.2 防范地方性政府债务与国家资产负债表编制

近年来，我国地方性政府显性与隐性债务不断累加，未来我国政府会计理论体系探讨应加强对防范和预警地方性政府债务发挥积极作用理论与实践应用研究。结合财政部在2014年颁布的《关于全面推进管理会计体系建设的指导意见》，加强对政府的隐性债务和或有负债予以确认和计量理论研究与探索，使地方性政府隐性风险呈显性化风险，为全面监控地方性政府财政风险提供有效的理论和技术支持（姜宏青等，2018；潘俊等，2019）。利用有效的政府会计信息积极防范财政风险，预防出现因负债风险而出现地方政府政治信任危机和防范出现地方性政府破产现象，加强建立地方性政府财政风险预测与预警体系理论研究。我国政府会计理论研究在未来一段时期应聚焦政府成本会计研究，向社会公众提供公共服务支出和机关运行成本等财务信息，并对积极配合国家资产负债表编制展开理论研究（殷红等，2019；姜宏青、魏小茹，2019）。以此夯实国家资产负债表的编制基础，加速促进和实现国家治理体系和治理能力现代化建设。

1.5 本章小结

我国的发展得益于全球化的背景，学者们在借鉴与比较国际经验时，应该立足于我国国情，充分考虑我国政府财政管理现实环境和特点，汲取不同经济环境下各国政府会计准则、有关国家政府基于财务报告制度的有益改革经验，形成具有中国特色的政府综合财务报告制度。习近平总书记于2013年提出的“一带一路”倡议，是一项伟大的新举措。因此，在我国政府在海外展示硬实力的同时，我国政府会计理论研究与实践应用的软实力也不应缺席，应在我国预算与政府会计理论研究取得良好进展后，其最新成果同样也可为未来进行改革的国家提供参考。在国际交流、比较与互动中推进我国政府和国家治理体系能力现代化进程。

志之所趋，无远弗届。志之所向，无坚不入。新起点，新征程。我们相信中国预算与政府会计理论研究将继续扎根我国现实，秉承兼容并蓄，凸显特色的研究探索之路，参与“一带一路”国际合作，继续沿着中国特色社会主义政府会计理论发展之路不断前行，不断提升政府和国家治理能力，服务国家和经济社会发展。

第 2 章

政府社会责任变迁与政府会计功能演进*

2.1 引言

近年来，我国工业化发展速度和城镇化进程不断加快，与之相适应的是环境保护工作形势日益严峻。据 2011 年召开的全国“水污染司法和行政执法研讨会”透露，“我国因环境问题引发的群体性事件以年均 29% 的速度递增”。近年来，随着我国经济快速发展和民主法治社会的建设与完善，公民社会意识不断发展，我国公民的维权意识也越来越强。基于利益表达的群体性事件和基于价值追求的群体性事件迅速增多。如何在公共决策过程中保障人民群众的“知情权、参与权、表达权和监督权”，已成为亟待解决的课题。必须认识到，在我国公民权利意识日渐增强的新形势下，民众与政府围绕公共决策的博弈必将成为常态（王赐江，2012）。

随着时代和环境的变迁，在我国经济快速发展，人民生活水平不断提高的情况下，公民社会的逐步确立与不断发展完善，公众日益对“政府中心”的管理方式越来越不满，期望政府部门提高其服务水平和服务质量。

---

* 本章内容经过修改发表在《贵州社会科学》2013 年第 7 期。

法国思想家卢梭曾说："政府是人民的政府，不是官僚的政府。"以"顾客"为导向是当今世界改革的潮流。对于政府机构，组织目标就是组织的最终控体即立法机构的个人目标，也是公民的个人目标。这种关系与企业组织的情况有点类似，因为如果立法者为政府机构提供资金，从这个意义上讲，可以把他们当成"顾客"（西蒙，1978）。受顾客驱使的政府，满足顾客的需要，不是官僚政治的需要（奥斯本、盖布勒，1996）。现阶段群体性事件的频繁发生与政府社会责任的履行不到位以及未能及时跟上政府社会责任演进步伐继而未能采取相应的践行措施存在密切联系。能否通过构建完善的政府会计功能体系，为政府部门及官员高效践行政府社会责任，提高政府机构相关的执政与行政管理能力，实现我国可持续发展战略并对我国现阶段群体性事件频发现状有所改善，本书试着探索一二。

2.2 群体性事件上升与政府履行社会责任缺失和行政运行功能缺位相关性论证

由于我国正处在社会转型时期，经济上、政治上和文化上等各种矛盾交织在一起，诸多原本属于小问题的事件经过时间发酵逐渐成为大问题，而政府部门机构及政府官员对这些矛盾与问题认识不深或者说是重视不够，或许某些政府机构或者某地政府也非常重视履行社会责任，但该机构与该政府可能由于财政与环境等因素或其综合能力不济，致使应尽的社会责任无法履行。然而，从我国群体性事件发生的类型与性质分析，在大多数情况下，某些政府部门与人员在执行国家政策与政府决策时则表现出对政府社会责任与社会公益的淡漠，相关行政运行功能又不够健全和完善，加之对相关法律与法规遵守不力，而民众若想对政府机构的实施政策的过程施加影响是件困难的事情，其影响微乎其微，最终导致群体性事件发生并呈快速增长趋势。群体性事件的成因是复杂的与综合的，但总括而言，与政府机构和官员践行政府社会责任缺失，与相关行政运行职能不健全、不完善有着密切联系。一图以概之（见图 2－1）。

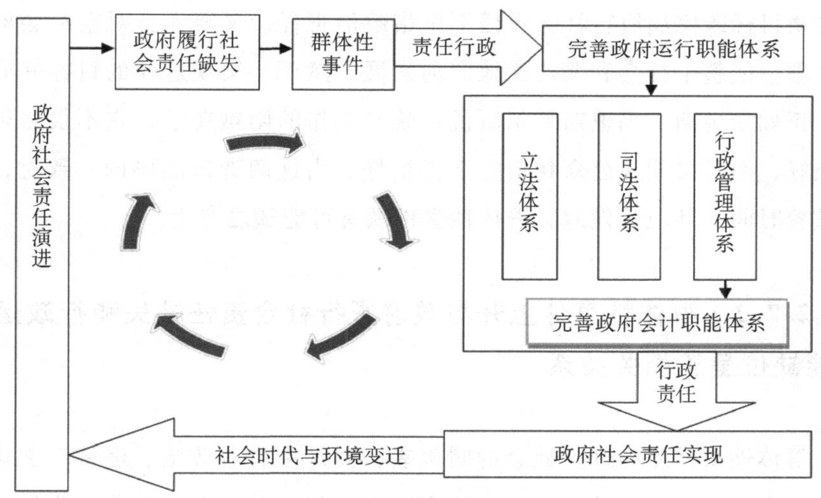

图 2－1　政府社会责任演进与可持续发展循环图

2.2.1　社会责任内涵延伸可能导致政府履行社会责任缺失和相关行政运行职能缺位

现阶段学术界每提到社会责任往往不约而同地想到公司和企业社会责任，好像社会责任就是指企业与公司的社会责任，尤其对民营企业社会责任的承担更是特别关注，其实社会责任这个概念是个角色定位概念，生活在当下的每个人和每个组织均应承担一定的社会责任。尽管现阶段对社会责任承担的研究集中在经济与商业领域，但社会责任不是某类特定组织的专属范畴。政府也属于组织，其社会责任可以是政治责任、法律责任和道德责任等，与企业和个人社会责任不同的是政府的社会责任其判断标准是政府实施所有的行为以及相关不作为对全体社会产生的直接利益与非直接利益影响均可称为政府的社会责任。

提及政府的社会责任，或许人们想当然地认为政府就是承担社会责任的。诚然，政府是由全体公民选举产生的，政府承担相应的社会责任属天经地义。但我国政府的社会责任似乎更多关注政府的政治责任。而政府社会责任应以全体公民的福祉与利益为出发点和落脚点，要求政府实行这样的均衡目标既完满履行社会责任不单指政治责任，又要实行对全社会的成功管理，使整个社会和谐均衡地向前发展。然而，实现这样的目标并非易事，正如詹姆斯·福里斯特尔所说：政府工作的困难在于，它不仅必须干得很好，而且必须让公众相信它干得很好。当这两者未能协调一致时，矛盾随着时间与环境的发酵，群体性事件就有可能随之产生。

2.2.2 群体性事件上升与政府履行社会责任缺失和行政运行职能缺位呈正相关关系

群体性事件就仿佛是社会的晴雨表，其产生有着政治、经济、文化等方方面面的错综复杂的成因。而政府社会责任随着社会与时代的变迁，其内涵与形式也发生相应的改变，若政府机构及其行政官员不能以动态发展的眼光看待这些，并进行政府相应职能转变，履行应尽的职责与措施，则必然引发群体性事件。现阶段的群体性事件频发与政府管理机构与官员对政府社会责任实施的缺失和行政运行职能缺位有着紧密联系。群体性事件上升与政府履行社会责任缺失呈正相关关系。政府主抓经济建设，促进全面就业，实现社会和谐向前发展，原本无可厚非。但有些政府部门及相关官员一味追求 GDP，特别注重经济的增长速度，以此博取官位晋升的资本，尤其喜好追求高风险类型的项目建设，在未得到充分论证与可行性分析时，便匆匆上马，原因其回报率高，更多学者称为“形象工程”。然而，此类型项目若失败，其经济损失也是巨大的，后果也非常严重，比如多地的烂尾工程与荒芜搁置工程等。但当追究问责时却常常无人问津，往往是当地的财政直接承担其的损失费用，导致最终结果是没有任何受益的当地民众承担其巨额的沉没成本。相反，对一些改善民生的公益项目上投入却相去甚远，如当地环境治理、公共医疗与卫生、义务教育、扶贫救助、农村公共产品供给等却没有给予应有对等的关注与投入。

第一，政府的失当施政直接侵犯公民权利与权益。部分政府及部门在进行相关市政建设或房地产开发时，对相关法律法规遵守不力及与公民当事人未进行有效协商时，武断地征用相关土地并进行拆迁由此构成对公民应有的权利的直接侵犯，导致部分地方不同程度出现由于征地引起小规模群体性事件。第二，侵犯公民当前及未来人身权利。由于我国经济与社会的快速发展，公民社会的逐渐形成，人民不仅关注当前的相关权益，更加注重未来发展。对其居住及生活环境保护意识将越来越强，然而部分政府为追求当地 GDP 或者相关数字经济，对项目周边的居民相关权利与权益忽视甚至忽略，由此构成对其当前及未来权利的侵害直接导致了群体性事件发生，例如各地的“PX 项目”群体性事件。凡此种种与政府管理机构及官员对政府社会责任实施的缺失无不存在密切联系。当这两者在一定的条件与环境下被加强与激化时，群体性事件产生。若用数据进行实证检验，我们一定可以得出此两者呈正相关。

群体性事件增长与政府行政运行职能缺位呈直线性关系。官僚主义和腐败现象是我们当今政府部门的两大顽疾。党的十八大召开后，新一届领导人上任伊始就提出要全面根治这两大诟病，但当前以及未来相当长的一段时间，官僚主义、腐败行为仍旧有相当大的惯性。当具备一定环境和条件时，部分政府官员就会运用手中掌握的政治权力、经济权力和社会权力实现权力的价格，达到侵占社会资源、中饱私囊的目的。对原本由其承担的受托责任和应尽的社会责任，早已抛至九霄云外，直接危害当地经济与社会发展，其腐败成本直接减少当地财政收入，但最终的承担者仍旧是当地的民众。长此以往，积累民怨。所以，政府官员的腐败程度与相关行政运行职能不完善不健全成正比，行政运行职能缺位与群体性事件呈正比例增长。由此形成群体性事件发生速度呈直线性增长当属情理之中。

2.3　政府社会责任演进——创新与完善行政机制和行政运行职能

我国现阶段正处于社会转型时期，经济与社会快速发展，与此同时社会责任也不断变化与演进，各种矛盾与问题交织在一起。“现代性产生稳定性，现代化却产生不稳定”（亨廷顿语）。在处理这些问题与矛盾时，需要政府官员与职员具有高度的责任感。责任行政是一个管理机制和管理模式，是行政机关和行政工作人员在行政管理全过程中应当以承担责任和义务为运行模式和管理机制的全新管理理念、管理模式、管理思路和管理机制。

2.3.1 转型时期政府社会责任的外延与内涵显著扩展

根据里格斯的行政生态学理论，我们目前应处在过渡时期的棱柱形行政模式下，在该模式下，一个社会在同一时间里同时存在着不同的制度、行为和观点，极不协调，表现出强烈反差。而在这个时期，政府社会责任的外延与内涵业已发生了改变。相对于计划经济时代和改革开放初期，我国政府社会责任的范畴已显著扩展，几乎渗透到社会每个产业与行业和社会的方方面面。政府社会责任内涵则是要求当前政府不仅要体现出对现阶段社会责任尽职尽责，全面践行，更要关注下一阶段政府如何履行社会责任，即使政府履行社会责任进入良性循环机制。

2.3.2 转型时期政府履行社会责任的机制与体制应不断修正与创新

社会责任履行不仅是在法理上实现社会的权利委托，更关乎经济、社会发展的前景。相关的他律和自律机制与体制相对于前一阶段如何区别或者转型时期如何构建适应本阶段并能顺利延续至下一阶段的他律与自律机制是行政学、公共管理学等的一大课题。此阶段的践行社会责任机制与体制既能承担当前阶段良好的管理机制，又要成为未来发展阶段的顺利衔接。就现阶段而言，以我国层级政府履行社会责任为例，其履行政府社会责任主要由上级政府及上级政府职能机构审计、纪检等部门对其进行的监督与检查。然而，这些监督与检查机制毕竟在政府机构内进行，而公众参与监督与检查的机制却仍未有效地确立。但政府的所有权力均来自全体公民的委托与信任。但随着我国经济快速发展，公民社会的意识不断增强。公民要求直接参与对政府部门及官员履行社会责任的监督，并且这一要求随着未来公民社会的形成将越来越强，构建公民参与监督的他律机制不可或缺。

2.3.3　可持续发展促使政府完善与创新相关行政运行职能

责任行政是指行政机关和公务员在履行管理国家和社会公共事务的全过程中，以承担法律、行政法规和授权者赋予的责任和义务作为出发点和归宿的行政模式和行政机制。责任行政原则要求行政机关及公务人员对自己行使公共管理权力的行为负责，有行政行为必有责任。随着我国经济的快速发展以及时代和环境的变迁，我国的政府社会责任的外延与内涵不断演进，我国政府的执政能力将面临诸多挑战与难题，责任行政要求政府部门与官员的执政能力必须跟上政府社会责任演进的步伐；否则，将加剧群体性事件发生的规模与速度。而政府权力的合理运行是责任行政的前提。但权力体系合理运行离不开完备的职能部门与体系。政府会计职能体系是其核心体系之一。

2.4　完善政府会计功能与可持续发展战略实现

充分践行政府社会责任与完善政府会计功能两者相辅相成、相得益彰。政府会计功能的完善能促进政府社会责任的实现，完善的政府会计功能体系是履行政府社会责任的不可或缺的有机组成部分，也是十分有力的治理工具之一。但完善的政府会计功能并不一定能使政府社会责任得以完美的履行。中间需要非常关键的桥梁——责任行政。而责任行政最主要体现之一则是合理构建行政权力运行责任体系，政府会计功能体系是其重要的分支体系。

2.4.1　责任行政促使政府会计功能完善

现阶段发生的大部分群体性事件就其性质而言绝大多数与其经济利益

直接相关，我们在分析导致群体性事件的发生的成因时，发现其中最主要的因素莫过于经济因素。大部分群体性事件的参与者希冀通过这种方式引起本级与上级政府及全社会的关注，继而希望政府及相关部门采取一定的措施，维护或补偿其经济利益。常言道："实干兴邦，空谈误国"。责任行政本质就是要求政府机构及官员以高度责任感对待民众的利益诉求，以服务人民为其宗旨。而实现责任行政的前提——政府相关运行功能体系的健全与完善，政府会计的基本功能就是反映与监督。完备的政府会计功能为实现责任行政提供了必要的支撑与支持。因此，实现责任行政，完善政府会计功能不可或缺。

2.4.2 完善政府会计功能与可持续发展战略实现

会计基本功能是反映与监督。在整个政府信息系统中，政府会计信息是政府信息系统的有机组成部分，是实现政府功能转换、提高政府透明度的重要一环。会计信息起着非常重要的作用，政府财务报告关注整个政府的资产负债状况和运营绩效，可以完整地反映政府的财务状况、运营情况和现金流量（李建发，1999）。最重要的就是反映财政资金运动的信息以及相关的非财务信息，有助于解脱政府公共受托责任，满足人民群众等利益相关者的信息需要（陈志斌，2003）。完善并充分运用政府会计功能，是防范财政风险的必然要求，是建设政府绩效及社会公众的监督的必然要求，是适应市场经济条件下公共财政管理体制改革的必然要求，也是反映和评价政府功能转换的必然要求（王银梅，2011），也是政府实现履行社会责任重要着力点与支撑。

（1）解脱受托责任，提高财政透明度提升政府履行社会责任的政府与民众信息沟通机制

国际货币基金组织《财政透明度册》其核心要求提出，政府应该定期向全体民众提供全部的预算信息和财政信息并保证数据的真实性等。我国于 2008 年 5 月 1 日正式实施《中华人民共和国政府信息公开条例》，将信

息公开透明纳入法治轨道，确立了“以公开为原则，以不公开为例外”的原则。政府透明度的提高是政府解除受托责任，赢得公众的信任的一种重要手段。而政府会计信息及其信息系统是提高财政透明度的最主要路径，提高财政透明度是政府机构及官员践行社会责任的必然要求。政府会计最高层次的目标是帮助政府履行公共受托责任（陈立齐、李建发，2003）。而政府会计功能在一定条件下实质上是政府会计目标的具体化，政府主要功能之一就是反映一段时期内完整的政府的财务状况、运营情况和现金流量。因此，当政府机构及官员履行其承担财政收入与分配社会责任时，完善的政府会计功能是其不可缺少的工具与手段，是实现政府与民众信息沟通渠道畅通的前提，政府通过有效的政府会计功能实现及时充分地公布其履行政府财政社会责任方式与手段、程度与进度及其结果等，并实现与民众的信息沟通机制完全对称，使民众全面了解政府财政收入与分配等相关执行情况。而当民众对此履行机制存在异议，可以通过合理方式向相关部门表达诉求。因此，既可实现公民对政府财务行政的知情权，又可促使政府会计功能的健全与完善，形成良性互动与循环。由此必将减少由于政府履行财政领域社会责任与民众存在信息不对称引发的群体性事件。

（2）全面反映政府预算收支，加强预算控制完善政府履行社会责任行政法治化

预算是经法定程序审核批准的国家年度集中性财政收支计划。它规定国家财政收入的来源和数量、财政支出的各项用途和数量，反映整个国家政策、政府活动的范围和方向，是支配和控制政府收入分配行为的最主要的工具与手段。我国《预算法》规定政府会计系统应全面系统记录并核算预算执行过程，加强政府预算过程控制与监督，充分反映政府收支状况。实现这样的目标需要健全与完善的政府会计功能体系，政府会计功能体系不可或缺。健全与完备的政府会计功能对于加强政府部门及机构执行预算的管控作用尤为显著，同时完善预算执行的报告内容效果明显。在完善的政府会计功能体系下生成的政府会计报告是实现权力机构、立法机构和政府自身机构及民众信息需求最重要的信息载体与媒介。完善的政府会计功

能使我国政府机构践行政府财政社会责任时，可以做到有法可依、执法必严。同样也使民众依据《预算法》对政府执行预算进行监督。唯其如此，我国政府的施政行为才能趋向法治化、科学化、民主化，继而公民的合法权益才能得到保证。完善的政府会计功能体系能促进政府部门及其机构在以维护公民权利为主旨的法律规范框架下，政府部门及机构合理行使的自主决策权，积极有效地履行其所担负的社会责任。因此，完善的政府会计功能对于减少由于某些政府部门及官员无视财经法律与法规形成不良后果引发的群体性事件必将产生积极作用。

（3）支持政府绩效评价，加强政府治理为构建政府社会责任履行的他律机制提供支撑

政府会计最主要功能之一就是支持政府绩效评价、加强政府治理。充分完备的政府会计功能系统与财务报告体系可以提供成本核算体系、债务承担、资产控制等诸多方面的完整信息。一是其可以为政府绩效评价提供货币定量信息；二是相关非财务绩效信息通过健全完整的政府会计功能系统也能得到一定的反映。政府财政部门每年向各级人大及其常委会报告年度财政与预算报告，以使权力部门及民众对其执行预算及实现财政收入进行评价与评估。随着社会与时代发展，应该逐步建立以公民为主他律监督机制，尤其政府部门在履行环境治理、公共卫生、社会保障、义务教育、扶贫救助等长效性公共服务等广义的政府社会责任时，更应逐步建立以公民为主他律监督机制，积极发展民众对政府施政的社会监督，形成政府及官员履行政府社会责任和以公民为主他律机制良性均衡，实现社会和谐发展。实现这些他律机制的检查与监督离开完善的政府会计功能体系则无从谈起。因此，完善的政府会计功能体系与事关民众切身利益而引发的群体性事件必然是负相关。

（4）防范政府债务风险，加强财务管理与控制构筑政府履行社会责任预测与预警机制

一套科学完整的政府会计功能系统对于本级政府所拥有的资产与资

源、所承担的负债等“家底”状况可以进行全面、准确地核算和报告（刘光忠，2010）。完善的政府会计功能系统在防范政府债务风险，加强政府财务管理与控制等方面也有着不可替代预测与预警作用。随着我国地方政府投融资平台数量和融资规模的不断扩大，地方政府的负债规模也在急剧膨胀。此时，这种不可替代预测与预警功能尤为重要与凸显。这种预测与预警机制可以帮助政府官员更好履行社会责任，也是提高政府官员执政能力与施政能力科学化的必经途径。希腊与冰岛等国家的案例已充分证明这一点。所以，完整的政府会计功能对于财政领域的预测与预警作用不言而喻，尤其对我国正处在转型与变革时期，更应防止由于缺乏对财政的预测与预警机制而引发群体性事件。因此，完整的政府会计功能是实现减少群体性事件发生的预测与预警机制的最为有力的一种手段与工具。

2.5　本章小结

如何通过有效的政府会计改革为政府部门及官员高效地践行政府社会责任，提高政府机构执政能力、行政管理能力等是值得我们认真思考与探索的。本书基于完善我国政府会计功能体系为研究视角，提出完善政府会计信息披露与沟通功能，健全政府会计履行社会责任法治化功能，加强政府会计履行社会责任绩效评价功能，提高政府会计履行社会责任预测与预警功能等，希冀为健全我国行政运行体系提高相关支持，为责任行政奠定政府会计应尽的职责，实现我国可持续发展战略。然而，如何通过行政改革，转变政府功能，顺利完成我国转型时期的政府执政考验是一项庞大的工程。

第3章

政府会计功能科学定位与环境治理成本优化*

3.1 引言

中国环境治理最难的时期已经到来（王毅，2014）。尽管我国政府一直提倡科学发展与和谐发展，避免欧洲发达国家早期发展模式即先污染再治理路径，但我们似乎正在复制这个历程，仍旧未能摆脱窠臼。我国经济与社会正处在高速发展时期，依据里格斯行政生态学分析，我国正处在棱柱形行政模式后期，也就是高度工业化社会前期（章贵桥，2013）。据2011年召开的全国“水污染司法和行政执法研讨会”透露，“我国因环境问题引发的群体性事件以年均29%的速度递增”（王赐江，2012）。我国部分地区环境损耗严重，有些地区甚至非常严重，环境异常毁坏与恶化。众所周知，我国人均耕地、森林等资源在世界上并不占优，物质生存环境较为严峻，而我国人口规模与数量在未来相当一段时期内与发达国家相比仍将是庞大与宏壮。因而，环境保护与治理既是现实迫切需要与需求也是对子孙后代的义务与责无旁贷。环境保护与治理优与劣将直接作用于未来与

---

* 本章内容经过修改发表在《社会科学战线》2015年第8期。

后续经济社会发展，若不能实现环境与经济社会和谐均衡发展，即便当下以牺牲环境为代价获取繁荣，未来或将以成倍或数倍现阶段“成本”奉还。这类案例对于近现代中外国家皆而有之。环境保护与治理应立足于当前却可能功成于千秋。我国环境保护与治理职责亟待加强。环境属公益品，其保护与治理是政府最为紧要与核心义务之一。然而，环境保护与环境治理涉及政府多个管理部门，公共管理职能部门对此必须相互配合与协调，仅依靠环境保护单个职能部门不仅力量有限且视野未必开阔。这其中离不开政府财政部门支持与支撑，政府资金支持必不可少，科学成本核算或为实现环境有效治理奠定基础及由此生成与当下和未来可持续发展环保治理相关决策信息也是不可或缺，成本最低未必能生成最优，均衡配置应值得我们思考与追求。因而，应立足我国当前实际环境保护与治理现状，借鉴科学的理论加以研究。本书借助行政学大家弗兰克·J. 古德诺（Frank. J. Goodnow）政治与行政二分法思想，研究政府会计职能定位与环境治理成本联动关系，并以此探索如何通过科学界定政府会计职能进而实现我国环境保护与治理成本均衡配置，些许存在点滴理论价值。

3.2　古德诺之政治—行政二分法与我国环境治理

我们要做的就是坦率地承认新形势需要新对策，要以务实明达的态度做能做之事，以此保证构建责任政府和实现行政高效化（古德诺，1900）。人类的政治生活在很大程度上是由人性决定的，即由我们是人这一事实来决定，与仅能够提供法律框架的法律形式相比，法外制度对政治体制产生的影响更大。古德诺指出政治即国家意志的表达，与其对应，所谓行政即对这些意志的执行，两者为政府的基本职能。政治与国家意志密切相关，行政则与国家意志执行紧密相连（古德诺，1900）。而环境保护与治理目标与国家政治目标应有趋同性，治理路径和进路应与国家行政目标紧密相连。以一图以概之，见图 3 - 1。

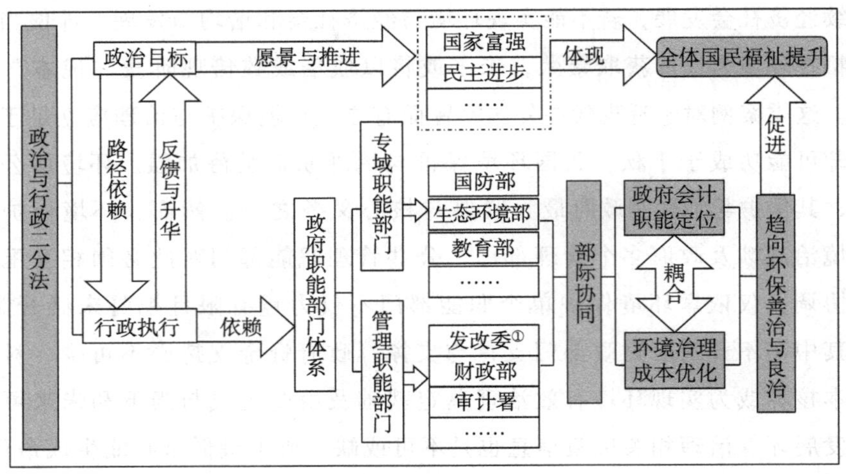

图 3－1 政府会计职能定位与环境治理成本优化图

3.2.1 政治—行政二分法价值取向与我国环境治理目标

前述已阐明政治与行政二分法，作为公共行政学管理范式，体现为国家意志表达与执行简而言之，即理想的意志表达与高效与有力的执行。换言之，其政治价值取向即政治开明化、民主化、科学化，为全面确立公民社会生态夯实理论基础。而执行价值取向是如何高效实现前者之目标，真正实现人与社会、环境等和谐与均衡健康有序向前发展。同理而言，环境治理目标是否可以转化为大自然向人类提供资源的意志表达与人类理性开采与利用的合理执行，以实现环境善治目标（即环境治理法治化、持续化与科学化等）。环境治理目标无非在满足国家可持续发展战略基础上保护现有环境生态不被破坏，对已有损害的环境进行修复与治理，使其恢复或尽可能达到未毁坏之前状态，使人类在利用与开发自然资源的同时，仍能保持健康与可持续环境生态，达到人类与环境现在与将来和谐共生，即大自然向人类输送资源与人类合理开采与使用自然资源两者均衡化。笔者认为，各国应借助环境经济学应作为各国环境治理与环境保护的科学理论根据与依据。如该理论所阐述的环境治理经济学困境，环境治理庇古途

① 全称国家发展和改革委员会（简称发改委）。

径，“排污权交易”之科斯定理，环境保护经济学方法等，提倡环境治理路径与方式实现环境治理市场化，环境治理法治化与系统化，环境治理技术现代化，全面参与化等。各国应依据本国国情结合运用，实现环境资源、经济绩效与社会发展均衡最优，实现人类与生态环境利益最优化。此两者具有内在统一性，政治与行政二分法价值取向为统领，具有指导性与战略性，因而具有从属性与服从性。因此，两者最终目标具有同向性与一致性。概而言之，两者终极关系为善政与善治关系。

3.2.2　政治—行政二分法之决策与执行机制与环境治理路径依赖

环境治理与保护应建立在政府行政体制与机制下，政府行政体制与机制设计是否科学与执行是否有力将对环境保护与治理产生作用与影响。换言之，环境治理与保护其实现路径或者说路径依赖建立在国家行政执行前提与基础上，两者相互配合，密切联系，共同作用，国家行政执行设计科学合理且执行有力必将对环境保护与治理产生积极促进作用。

（1）政治与行政二分法之决策机制与环境治理决策机理内在趋同性

依据古德诺、罗森布鲁姆等观点，实现政治与行政二分法目标应存有内在的决策与执行机制。因此，对环境治理路径选择将产生先决性前提，即环境治理路径依赖将在基础上生成与产生。原因是：一国政治与行政决策与执行机制将因国家政体与国体不同，既呈现出一定共性，也因国别差异而展现出多样性，同理各国环境治理目标、治理路径等也将表现出某种趋同性与一致性，环境决策思虑与考量均应依据本国实际状况结合环境经济学生成本国环境治理决策与具体运行机制。依据本国国情实现资源绩效与社会发展等利益最大化，差异性则为各国在环境治理策略与路径等方面，将依据国情选择不同方针与路线、方式与方法等。如环境治理将因各国国家地理环境、环境毁坏程度等状况将因地制宜、因国制宜地显示出多样性。政治与行政二分法按罗森布鲁姆观点，概而言之，即国家政策与行政执行。但一项国策的产生与形成，应是建立在本国国情基础上并结合本国国体与政体、社会文化、公民社会发育程度等冷静分析和细致考量后形成高度理性概括。环境治理同样如此，若想实现本国资源绩效、经济产出与社会发展等利益最大化应借助科学理论与方法、技术等对本国环境实行治理。一国国体与政体必然对本国环境治理产生全局与根本性影响与作用，各国环境治理与保护目标和决策与该国政策与执行体制与机制密不可分。正确与科学的政府政策对于减少与降低环境治理成本与耗费的作用不可估量，反正不当之政府政策非但不能达到环境治理效果，有可能巨大资源与财力耗费投入却事倍功半，甚至无效，多少失败案例已黯然揭示。内在机理即政府会计核算、预测和决策有用性等职能几乎失效或者政府会计根本不能参与其中，导致大量环保资源浪费。因而，政治与行政二分法之决策机制与环境治理决策产生内在机理具有趋同性，具体而言为属于决策机制之一的政府会计决策有用性职能与环境治理决策机制应紧密配合、协同一致。

（2）政治与行政之执行机制本质要求与提升环境治理效力一致性

政治与行政执行机制应是在政治目标指导下，行政各职能机构与组织按科学理论与实践需求组成特定相互关联运行与执行方式与要素集合总称。其本质属性即合理与有效，科学与高效地完成国家与政府功能的实现，追求效率与效果。而环境保护与治理终极目标是实现环境治理效力与效果最佳与最优。一国的政治与行政执行机制涵盖了该国政府职能部门，各个功能部门所承担的职能及各个职能部门运作方式、部门之间沟通协调方式与程序等，均对执行机制产生影响，而此同样会对环保部门实施政策与措施发生作用，若前者运行机制与方式等环境治理目标与策略相互配合，步履协同则对环境治理产生正向积极作用与效果；若出现契合机制不适，信息交流与共享渠道不畅，协调与沟通机制运行不当，此必然对环境治理不利，继而必然涉及环境治理效应与效力，当前我国提倡环境治理法治化、系统化、现代化等，政府职能部门执行机制健全与有效为基础与前提；若国家执行机制与运行机制存有欠缺，势必影响环境治理执行，进而导致环境治理效果与初始拟定环境治理目标出现差距。不论是政府职能部门或者企业组织其执行机制与运行机制无非设想实现机制有效与高效，增强运行效率由此提升产出与产能等，环境治理执行机制依赖于行政执行机制，若行政执行机制低效与无效必将制约环境治理机制及其运行。而行政健全功能之一应是体现为实现环境与社会可持续发展，其执行机制运行目标应与该功能一致，而环境治理执行机制通过其运行可以为行政执行机制提供反馈信息等，其设计与运行模式等是否对环境治理生成促进与保护作用，还是阻碍与阻滞影响，通过行政执行机制在实践中实施与运用，上述效果与效应将得以显现，继而可通过信息反馈渠道传递至政府管理部门，为行政执行机制革新提供实践经验，经过细化与梳理可上升为可行执行机制策略与理论。两者相互依存，相互联系，相互配合，互为补充，通过不断调整与修正，最终实现密切配合，执行有力与有利，最终实现国家意志得以完满执行。属于行政执行机制之一的政府会计的治理机制，在考核政府环境治理绩效具有优势性。因而，政治与行政执行机制根本要求与彰显环境治理效力具有内在本质一致性。简而言之，即政治与行政执行机制重要分支之一的政府会计反映的受托责任职能与环境治理考核密切相连，环境治理的效能与效果可以通过政府会计受托责任职能反映与体现。

3.2.3　二分法之执行机制实行与政府职能定位合理——践行环境治理职责基石

正确与科学的国家政策和有效行政执行机制对环境治理有着积极促进作用，以此逻辑思路推进，可以推断国家政策与行政运行机制执行离不开政府职能部门管理职能完善实行，健全与高效的公共行政管理机制对增进环境治理效力必有裨益，而政府职能合理与科学定位，对践行环境治理职责无疑有着积极推动作用，其中政府会计职能起着关键作用。

（1）政府职能缺位与环境治理效力不彰

职能应该就是职责所在与功能具备，政府职能应指政府因其本质属性所应承担行政执行职责和因承担责任应具备的相应功能。具体执行职能合理就位对于提高政府执政效率，防止政府官员腐败，降低行政成本，提高政府公信力，培养公民社会等有着关键之作用。政府的问题又出在很多该做的没有做、不该做的去做了，或者是政府职能的缺位、错位和越位，那么落实科学发展观的关键就在于转变政府职能（范恒山，2004）。政府职能缺位、错位、越位，严重阻碍了市场经济的发展（荣秋艳，2014）。政府职能缺位不仅阻碍市场经济发展，而且对涉及当地民众公共物品、公共服务忽视乃至忽略。尤其是我国某些地方政府一味追求 GDP 增长、追求形象工程、政绩工程等。原因是地方经济增长率或 GDP 提升率达到一定标准之后，该地官员职位与官位很可能获得晋升。因此，主政一方的官员往往把经济增长率与财政收入增量作为职位任期首要选择，以博取官位升迁资本。

以日本为例，日本在 20 世纪 70 年代，经济高速发展，创造了举世瞩目的经济成就；然而也伴随着令人唏嘘的“公害岛国”。我国当前情境同其何等相似，每年秋末冬初，我国北方诸多地区雾霾如同“仙境一般”，我国的土壤变质、水污染、雾霾等。在日本沦为“公害岛国”时，日本民众与政府开始觉醒，各种反公害市民运动以及环保诉讼风起云涌，“见鬼去吧 GNP”“我们不要这样的经济增长”的呼声也日益强烈。而日本产业界认为，日本产业正面临最激烈的国际竞争，负担过多的污染防治费用将造成企业竞争力下降，日本面临着经济发展与环保孰重孰轻的两难抉择（李春雨、刁榴，2009）。而我国 2012 年下半年三起重大环保事件可以说明一二。尽管诸多地方政府设有环保机构或职能部门，但这些机构与部门是在地方政府直接领导下开展环境保护与环境治理，当地方环境保护或环境治理与地方经济发展与增长发生冲突时，往往政府职能缺位、错位与越位现象随之产生，究其缘由不言自明。在对环境保护或治理与经济增长进行权衡时，政府职能缺位情形很可能产生，部分地方政府职能缺位严重，甚至有些地方政府可能在主政官员高压之下环境保护与治理机构形同虚设。因其只追求当前利益，忽视未来及长远利益，不仅出现短视，更可能给我们子孙后代留下潜在巨大遗患，同时有悖于我国实行的可持续发展战略。若出现上述情形，环境保护与治理之目标与效果很难得以完满实现，环境毁坏与损坏有可能不断加重，环境状况将不断恶化，环保效力不彰自是意料之中。

（2）政府职能界定合理与践行环境治理职责实现

科学与合理界定政府职责与职能，既能实现整个社会生产率提升与增长，对于降低与下降社会交易成本也将起着积极促进作用。政府职能，简而言之，即职责与功能，就一国政府职责而言其涵盖领域综合且复杂，但其中却有重要一隅应是各国政府无法回避且应极为重视——环境保护与治理，若一国政府职能领域未有涉及与该国相适应的环境治理职责专域，则该国政府职能设计与定位必存有欠缺与瑕疵，该国未来发展也将是不和谐与不可持续。即便该国在某一时期获得较好发展，将是牺牲本国环境为代价，必遗患无穷，未来或许将用数倍代价弥补当前因忽略环境保护与治理所获取的收益，如我国 20 世纪末淮河沿岸小型造纸厂排污治理即为有力之例证。因而，政府职能划分与设计，应包含环境治理专域职能。现今世界上大部分国家设有生态环境部，设有政府生态环境部与确立环境治理职责对保护环境自然有益，但有几个要点需要明晰：首先，环境保护与治理国策、法规等是否科学、健全，是否符合本国国情，是否符合可持续发展与环境利用良性循环。其次，政府环保职能对环境治理职责设定是否足够细化与明晰、是否可行、能否履行到位、是否存有疏忽与遗漏等。因而，在经济社会发展到某一阶段与时期，必须积极延伸与拓展政府原有职能，科学合理界定新时期政府职责与职能，不断演进与开创新职能，并与其他政府职能密切配合与协调，政府环境治理职能也不能例外，应与相关政府行政职能密切协作且应积极践行，确保执行有力与到位。最后，环境治理涉及政府诸多相关职能部门与机构，仅依靠环保部门实现全面环境保护与治理可能存有缺憾，仍以日本为借鉴，日本政府在意识到实现经济增长与环境保护与治理并重时，政府着手实施一系列旨在减少危害环境行政强制执行方案与措施，政府制定防止危害与公害计划与章程，制订与发布环境保护与治理标准，严格监控与监管危害与损害环境行为，对重点企业直接实行行政干预或直接指导，政府与相关重点关注企业直接签订《防止公害协议》，要求该类型企业严格执行政府管制与规制要求，若不能遵守政府可协助其转产，政府也可依据相关规制要求迫其停产等，严厉程度极其罕见（李春雨、刁榴，2009）。由此，日本环境保护与治理逐渐趋于理性治理，环境状况也逐渐得到改观与改善。

政府要求企业在环境治理方面，执行国家政策，国家依据相关政策，给予企业相应补助等。此时政府会计管理与治理职能尤为凸显。因而，政府会计职能合理定位可为实现环境治理善治与良治目标奠定可靠基石。

3.3 政府会计功能科学定位与环境治理成本优化契合性和协同性

协同学为德国物理学家赫尔曼·哈肯（Hermann. Haken）首先提出，是一门跨学科新兴协作理论或称为“横断理论”，主要研究不同学科不同系统之间或存在某些共性与相溶之处，使不同学科在同一系统或不同系统内如何通过相互作用与协作组成一个具有新功能的组织系统或作用系统，序参数为协同学核心概念，不同学科与不同系统中要素重新组合，也可以组成一个新系统，而不同学科与不同系统中因素或要素即成为新系统中序参数，在新系统中各个序参数通过重新组合、竞争、合作与协作等，使原不同学科与不同系统中因素或要素成为新复杂与综合系统中有序变量。这些有序变量通过某些角逐、演化与协作机制等使原本看上去无关与无序变量成为有序、有规则可循变量，并由这些有序新变量生成一个新的结构清晰、适宜应用、机能稳定的综合系统，协同理论思想换言之即不同学科与系统中要素在新系统经过演化、演变、协作等产生新变量，由新变量组成的新系统可能为使原本诸多简单的低级系统生成一个新的复杂的高级系统，或原本诸多混沌无序系统通过协作演变成清晰有序系统（哈肯，1968）。而政府会计职能有效发挥与环境治理成本优化具有内在的协同一致性。

3.3.1　政府会计功能科学定位与环境治理成本优化方向契合性

我们知道政府职能合理与科学定位并执行到位，不仅有助于市场经济体制健康与良性运行，且对于减少与降低整个社会交易成本与交易费用也将起到积极作用。国家与社会可持续发展最基本前提应是这个国家拥有用于可持续发展的资源，若无必需的资源则无法进行社会再生产，进而危及国家存续。当今部分发展中国家环境恶化严重，环境保护与治理到了刻不容缓的地步。环境资源和环境治理具有公共物品性和外部性，常用的经济学方法有庇古税、产权界定和国家规制等方法（周丽晖、严盖，2007）。其主要包括环境治理主体的多元化、环境治理立法的系统化、环境治理行为的市场化、环境治理技术的现代化、环境治理监管的科学化等（于晓婷、邱继洲，2009）。学者们的观点与思虑无非要构建生态型政府由此实现人、社会与环境和谐与可持续发展，且若能以适宜成本换取环境治理善治与良治目的应是政府首要追求之目标，但这其中政府职能合理定位与到位不可或缺，在众多政府职能中最为核心职能之一——政府会计职能尤为重要，此职能对于实现以最优成本达到环境善治与良治最为关键。而环境成本治理必然涉及人、财、物耗费，如何既要实现设想环境治理之目标，又要实现环境治理成本最优化，两者是否一致性与可行性。毋庸置疑，两者在相关条件满足与具备后是可以实现的，即使未能完满得到完成，但也可非常趋近与接近。在涉及人、财、物等资源耗费是如何进行成本安排、如何展开成本核算等均离不开政府会计。政府会计第一职能应是能提供政府预算执行状况及其掌管的资金运动信息（Gjesdal，1981）。

当前正值我国大力推进政府会计改革时期，政府会计改革内容涵盖诸多方面，譬如构建政府会计概念框架、政府会计目标如何设定、政府会计准则如何制定等，但其中首要任务应是界定政府会计职能，其如何定位是政府会计改革重要组成部分，也是政府会计改革不能与不可回避之领域。现今我国正处于经济快速发展时期，同时，我国又是世界上最大发展中国家，环境保护与治理是我们必须面对的问题与挑战。如何实现既要环境保护与治理又要成本最优化，政府会计职能科学定位对此将承担至关重要的作用。两者尽管分属不同政府职能，环境保护与治理属公共管理环保职能部门专责，政府会计属公共管理财政管理专职职能，在前述二分法行政执行机制中就包含有职能—结构协同机制，而政府会计职能与环境保护与治理职责均受到此机制管控与制约。因而，政府会计职能科学定位与环境保护与治理两者目标具有耦合性与契合性。

3.3.2 政府会计本质和拓展功能与实现环境治理成本优化路径协同性

会计基本功能为反映与监督，而反映需要借助特定方式、手段与工具，此三者合而为一就是信息，反映一定通过信息为媒介来实现与达到。因而，会计基本功能之一，也就是通过信息为工具向特定主体提供会计核算内容、受托责任履行、决策有用等过程与活动。政府会计属于会计专业范畴，只是会计主体主要为政府行政单位和相关公共管理组织。在基本功能基础上不断演化，将生成新功能，依据本质功能演进程度或可演变为拓展与衍生功能，政府会计功能随着经济与社会发展，可以演进为政府预算资源配置效率与效果评估功能、政府举债风险预测与预警功能、监督政府社会责任践行等功能（陈思融、章贵桥，2013）。

（1）政府会计本质功能与环境治理成本科学规划

众所周知，会计基本功能即反映与监督，此功能也可称为“会计本质功能”。对政府会计而言，概莫能外。政府会计反映功能最主要体现在反映政府组织预算资源拨付、使用与结余等信息，但这种反映功能应该说是政府会计最为初级反映功能，对于现代社会与现代政府，这种反映功能已不能很好满足政府组织财政管理需要，反映财政收支所需信息程度与深度达不到现代政府对相关信息需求。政府会计基本功能除了反映预算及其执行的信息，还应该进一步履行反映资产与负债、成本与费用、政府绩效等信息的功能，进而全面反映政府及其部门的财务状况、现金流转信息、运营信息等，通过信息的反映与透明度的提高形成相应的监督（陈志斌，2014）。

科学与合理确定政府会计本质功能对预测与测算环境治理成本起着积极作用。首先，应是经过环保专职等部门针对该领域环境保护治理特性进行全面科学考察与细致调查研究，并结合国际上是否有相同国家与地区类似环境保护与治理状况与情形，在融合我国实际与实践，经过科学论证与分析，给出初步估算与预算，而此离不开相关政府会计预算反映功能所提供资料与数据。其次，政府财政部门依据环保部门给出的概算对资源与资金展开统筹安排，而此就要结合政府会计反映与预测功能，应查询该领域环保与治理是否有历史会计核算数据，若有依据历史会计核算数据进行整理与分析，测算环保部门估算与概算是否存有遗漏，是否存有不合理预支，与环保部门与机构进行积极协调与沟通，进行核对与验证，查缺补漏等。最后，通过政府会计反映与揭示功能，将环境保护与治理核算与耗费数据向社会与民众公布，实现此领域数据公开化、透明化，实现全民参与环境保护与治理必经途径，而通过社会与民众监管或许有可能发现环境保护与治理成本存有不足之处，而此离不开政府会计本质功能——反映与监督功能。因而，通过政府会计反映与预测本质功能实现环境治理成本科学与合理规划。

(2) 政府会计管理功能与环境治理成本降低

我们知道会计除基本功能外，也存在诸多拓展功能，如反映受托责任功能、绩效评价功能、科学计量功能、预测与预警功能等，凡此诸多功能可以将其概括为政府会计管理功能。首先，政府会计解除受托责任功能，谈及政府会计受托功能不能不提政府会计之目标，政府会计目标众多，国内外学者现普遍认同受托责任观与决策有用观，政府会计管理功能与这两个目标密切相关，其中受托责任与财政资源分配最为紧密相连，实行环境保护与治理相关人力、财力与物力资源耗费不可避免，如何知晓这些资金与资源消耗状况，这些成本与费用支出是否全额配置环境保护与治理领域，配置在此领域是否合理、是否符合环境经济学资源配置效应等，无不与政府会计解除受托责任功能相关。即政府机构与政府管理人员对配置环保领域资源是否科学、合理、尽职尽责履行相关资源配置责任也就是受托责任。若政府机构与人员尽心尽力践行其所承担之受托责任，则对于减少环境保护与治理成本必有益处。其次，政府会计功能之绩效评价，而此功能与政府会计公认目标之决策有用观有着直接联系，政府一项政策制订与出台，需经过多方论证分析与调查研究，而论证分析与调查研究依据何来，相关信息系统不可或缺，政府会计定期编制政府会计报告及其相关批注为公共管理信息系统重要组成部分，而政府会计功能之一就是要依据政府会计信息系统，对相关公共财政资源配置效果与效应进行评价与评议。换言之，依据政府财务信息进行绩效评价，从而为下一阶段资源配置决策提供建议与参考，政府对环境保护与治理资源配置自然属于公共财政资源配置部分，政府会计根据历年或以往环境治理资源配置状况进行业绩考评与评价义不容辞，由此根据实际需要增减环境治理成本，而从中对于一些不必要环境治理开支可以进行预测与测算，从而节约环境保护与治理成本。最后，政府会计预测与预警功能，我国经济快速发展需要诸多资源，以当前我国正在加紧核能开发与利用为例，核能开发与利用既有利也有弊。众所周知，当核能利用结束，为防止其核污染与核泄漏造成环境损坏与毁坏，需要诸多资源与资金进行后续清理，再比如矿石开采与植被恢复等，如何对其未来资源耗费进行合理预测与预警，政府会计科学计量与核算尤为重要，而政府会计预测与预警功能并通过合理与科学测算对于降低未来潜在环境恢复成本必不可少。

（3）政府会计治理功能与环境治理成本均衡最优

治理过程实质是经济资源耗费过程，治理一般是由政府机构承担与执行，而政府组织是个功能合理、分工明确、结构严谨的机构体系。该体系往往较为系统且庞大，承担着管理国家和社会等职责。政府组织及其职员应不断探索既能节省行政成本又能提高政府服务效果的创新机制和模式，且采取任何一个特定的治理模式都必须考虑与之相适宜的背景（彼得斯，1996）。若能将政府会计治理功能融入环境治理之中，尤其成为环境治理成本优化有效与有力工具，可谓“善莫大焉”。第一，我们知道政府要达到善治与善政目标，必然利用政府会计报告信息，如同在资本市场，企业会计准则体系对确保公司治理有效不可或缺。同理，政府会计准则体系对于政府实现诸多公共领域治理作用也为必需，政府在会计治理中作用的发挥，最直接的方式就是对会计工作的管理。这也是我国政府主导型会计治理模式的重要特征之一。在长期会计管理实践中，我国形成了独具特色的会计工作管理体制，为会计治理的实施提供了强大的组织体系（朱星文，2006）。当前我国政府会计改革正在兴起，制订与制定政府会计准则只是时间问题，而未来发布的政府会计准则体系必然包涵针对公共管理领域相关治理措施与方式，政府会计治理功能是政府会计重要本质功能之一。第二，如何保护与治理环境是政府职责所在，而如何使用科学与高效工具实现既能达到环境保护，又能使所耗费资源呈均衡最优，这其中如何发挥政府会计治理功能尤为重要。如何将经济学中成本与效用均衡思想在环境治理中得以完满应用，其中政府会计治理功能是否得到充分利用与使用尤为关键，环境保护与治理目标不应以最低耗费获得最佳效用为追求目的，此为理论目标。实践中，应以相应成本与相应治理效用均衡最优作为我们追求的目标。而此目标实现必须依赖政府会计治理功能有效发挥为前提。换言之，政府会计治理功能合理与科学实行是实现环境治理成本均衡最优必然路径选择与依赖，若政府会计治理功能缺失与弱化对环境治理势必存在不利影响，尤其妨碍与阻碍环境治理成本均衡最优实现。

以上仅以政府会计三个典型扩展功能对节省环境治理成本作用进行阐述与论证。当然，政府会计功能远不止此几种功能。实践中，我们需要综合考量与思悟，综合运用政府会计本质功能与拓展功能，为降低环境保护与治理成本进行积极探索。

3.4　本章小结

当前正值我国经济快速发展时期，如何既要确保设想经济发展目标，又要促成环境保护与治理善治实现，完善与创演公共管理功能不可或缺。我们既应积极改造与修正传统专区行政功能，也应积极嵌入与创演形成性行政功能，由此促进政府行政执行趋向理性与主动，继而对改善我国环保治理效率与效力产生积极正向作用，其中全面运用与发挥政府会计功能尤为必要，使其成为公共管理组织管理、治理及决策最为有效与有力工具之一，且相关功能机构应促成政府会计功能效用最大化。而此科学定位与延伸政府会计功能尤为关键，其本质功能将增强环保支出透明度建设，预测功能可提升环境治理成本科学与合理规划，预警功能对测算未来或潜在环境恢复成本不可或缺，管理与治理功能充分发挥将直接优化当期环保成本，诸多政府会计功能综合与有效运用，对实现环境保护与治理成本均衡最优至为重要。然而，环境治理与保护涉及环保专业技术领域和公共管理诸多领域，实现环保良治设想是一项庞大的系统工程。些许浅见，希冀为引玉之砖。

第4章

政府会计功能扩展与社区善治*

4.1 引言

我国人口老龄化日益严重，截至 2018 年底，60 周岁及以上人口为 24949 万人，占总人口的比重为 17.9%，其中 65 周岁及以上人口为 16658 万人，占总人口的比重为 11.9%。老龄化进程加速，人口红利逐渐消失。人口红利的消失，意味着人口老龄化的高峰即将到来，养老问题的严重性和必要性浮出水面①。伴随着我国老龄化社会结构的到来，结合老龄人口特征，所有社区都将面临如何向社区老龄人提供满意的社区公共产品与公共服务等问题（孙锋、王峰，2019；张平等，2019），快速城镇化背景下中国的城乡关系发生了重大的变迁，因为在这场人类历史上空前的快速城镇化的推进过程中，中国农村社会发生了剧烈变动。这使农村社区建设问题日益突出，但社区建设与发展明显滞后，社会管理和公共服务能力难以适应农民的多样化需求（田毅鹏，2018）。并且当代中国由于社会的巨大转型正步入风险社会，甚至将可能进入高风险社会。从社区层面看，触发

---

* 本章内容经过修改发表在《江海学刊》2019 年第 12 期。

① 国家统计局：我国 60 岁以上老年人口 24949 万人，占总人口的 17.9%，老龄化加深 [EB/OL]. http: //www. sohu. com/a/290855493_120067607 2019 - 01 - 23.

风险向危险转变的不确定因素正在生成，社区居民持续增长，城市化进程带来的人口承载负担趋重，社区居民利益日益多元，社区管理和服务方式还比较落后（兰旭凌，2019）。但现阶段我国社区管理中，社区公共产品供给存在“政社不分”管理错位现象明显，未厘清政府与社区合作治理职责边界，政府将社区管理功能与社区治理集于一身，与已有的社区管理组织的功能交叉或重叠，存在多头管理，导致社区公共产品和公共服务供给不力，效率低下等问题（黄晴、刘华兴，2018）。近年来，国家有关部门不断出台完善有关社区治理的相关政策和意见①②。

社区管理者和治理者如何向社区居民提供多样的质优价廉的公共产品和服务，以满足不同民族、不同结构和不同层次等社区居民所需的公共产品和服务等，此将是我国现阶段及未来社区治理面临的主要问题。科学厘清社区管理功能边界，有效统筹社区治理基金，将有限社区财政资源实现社区公共产品和服务均衡配置，应是解决我国未来社区治理的主要矛盾和矛盾的主要方面的着力点，而此需要有效的社区运行机制设计与安排。本书分析指出，政府会计功能作为一种立足于政府管理领域，协同相关行政管理工具对公共行政领域治理形成的一种积极作用的客观存在，其科学拓展和有效发挥将有助于社区资金合理配置，促成社区公共产品与服务均衡供给，可以成为现代化社区治理重要支持机制之一。然而，有效扩展和充分发挥政府会计功能在助力社区治理方面的研究却相对匮乏，鲜有学者就政府会计功能有效跃迁与社区治理支持机制展开研究，本书将以政府治理和政府会计理论为基础，对这些问题进行系统性探讨和分析。

4.2 政府会计功能扩展与社区良治相关性论证

中国将面临人口老龄化的严峻挑战，而且我国地域辽阔，不同区域的

---

① 2017年6月12日，中共中央、国务院发布了《关于加强和完善城乡社区治理的意见》。

② 党的十九大报告中指出，要加强社会治理制度建设，完善党委领导、政府负责、社会协同、公众参与、法治保障的社会治理体制，提高社会治理社会化、法治化、智能化、专业化水平。

经济发展，社会、文化、风俗和宗教等特点差异较大，不同社区公共产品供给也存在差异，如在多民族混居的城市，不同民族的社区治理必然表现出鲜明的差异性，未来我国将面临巨大的老龄化经济压力，压力之大将是人类社会前所未有，甚至有可能直到那时都是少见的（张永理，2014；刘华军等，2014）。不仅如此，社会分层、地域差异等因素也使不同群体对公共服务的需求存在差异，单纯依靠政府提供公共服务不可能满足多元化的社会需求（郭小聪、代凯，2016）。上海地区部分社区存在诸如环境污染、交通不便、公共服务不足、教育难题、管理滞后、异质隔离现象加剧等问题（吴晓林，2018）。田国强和陈旭东（2015）研究指出，现阶段我国社区管理中，社区公共产品供给存在“政社不分”管理错位现象明显，未厘清政府与社区合作治理职责边界。各级政府将社区组织行政管理功能包揽于一身，而社区组织也承担着本社区管理职责，导致社区管理功能交叉、重叠或多头管理等问题，社区治理效果不佳，导致社区的多元化公共产品和服务需求得不到及时有效供给与供应，社区公共产品和服务供给不均衡，引致社区公共产品和服务供给者与社区产品的需求者矛盾日益凸显。究其缘由是转型时期我国社区治理的外延与内涵已显著扩展。

4.2.1　现代化社区治理内涵与外延演化

首先，伴随着我国经济与社会的快速发展以及人民生活水平的不断提升，民众对政府和社区提供的公共产品与服务要求也越来越高，民众对公共产品与公共服务的需要越来越多样化，对社区公共产品的品种、类别和式样等需求日益多元化，对社区服务品质和质量的要求更是不断拓展和加深。也就是说，现阶段我国社区公共产品和服务的供给和需求的外延和内涵已经发生显著变化。其次，当社区公共产品的供给和需求外延与内涵已发生明显转变时，与之相匹配的社区治理机制和体制也必然伴随动态转变与调整。换言之，我国社区治理机制的外延与内涵也需要不断完善与演进，以适应现阶段和未来一段时期我国社区管理和治理的需要，实现经济与社会的快速发展与社区治理内容与模式的动态均衡。最后，伴随社区治理机制的转变，构建出适应我国社区管理和治理需求的治理机制，应成为我国社会治理的主要模式和路径。因而应依据不同性质社区民众的需求，不断修正与革新社区原有的治理模式和机制，并积极创新社区治理机制，以适应多元化社区治理需要，而新型社区治理机制所需的配套工具和功能机制也必须进行推进、拓展和创立。促进政府功能的根本转变以实现社区善治和良治，以实现社会福利最大化实质上就是解决政府越位、错位、缺位的问题，实现归位、对位、补位应依据不同性质和规模社区治理需求进行调整和革新，科学设计出符合我国社区治理需要的配套功能制度安排是现阶段我国社区治理亟待解决的课题。也就是说，原有的社区治理功能设计与安排已难以适应现阶段社区治理需求，其外延和内涵也必然发生转变、延伸和演进。因此，为适宜不同社区治理对象与内容不断变迁的需要，现代化社区治理内涵与外延演进和创新社区的治理机制应为正函数关系。

4.2.2 社区治理内涵和外延变迁与社区组织执行功能对位——变革政府会计功能

我国社区管理存在诸多结症主要成因之一是社区管理功能边界模糊，科学厘清社区管理功能是社区治理有效的制度安排和健全配套功能布置设计，可以满足我国现阶段多元化社区治理的需求。国内外学者们已关注到政府会计解除受托责任、促进资源配置、增强财政透明度及预防财政风险等功能对提升和改善政府和非营利组织管理行为的积极后果。政府会计首要功能应是反映政府预算执行的相关信息（Rich and Zhang，2014；周曙光等，2018）。政府会计应具备反映政府受托责任履行状况功能（陈志斌、吴敏，2018；刘子怡，2018；邵瑞庆等，2018）。政府会计功能有效发挥可促进公共财政资源配置（Leuz and Wysocki，2016）。政府会计具有增强财政透明度作用（潘俊等，2017；章贵桥，2017）。政府会计预警功能能对政府举债风险展开预测，具有防范政府财政风险作用（孙琳、桑宁，2018）。政府会计主要作用之一能有效降低政府官员寻租及腐败行为（徐经长、何乐伟，2018）。通过政府会计信息披露体系，为设定的预算绩效评价指标提供数据支持，据此考核预算执行效率与效果成为可能（Chen，2015）。应把社区治理的目标定位在充分满足社区居民的需求，构建起一种社区居民幸福生活需求导向的功能化治理模式，以功能分化拉动治理结构分化，力求政府与社区在功能互补的基础上实现一种平衡，政府功能的及时跟进是必要的（孙萍，2018）。综上所述，科学延伸和应用政府会计功能是构建社区管理所需的外延和内涵功能必不可少的内容，是实现社区管理功能有效归位的重要组成部分。合理拓展与有效发挥政府会计功能，可以开拓社区治理新路径，促进社区公共产品和服务均衡供给，促成社区实现良治和善治。可见，革新政府会计功能与促进社区善治应呈正相关关系。

4.3 政府会计功能合理拓展与社区公益品供给均衡

社区治理失灵最主要体现为社区公益品供给不科学。经济学认为，市场供给存在一个合理界限与边界，即理想产品供需状态为均衡状态，如供给均衡、市场均衡、纳什均衡等。而社区治理核心内容应是向社区民众提供所需公共产品与服务，即社区公益品供给。供给不足引致社区管理矛盾及不能实现社区管理目标等。供应过剩可能导致社区福利过高，出现资源浪费及对推动经济和社会发展不利等。因此，公益品供应也应实行均衡供给。

4.3.1 政府会计功能变革促成社区公共产品合理供给

社区公共产品与服务的定价、购买以及为购置公共产品与服务所需的资金筹措及运用，最终实现社区公共产品与服务合理分配及供给，是一个有条不紊的系列步骤和流程，而此离不开政府会计功能的运用与拓展。政府会计功能有效发挥和拓展可以为此提供全程的准确和可靠的信息支持。

首先，社区公共产品和服务定价要依据国家宏观战略，公共产品特质，地区经济发展差异程度等多项指标，实行综合考量并根据不同地区民众平均收入状况实行差别定价策略，政府财务报告体系所披露的各项指标可以为多样性的公共产品和服务合理定价提供依据，借助和组合使用现代科学和先进的技术工具和手段，依靠政府会计功能拓展和完满发挥可以提高异质性公共产品定价准确性。其次，利用数字政府和智能政府平台，通过精确测算，可以对社区所需公共产品与服务展开事前和事中测算，有效发挥和运用政府会计功能科学确定募集所需资金数量，并确定成本最优筹资种类、渠道和融资组合，防范和控制社区组织和机构的筹资风险，以提升社区资金运用效率和效果，并促成社区购置和外包社区公共产品与服务。因此，延伸的政府会计核算功能可以降低社区公共产品和服务的购置和外包成本。最后，将经由政府会计功能所提供上述环节的信息与社区公共产品与服务需求信息建立有效关联，运用多学科理论，构建出适宜的社区公共产品与服务供需均衡测算模型，实现社区公共产品与服务均衡供给。因此，变革和有效发挥政府会计功能可以促成社区公共产品与公共服务均衡供给。

4.3.2 革新政府会计功能有助于提升社区服务质量

社区组织机构和人员的社区服务行为和活动应符合国家法律、政府规章和社区制度的要求和规定。政府会计功能高效发挥和科学应用，可以为社区服务的利益相关者监督社区组织机构和人员的社区服务行为和活动提供纵向、横向和逆向监管有效的信息支撑。第一，尽职尽责地践行社区服务责任是社区管理机构与人员应尽的义务，其践行痕迹和轨迹必然生成可以量化的信息，而政府会计是产生此类信息的关键工具和载体，提升政府会计监督功能可以为监督社区组织和人员践行社区责任的上一层管理者和监督者提供所需信息，改善监督与执行信息不对称状况，并通过所得信息进行分析和评价，可以帮助社区上层管理者及时调整和指导社区的管理机构和人员的履职行为，由此达到和促成社区服务要求的品质。第二，不同社区组织机构的管理信息经由政府会计信息披露体系向社会公开，可以为同一地区不同社区管理组织展开横向平级对比和比较，找寻差异，甄别不足，总结优势。创新政府会计功能可以激励和约束社区组织机构和人员的服务动机和行为，由此改善本社区的服务质量。第三，社区管理组织和人员践行社区社会责任应有必要的自下而上的监督机制，社区成员和民众可以依据法律和制度等对社区管理机构和人员践行职责和行为进行监督和评判，政府会计功能完满发挥可以详尽披露社区服务项目执行信息，可以及时制止、约束和调整社区的机构和管理人员的社区服务执行行为，预防和防止社区群体性事件产生和形成，同时满足了社区自律和他律监督机制的客观需要。因此，健全政府会计功能可以满足并提升社区服务质量和品质，推动我国多元化社区和谐向前发展。

4.4　政府会计功能科学演进与社区治理优化

政府会计具有估值和契约两大功能。估值是指评定一项资产当时价值的过程且估计其能够到达的预计价值，实质上会计在对会计要素进行确认、计量、记录及报告过程中蕴含显性或隐性的估值过程。因而，估值功能是会计本质功能之一。会计行为可以理解为在履行特定的社会契约活动。因此，会计具有契约功能。

4.4.1　政府会计契约功能与社区财政预算科学配置

社区治理的目标就是为了向社区居民供给公共服务、满足社区居民的公共需要以及构建一种民主和谐的公民社会，进而实现社区的善治。社区组织本质属性是按照社区全体民众委托的要求与规定，以特定契约或合约为依据，以均衡成本向全体社区民众提供优质的公共产品与服务，而政府会计在对社区账务处理中的会计要素进行确认、计量、记录及报告过程中所依据的会计准则体系属于社会契约的组成部分。

(1) 充分发挥政府会计资源配置功能优化社区预算基金安排

第一，社区管理机构和组织应依据《中华人民共和国预算法》（以下简称预算法）等相关法律和制度规定获取和运用社区各类资源，并将具体使用去向与效果信息及时向社会和社区全体委托人进行详尽公开。如何将有限的社区资源实现最优配置以获取最大效用，必须有一定的保障机制。科学的监管是确保资源合理配置的有效保障机制之一。监督与监控需要有可靠与准确的信息为工具和手段，政府会计信息系统可以为社区管理组织的上级监管机构提供需要且精确的信息，监督社区各项资源配置与运作信息，根据政府规划、社区发展和社区民众需求及时干预与调节本社区各项资源占有、处分、使用与收益行为与活动，确保社区资源的均衡配置。第二，同一地区不同社区的管理组织可以凭借各社区经由政府会计公开披露的信息内容，与本社区的资源配置信息进行平行对比，在对照中辨别出各自资源配置中的优势与缺陷，激发和约束社区管理机构改进本社区资源配置的动力和行为，促使社区机构和人员借鉴和吸收不同社区科学的资源配置机制、模式和方法，提升本社区资源配置的效率与效果。同时，各社区资源配置行为与活动也应积极接受逆向监督与测评，社区全体民众可根据国家法律和本社区规章制度，借助本社区资源配置和运用的公开信息依法对社区组织和人员的资源配置活动展开监督和评价，通过有效的渠道和方式向社区管理组织及社区上一层级监管机构表达合理的诉求，促进社区管理组织及时纠正、修正和改进社区资源配置行为。因此，借助和充分发挥政府会计资源配置功能，可以逐步实现社区资源均衡配置，避免社区资源浪费，渐进提高资源配置效率，改善社区民众的生活与福祉，促成社区稳定和谐。

(2) 加强政府会计监督功能促进社区财政预算管理行政法治化

社区公共财产处分权是基于社区公共财产所有权而存在，是社区公共财产所有权内容的核心，未经法定程序不可行使。首先，社区上级监管机构应有效运用政府会计监督功能促进社区财政预算资源管理行政法治化，促进社区纵向社区财政预算资源管理监督机制形成，利用政府会计财务报告系列生成的真实和可靠财务信息，监督所辖社区及其各功能部门的社区行政成本，依法监督社区管理机构及其人员社区公共财产的处分行为。由此，拓展政府会计监督功能可以预防和防止社区财政资源流失和靡费。其次，充分利用政府会计监督功能，助力社区平级横向监督机制形成。应及时运用披露的政府会计信息，了解同级社区管理组织及其组成部门的财政预算处分行为，开展同一地区不同社区的财政预算处分信息对比，确保社区管理机构依法运用社区公共财产处分权权能，减少和杜绝社区财政预算资源虚耗和浪费行为。最后，运用政府会计监督功能，强化社区公共财产处分权逆向监督机制。社区民众对社区管理组织公共资源进行处分行为时，依据国家法律和社区规章制度等要求，可以依法监督社区管理机构是否依法按照法律与规章及合理机制和流程进行公共资源处分，确保本社区全体民众合法的权益不受损，预防社区资源在运行与流转时故意扣留现象出现，避免社区财政预算资源失当耗损，保障社区公共财产在社区福利项目上依法和合理流转。故而，拓展政府会计监督功能可以实现社区公共资源在社区福利项目上的有效使用和处分。

4.4.2　政府会计估值功能与社区福祉

服务型社区应该是民主、开明、节约与高效的社区，在清晰界定社区各项资源与产权基础上，借助并有效和充分发挥政府会计估值功能，可以提高全社区人、财、物的合理配置，提升社区服务质量和品质，逐步改善社区全体民众的福祉。

（1）充分运用核算功能促成社区行政成本均衡管理，提高社区财政预算配置效用

在法理上社区治理实质是社区内民众委托政府组织或自治组织权力和权利的综合，属他律与自律机制的结合体。首先，由于社区财政资源的额度有限，过度消耗或运用不当均会降低资源的使用效益和效用。社区组织

的管理机构应根据不同地区经济发展水平，合理设定不同地区社区行政成本预算数，运用政府会计核算功能对同一地区不同社区的行政成本进行精确核算，并依据准确的核算数据，根据政府政策导向和具体规划确定各社区以及组成部门的行政成本绝对数的财政预算拨款数，并在综合考量环境与社会变迁差异等基础上，编制预期各社区及其功能部门的行政成本预算数，开展社区行政成本预算执行事前、事中和事后动态监控，促成各社区行政成本纵向动态监督机制形成。其次，借助新时代的大数据、互联网技术及人工智能技术，将其融入政府会计核算功能中对社区每项预算划拨和财政支出展开科学测算，力求核算严密化和精致化，确保社区行政成本的每一项开支内容真实、数字准确、核算完整，以此为基础开展同一城区不同社区行政成本的平行对比，构建不同社区的行政成本耗费横向对比监督机制，加强社区行政成本支出效率和执行效果。最后，社区行政成本逆向监督机制是社区管理趋向民主化和制度化内在要求，是社区财务行政不可或缺的重要内容，是确保社区民众对社区财务知情权一项重要制度安排。充分发挥与运用政府会计的核算功能，增强社区行政执行成本透明度，提升财政透明度为不同利益相关者提供所需信息，增强财政透明度主要目标是利于相关组织和社区民众对社区管理组织执行财政行为或分配预算行为展开及时评价，评判社区管理组织的行政执行的效力与效果。因此，有效扩增和运用核算政府会计核算功能，能够稳步促成社区行政成本均衡管理以提高社区行政成本配置效用。

（2）科学应用政府会计绩效评估功能促成社区绩治

社区绩治是现代化国家社区治理的重要组成部分，是推动国家科学治理不可或缺的内容，推动社区公平、公正、公义、公信等促进全社会向前发展等必然举措（郑永君，2018）。但开展社区绩治需要借助科学的工具与手段，如需反映出某一时期特定社区资产管理现状、社区举债额度、社区资金运作效果等，离不开政府会计的绩效评估功能。首先，社区良治内在要求之一即对社区管理者进行绩效考核，如对社区组织及其管理人员某一时期社区事务执行效率与效果等进行测评。以认定和评价社区组织的社区服务业绩，依据政府会计生成的社区管理的定量数据和定性指标可以为社区机构的上级管理部门提供分析和评判标准。因此，依靠拓展的政府会计绩效评估功能将有助于社区监管机构对社区管理的绩效评估活动全面展开与顺利推行。其次，同一地区不同社区管理绩效对比需要借助政府会计信息系统提供的精确信息，政府会计财务报告披露的各项指标为不同社区组织其管理者进行绩效比较和评比提供了客观凭据，对比中克服不足，总结优势，激活社区管理组织和人员提升自身管理能力的意愿和动力，为未来和预期进行更加优质的社区管理和治理提供激励和约束机制。最后，开展社区绩治活动最直接受益者为社区全体民众，经过政府会计形成社区管理和治理的财务数据，社区民众可以对本社区的管理组织和人员一定时期的社区管理和治理行为给予客观评价和肯定，即社区反向绩效评估机制可以促使和激励社区管理者改进、改善和提升自身的社区管理行为和活动。因此，科学扩展政府会计绩效评估功能可以渐进式改善转型时期形成的我国社区治理的状况，助力并促使社区善治和良治。

4.5 本章小结

现今正值我国大力推进国家治理现代化阶段，实现社区治理现代化是其重要组成部分之一，社区良治需要科学的管理机制，政府会计功能科学演进与合理拓展将成为现代化社区治理有效制度安排之一，并能有效提升社区财政预算管理效力与效果，增强我国社区公共产品均衡供给。其中，合同演进政府会计契约功能可以促进社区财政均衡配置，改善社区行政生态，实现社区绩治等，拓展政府会计估值功能可以增强社区财政透明度及社区基金科学统筹安排，提升社区服务质量和品质，助力我国多元化社区实现善治与良治。

第5章

政府会计功能变革与政府行政成本治理*

5.1 引言

现今正值我国政府会计改革潮兴起时，同时也适逢转变政府功能，深化行政体制改革积极推进时期和推行国家新常态治理阶段。党的十八届四中全会报告明确指出……在法治轨道上开展工作，加快建设功能科学、权责法定、执法严明、公开公正、廉洁高效、守法诚信的法治政府。依法全面履行政府功能，推进机构、功能、权限、程序、责任法定化，推行政府权力清单制度……①。政府是人民的政府，不是官僚的政府，我把行政权力的合法运用称之为“最高行政”（卢梭，1762）。就政府组织而言，其组织价值判断或者说目标应该是组织终极追求，既是组织或立法部门的目标，也代表着选民的目标。这种逻辑类似于公司结构，即选民们向政府组织依法纳税继而成为政府机构运作资金来源，此时政府可以把选民们视为“顾客”（西蒙，1978）。以“顾客”为导向是当今世界改革的潮流（林登，1964）。受到顾客驱使的政府，满足顾客的需要，不是官僚政治的需

---

* 本章内容经过修改发表于《甘肃社会科学》2015年第4期。

① 《中国共产党第十八届中央委员会第四次全体会议公报》.［EB/OL］. 新华网 . http：//www. js. xinhuanet. com/2014 -10/24/c_1112969836_3. htm，2014年10月24日。

要，政府的义务是保证服务得以实现（奥斯本和盖布勒，1996）；政府的职责是服务（珍妮特和罗伯特，2010）。

加速政府转变职能，构建法治型和服务政府是新常态治理拟实现之愿景。而转变政府功能其中最为关键一环应是政府会计功能如何定位与拓展，同时功能转变其本质要求即以最优化成本实现行政功能完满履行，两者应具有内在统一性和趋同性。科学政府会计功能定位和拓展对有效改善政府行政成本开支结构，合理配置政府行政成本，提升行政成本产出效能乃至实现行政成本均衡最优尤为关键，而行政成本治理要求政府会计功能必须完善与健全，两者互动与协同一致将对法治型政府的构建提供有力运作或支持机制，从而为最终实现服务型政府奠定坚实的基础。我们要做的就是坦率地承认新形势需要新对策，要以务实明达的态度做能做之事，以此保证构建责任政府和实现行政高效化（古德诺，1900）。因而，应立足我国当前政府行政成本治理现状，借鉴科学理论加以研究，本书借助行政学大家弗兰克·J. 古德诺（Frank. J. Goodnow）政治与行政二分法思想，并融合经济学均衡理论和协同学方法论等，研究政府会计功能拓展与我国行政成本治理成本联动关系，并以此探索如何通过科学创演政府会计功能进而实现我国政府行政成本均衡配置，些许存在点滴理论价值。

5.2　政治——行政二分法价值取向与我国政府行政功能转变目标契合性分析

人类的政治生活在很大程度上是由人性决定的，即由我们是人这一事实来决定，与仅能够提供法律框架的法律形式相比，法外制度对政治体制产生的影响更大。政治是政策或国家意志的表达，行政则是对这些政策的执行。任何政府执行体制都将体现出政府组织两种本质功能，即通过该机制运作表现出国家意志的意图和国家意志的得以实施。换言之，即政治的功能与国家意志的意图呈现相关，其次与国家意志的执行有关。执行国家意志的功能称为行政（古德诺，1900）。政治与行政二分法，作为公共行政学管理范式，体现为国家意志表达与执行。简而言之，即理性的意志表达与高效的执行。其政治价值取向即政治开明化、民主化、科学化，为全面确立公民社会生态夯实理论基础。执行价值取向是如何高效实现前者之目标，真正实现人与社会、环境等和谐健康有序向前发展。而我国正在进行中的行政体制改革愿景与国家政治目标应有趋同性，治理路径和进路应与国家行政目标紧密相连。以一图以概之，见图 5－1。

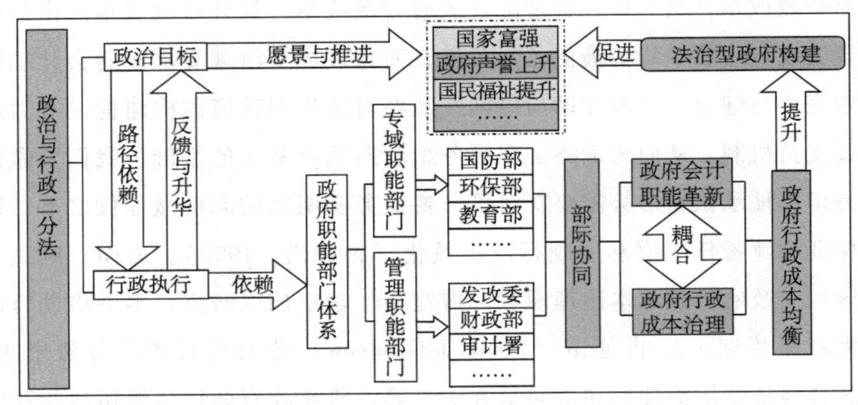

图 5－1　协同视阈下政府会计功能革新与行政成本均衡管理演绎图

前述已阐明同理而言，实现公共资源、经济绩效与社会发展均衡最优，实现人类与社会发展利益最优化，此两者具有内在统一性与同质性，政治与行政二分法价值取向为统领，具有指导性与战略性，因此，两者最终目标具有同向性与一致性。概而言之，两者终极关系为善政与善治关系，要解决这一难题，唯有真正转变政府功能。转变政府功能也是大部制改革的关键，建设法治型政府的进程也就是要达到以政府为核心的管理逐步过渡到向以民众为中心的服务型政府变革，即要实现由官本位、政府组织本位向市场、社会、公民本位转移，构筑与建设法治型政府，这样转型为必经之路，即从全能、权力、封闭、管制型政府向有限、责任、透明、服务型政府转变；而要实现政治—行政二分法价值取向与我国政府功能转变目标一致要实现以下三点：政府功能合理与科学归位、功能结构优化和

* 国家发展和改革委员会（简称发改委）。

功能部际协同管理，而其中公共行政核心功能之政府会计功能科学其界定与拓展不可或缺。

5.2.1　行政执行基石与政府职能合理归位

古德诺提出政治与行政二分法，其思想认为两者应是密切配合，而不是严格区分与割裂，政治目标通过行政强有力实行与执行得以完满实现，行政在执行过程中对原本设定政治目标进行反馈，依据执行效果再进行重新价值判断，并选择是否修改与调整先前既定政治目标，两者应是良性互动配合机制。但此沟通与协调机制是否能实现需依靠行政强有力执行，而行政有效执行的基础与前提为政府功能是否科学与合理归位，政府功能如何科学与合理定位，具体执行功能如何合理就位对于提高政府执政效率，防止政府官员腐败，降低行政成本，提高政府公信力，培养公民社会等有着关键的作用。政府的问题又出在很多该做的没有做，不该做的去做了，或者是政府功能的缺位、错位和越位，那么落实科学发展观的关键就在于转变政府功能（范恒山，2004）。横亘在大部制认知调整性改革路径和价值重组性改革路径中的“拦路虎”，是长期以来形成的部门利益。正是部门利益的存在和作祟，才使对政府究竟应该干什么的认识发生非合理性偏差，使对政府功能究竟应该进行怎样调整的价值选择产生非正当性偏移（石亚军，2013）。政府职能缺位、错位、越位，严重阻碍了市场经济的发展（荣秋艳，2014）。改革开放以后，我国政府机构改革大致每隔 5 年进行一次。1982—2013 年已历经 7 次改革，历次改革均为伴随经济体制改革进行或者应经济发展需要进行变革与调整。每次政府机构改革总是围绕这样一个中心即“如何高效提供更好与更优的公共产品与公共服务”展开并突出每个阶段的重点。大部制改革目标即现存整合政府组织，精简功能部门与机构，降低组成部门数量，提高运作质量，预防机构交叉，运作效率低下，执行效力不彰，使部门之间沟通与信息交流更为畅通，实现现代化政府运作机制，更好地满足国家对社会和市场等宏观和公共管理的需要。政府组织职能与职责得以完满践行一定建立在科学的功能和结构设置与划分基础之上，政府功能与结构不健全、不合理或者设置不合适，政府执行力一定得不到保障，在此情形下的行政执行效率和效力必然达不到预期目标，而政府会计功能必然是公共行政诸多功能中重要一环，其科学界定与拓展对提升政府机构运行效率和政府部门执行效果应起到积极支持作用，并对组织与机构的职能缺位、错位和越位情形之改善必有所裨益。

5.2.2 行政协同执行机制与政府职能结构优化

里格斯（1961）形式主义即国家为实现其意志或政治目标制定若干政策、法律、法规等。但当实施与推行时，执行效果与结果却与愿景或既定目标之间存有一定距离与差距，理论与实践未能实现一致，应然与实然未能步履和谐与统一，究其缘由政府官员和政府公职人员在贯彻与实施若干国家政策、法律时责任心不强、敷衍了事等，尽管形式上执行过程与程序都有体现，但实质与效果却未能实现预期目的。古德诺（1900）政党组织是建立在政党必须完成的工作的性质和数量之上，而政党必须完成的工作在很大程度上取决于中央政府各政府机构之间的关系以及中央政府和地方政府之间的关系。狡诈的人会利用组织强大的全国性政党实现腐败和自私自利的个人目的。协同学由德国物理学家赫尔曼·哈肯（Hermann Haken）首先提出，是一门跨学科新兴协作理论或称为“横断理论”，主要研究不同学科不同系统之间或存在某些共性与相溶之处，使不同学科在同一系统或不同系统内如何通过相互作用与协作组成一个具有新功能的组织系统或作用系统，序参数为协同学核心概念，不同学科与不同系统中要素组成也是一个新系统，而不同学科与不同系统中因素或要素即成为新系统中序参数，在新系统中各个序参数通过重新组合、竞争、合作与协作等，使原不同学科与不同系统中因素或要素成为新复杂与综合系统中有序变量，这些有序变量通过某些角逐、演化与协作机制等使原本看上去无关与无序变量成为有序、有规则可循变量，并由这些有序新变量生成一个新的结构清晰、适宜应用、机能稳定等综合系统，协同理论思想换言之即不同学科与系统中要素在新系统经过演化、演变、协作等产生新变量，由新变量组成的新系统可能为使原本诸多简单低级系统生成一个新复杂高级系统，或原本诸多混沌无序系统通过协作演变成清晰有序系统。

政府职能应是政府机构或组织应承担的职责和义务，伴随职责和义务践行过程中应具备的功能。政府功能履行离不开功能结构设定和设置，同时要对具体工作科学细化与细分。高效的运作机制即以两者协同一致为基础。换言之，政府履行职责的执行机制是以两者合理的组织架构为保证与前提，而政府行政目标实现效果也依赖于两者组织构架科学化和协同化。具体而言，某一层级政府组织在人员配备、部门与机构设置、信息共享、运作机制等软件与硬件配置达到完美契合。曹堂哲（2010）公共行政执行的府际协同（Intergovernmental Synergy）机制即指政府组织在执行行政事务进程中，不同政府层级之间，不同区域同级政府之间通过一定协商方式和手段达到信息资源共享，共同合作更好实现共同目标和各自目标的一种机制。也就是要实现不同政府层级之间和不同区域同级政府之间行政执行府际协同机制。该机制形成更有利于共同目标的实现和完成。概而言之，其就是要实现政府功能与结构高度的拟合性，也就是要达到政府功能与结构完满匹配，使行政执行高效运转，行政效率和效果俱佳。

政府组织的职能与结构匹配和协同机制越好对构建和谐社会发展，节约整个社会交易成本，整体社会生产率之提高，社会经济资源合理配置及提升国家治理能力等就越有力。这其中自然离不开公共行政的核心功能政府会计功能的科学定位、拓展、延伸和变革，如政府会计报告所生成的财务信息直接表明某一层级政府组织人员配备、部门绩效考核是否合理，也径直表明其功能与结构是否协同有效、不一而足。因而，其创演与革新对促进政府组织功能与结构匹配和协同将起到巨大的推动和提升作用。

5.3　政府职能良好履行与行政成本科学配置

当政府功能与结构完满匹配之后，关键在于执行。而运行与操作一旦开始，成本耗费总是必需的。如何保证行政执行与成本耗费实现均衡一直是公共行政领域探索的课题。行政成本是政府功能部门为实现对社会的全面有效的管理而必须进行的资金与资源投入或者说费用支出，并且这种耗费与投入一般不会带来直接经济利益，该项投入是不可缺少的，但这其中绝大部分为必需的，其中部分因决策失误或官员贪腐形成不必要的支出。西方经济学鼻祖亚当·斯密认为：人只要作“理性经济人”。众所周知，当人基于全面理性时，涉及经济利益时，必然以自己利益最大化为目标，并实施其所能实施方式展开积极追逐。首先，一些主管政府官员就有了根据自己意愿进行选择的机会，而这些意愿与机会难免不受“经济人”动机所影响，造成这些政策的实施不符合事实。其次，一些主管政府官员出于个人利益最大化的动机和有了可供选择的机会，使他们制定与实施公共政策依据个体利益与效用最大化来进行。按经济学观点，人是有限的理性经济人，通过权力寻租追求隐性福利在所难免。由于政府官员实施公共政策发生的公共支出，花费的是纳税人的钱，并无像民营企业的产权约束，政府官员根本无须担心成本问题（章贵桥等，2013）。最后，帕金森效应，帕金森定律其中有一条即在行政管理中，政府功能机构或组织会向下不断拓展，各种功能机构与部门越来越多，由此工作人员也不断增加，进而组织与人员工作效率也越来越低下。机构和人员就像金字塔一样不断向下延伸与拓展，因此也称“金字塔上升”现象。久而久之，这逐步形成一个机构叠加、人浮于事、推诿扯皮、极为低效的机构组织。历次大部制改革一段时间后，部分原本精简的机构随着时间推移其附属组织同雨后春笋，不见其增，日有所长。下属机构组织数量不断增加，几年之后形成了一个机构膨胀、重叠、臃肿的组织，行政人员配置、岗位数等及随之而来的行政成本自是水涨船高，政府运作成本未实现预期设想目标。服务型政府本质要求为行政高效，成本耗费科学与合理。虚高的行政成本却并不能实现政府功能的良好运行，有时反而对政府执行既定功能与职责存在阻滞作用，如何既要保证政府功能与职责良好践行，又要使政府行政成本耗费科学合理，即两者呈正向博弈关系，而非呈负向博弈情形，应以科学理论和方法为指导，并付诸实践。

5.3.1　行政成本耗费——经济学均衡分析

国家之存在离不开健全与完善的政府职能机构或部门，而这些机构与部门承担着国家管理全社会的职责：对外防御外敌，对内实现全民安居乐业、健康发展。保证国家政府职能机构或部门的高效运行，相应的行政成本开支必不可少。完成政府行政执行职能所需适度的行政成本既是前提也是必要，合理行政成本支出无可厚非。服务型政府必然是廉价、精简、民主与高效的政府，控制行政成本是构建服务型政府的内在与客观要求，而我国高额的行政成本却屡见报端。我国高额的行政成本已广为争议与诟病，进而也引起我国国家领导人和政府管理层的高度重视，如自 2010 年开始每年中央各部委开始公布各自的“三公经费”，公车配置制度标准等，这些政策与举措说明了我国政府管理高层治理行政成本的决心与意志。然而，治理的决心与意志只是前提，治理与控制高额行政成本，需要有强有力与高效的机制与方式及手段，其中创演政府会计功能不可或缺。政府在会计治理中作用的发挥，最直接的方式就是对会计工作的管理。这也是我国政府主导型会计治理模式的重要特征之一。在长期会计管理实践中，我国形成了独具特色的会计工作管理体制，为会计治理功能与功能的实施提供了强大的组织体系（朱星文，2006）。法治与服务型政府管理需要有优秀与先进管理思想、理论与理念，并且应伴有科学化管理路径、方式与方法。

经济学和金融学中最核心追求或认为经济市场和资本市场最佳状态应是均衡状态，换言之，均衡最优为其终极思想，如市场均衡、纳什均衡、资本资产定价模型等（章贵桥等，2013）。法治型政府目标即达到一个精简、高效、成本均衡的具有现代化治理机制和特质的服务型政府。也就是人们所期望的以最少的资源耗费获取比较多的公共产品与服务。换言之，若能以均衡最优的行政成本获得最优质的公共产品与公共服务，即实现“小政府，大社会”。然而，即便为小政府也应有相应行政成本耗费，如何完满执行政府功能后实现合理耗费，即资源耗费在人们可接受的支出弹性区间内，即接受此成本具有普遍性，实现此成本管理笔者称为“行政成本均衡管理”。详见图 5 – 2。

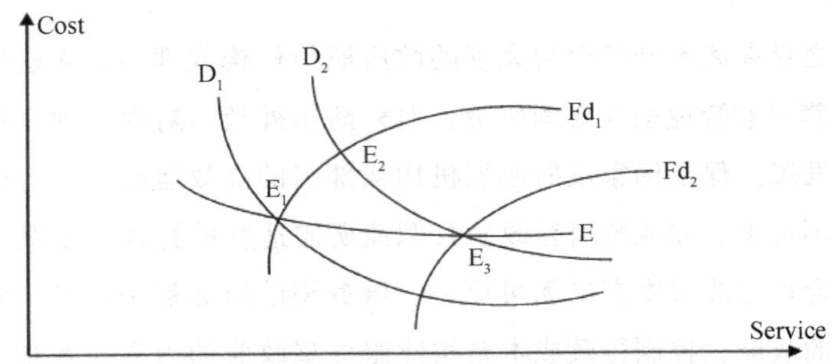

图 5 – 2 政府功能优化与行政成本耗费均衡分析图

图 5 – 2 中 E_1（Equilibrium）点为初始均衡点。但由于需求扩大，D_1（Demand）需求曲线将向右平移至 D_2，到达至 E_2均衡点，但这个均衡点不是真正我们所需或者说理想的均衡点，而随着每次大部制改革，政府功能部门数（Function departments）由 Fd_1向右下移至曲线 Fd_2，此时随着科技进步，技术革新、整个规模经济发展、边际成本降低等因素，政府部门向全民提供的服务好而成本又相对较低，由此发展到 E_3均衡点，此时由于科技进步、规模经济与外向型经济发展，该点即在某一时间区域内实现均衡，即理想均衡点，也是我们要实现的均衡点，而如何实现行政成本均衡管理，需要有强有力与高效的方式与路径及手段，必须要有高效行政功能为其支撑与支持，变革、优化与创演行政功能不可或缺。

5.3.2 政府会计功能科学拓展与行政成本耗费均衡最优耦合性分析

政府职能是否实现成功转变，应该有个标准即相比之前履行行政职能与职责是否提高了行政效率或者践行了以前同样的政府功能是否降低了行政成本。换言之，实现成功转变要么实现高效行政，要么减少了资源耗费（王海峰，2013）。政治与行政执行机制应是在政治目标指导下，行政各功能部门应按照实践需要，科学运行，高效执政。其本质属性即合理与有效，科学与高效完成国家与政府功能的实现，追求效率与效果。而行政成本治理终极目标是实现行政成本效力与效果最佳与最优。一国的政治与行政执行机制涵盖了该国政府功能部门，各个功能部门所承担的功能及各个功能部门运作方式、部门之间沟通协调方式与程序等，均对执行机制产生影响，而此同样会对各功能部门实施政策与措施发生作用。若前者运行机制与方式等行政成本治理目标与策略相互配合，步履协同则对行政成本治理产生正向积极作用与效果；若出现契合机制不适，信息交流与共享渠道不畅，协调与沟通机制运行不当，此必然对行政成本治理不利，继而必然涉及行政成本治理效应与效力，当前我国提倡行政成本耗费法治化、合理化、科学化等，此内含着政府功能部门执行机制健全与有效为基础与前提，若国家执行机制与运行机制存有欠缺，势必影响行政成本治理，进而导致行政成本治理效果与初始拟定行政成本治理目标出现差距。不论是政府功能部门或者是企业组织其执行机制与运行机制无非设想实现机制有效与高效，增强运行效率由此提升产出与产能等，行政成本治理执行机制依赖于行政执行机制，若行政执行机制低效与无效必将制约行政成本治理机制及其运行。而行政健全功能之一应是体现为实现环境与社会可持续发展，其执行机制运行目标应与该功能一致，而行政成本治理执行机制通过其运行可以为行政执行机制提供反馈信息等，其设计与运行模式等是否对行政成本治理生成促进作用，还是阻滞影响，通过行政执行机制在实践中运用，上述效果与效应将得以显现，继而可通过信息反馈渠道与流程传递至政府管理层与管理部门，为行政执行机制积累改进与纠正提供实践经验，经过细化与梳理可上升为可行执行机制策略与理论。两者相互依存、相互联系、相互配合、互为补充，通过不断调整与修正，最终实现密切配合，执行有力，最终实现国家意志得以完满执行。因而，政治与行政执行机制根本要求与彰显行政成本治理效力具有内在本质一致性。

随着政府转变职能进程不断深化，应主动嵌入相关积极辅助职能，其中完善、创新与演进政府会计功能不可或缺。会计基本功能就是反映与监督，政府会计也概莫能外，但我国现行的是预算会计制度，最主要会计功能是反映与监督财政预算执行的明细状况，而此对于现代国家政府会计功能已远远不够，更何况我国尚未建立完整健全的政府会计体系，政府会计改革进程也远远落后于发达国家甚至部分发展中国家。因此，我国在未来政府会计改革中必须创新、发展与演进现行政府会计功能，如预算绩效考核功能，举债风险预测功能等，从而有效控制和降低行政成本，实现行政成本治理与管控。而这必然要有完善与健全的政府会计功能与之相配套，提高良好的保障性服务功能。因而，完善、创新与演进政府会计功能是为构建服务型政府创造前提条件与奠定基础，而构建服务型政府使政府会计功能必须不断完善与演进，两者相互促进、相辅相成。国家新常态治理终极目标就是实现管制型政府向服务型政府过渡，同时根据里格斯（1961）行政生态学理论我国正处棱柱形行政模式后期，而棱柱形社会下一个阶段即衍射型行政模式，而衍射型行政模式下政府治理类型即服务型政府。而演进公共管理功能之中政府会计功能至关重要。对此，公共管理界诸多专家与学者达成共识（李建发，2003；陈小悦，2005；陈穗红，2008；陈志斌，2009）。中国政府会计功能不全（例如会计核算范围比较窄），会计基础单一，无法对政府收支进行全程、全面的会计监管，不能满足财务管理与绩效评价的需要（马骏，林慕华，2012）。因此，新常态治理至构建法治型和服务型政府，必须完善与革新我国政府会计功能。

5.4 政府会计功能革新与行政成本均衡最优之路径依赖

治理必然消耗经济资源，一国政府构成应是一个功能健全和结构合理的机构与部门体系组成，其耗费必然为纳税人所提供的资金。因而，对政府组织来说，其主要目标之一应是持续追求能不断提升政府执行效率和效果的革新运作机制和体制，且采取任何一个特定的治理模式都必须考虑与之相适宜的背景（Peters，1996）。我们需要一个有高效执行和运行机制的政府，其应是将相关具体执行事务交由市场上企业去运作，政府组织主要功能应是如何决策与决断，即成功成为能实施治理的政府（彼得·德鲁克，1968）。政府会计变革可促进社会的公正公平，解决腐败整治问题（陈志斌等，2015）。执行政府行政功能与合理行政成本支出应适度均衡。如何实现既能高效完成政府行政功能又能实现合理行政成本支出均衡管理是我国当前及未来一段时期的一项重要的公共管理课题，需要专家与学者对此进行深入与广泛的研究。当然形成这种状况的背景是复杂与综合的，但其中较为重要的原因之一就是我国政府会计未能实现对高额的行政成本进行有效监督与管控，而现阶段我国政府会计改革与发达国家相比已显滞后，公共管理和政府会计理论界与实务界要求我国政府会计改革的呼声越来越迫切，而政府会计改革重点之一就是我国政府会计的功能应随着时代与环境的变迁不断完善与演进，最终实现高效的行政执行力与行政成本耗费均衡最优。

5.4.1　解脱公共受托责任，实现财政透明度与检验执行行政成本效果

政府透明度的提升应是政府组织积极追求的目标之一。通过透明度的提升，可以体现出政府解除受托责任的程度，同时也是政府提高政府公信力，增强民众对政府的信任感等的重要途径。政府会计第一功能应是能提供政府预算执行状况及其掌管的资金运动信息（Gjesdal，1981）。而 IMF《财政透明度册》也要求，政府组织与机构应当按期向全体纳税人或公民提供政府组织一定时期的预算和财政资讯，并且确保提供的信息真实与可靠。我国《中华人民共和国政府信息公开条例》同样要求“以公开为原则，以不公开为例外”的原则。Florini（2002）从委托代理理论视角出发，他认为提高政府财政透明度，降低信息不对称，进而增强民众监督力度，从而可以有效预防与预警财政风险。鹤光太郎（2003）财政信息的公开与透明，可以作为增强民众与立法机关监督政府行为有效方式与路径，进而可以有效减少政府官员贪腐行为。Walker（2004）也认为财政透明有利于降低与预防财政风险。而政府会计信息及其信息系统是提高财政透明度的

最主要路径。陈立齐和李建发（2003）认为，政府会计最高层次的目标是帮助政府履行公共受托责任。刘笑霞等（2008）认为，政府组织之财政透明度应能做到及时、真实地向民众提供相关易理解的清晰财政数据、财政信息，促使民众能够对政府履行功能和职责情况进行正确与公正评判，且政府组织若能不断提升财政透明度，将有助于夯实外部监督机制，下降政府行政成本，促进治理型政府的构建。政府会计功能在一定条件下实质上是政府会计目标的具体化，其主要功能之一就是反映一段时期内完整的政府的财务状况，运营情况和现金流量（章贵桥等，2013）。增强公共财政透明度，降低政府代理成本，实现社会公平的重要保障，融洽政府与公众的关系，全面解脱公共受托责任等。因而，强化与延伸政府会计财政透明度功能尤为关键。

5.4.2 全面反映政府预算收支与增强行政成本支出效率

“阳光是最好的防腐剂。”简而言之，预算即国家财政收支的预先概算，表明国家取得财政款项的来源渠道和依据，反映国家财政开支的走向与具体分配，体现出国家宏观政策和政府治理的意图与目标，也是政府组织与机构用以调节和控制资源分配的最主要的方式和工具。如何合理分配和执行预算是政府部门与机构须缜密思考之重要事项。一般而言，政府部门应先根据具体机构性质以及该部门在某段时间功能与职责需要，合理确定该部门预算分配标准及执行标准。政府再组织因重视预算执行后产生的效用与效能，侧重预算执行后产生的经济与社会后果，偏重结果导向，对执行预算的部门与机构展开绩效测评，摒弃预算重投入轻产出，重视预算拨入数额，忽视产出效果等，应建立科学的预算编制方法和机制，对预算执行展开事前、事中及事后连续跟踪与监控并及时反馈，对执行结果进行全面分析，确定预算执行效果，对此进行优劣测评即绩效评估（李红霞，2011）。而政府会计体系对预算展开绩效评估的最有力的工具与手段，也是对预算执行进行监督的依据，未来我国政府会计改革应是对现行的预算会计的扬弃，即保留必需的预算会计功能，同时在融合国际公共部门政府准则基础上，合理确定中国政府会计准则体系，实现对预算进行全面监控，并能向公众反映预算编制的科学依据，分阶段预算执行情况，使政府会计成为预算编制、预算执行、预算评估和预算监督等最为可靠的管理与治理工具和方式。从而预算从编制至测评趋向科学化，而此对合理确定与优化我国政府行政成本必将有所益处。我国《预算法》预算会计系统应完整连续反映并详细记录各级财政预算执行情况，全面反映各级政府财政与财务状况、现金流量、预算收支明细状况等。因此，在未来，随着我国政府会计体系的建立并逐步完善，完善与演进现行我国财政总会计、行政单位会计及事业单位会计功能并最终过渡到我国统一政府会计体系必不可少。故而，创新与演进我国政府会计功能可以反映与细化我国各级政府执行预算情况，增强中央政府对各级政府执行预算的监督与管控。因此，演进我国政府会计预算监控功能对于实现对各级政府执行预算的管控作用尤为显著。

5.4.3 支持政府绩效评估建设与提升执行行政成本效益

进行绩效测评与评估是现代化政府治理必备的基本特征之一，也是检验政府组织与部门履行职责、执行预算以及提供公共服务满意度等内在要求，对政府组织与部门的预算进行绩效评估不仅能促进行政问责制度的确立，对提高行政成本耗费与收益实践价值更是不可或缺，对增加执行行政成本产生的效率、效力与效能尤为重要，也是政府机构及公务人员的规制和激励机制的现实基础，奖惩机制的实践依据和凭据（唐铁汉，2006）。政府会计变革可加强绩效管理和经济效益质量的反映（陈志斌等，2015）。未来我国政府会计最主要功能应该是各级政府进行绩效评估与评价及考核最为有力的工具与手段。通过政府会计财务报告与报表为绩效考核与管理提供最为直接的数据支撑。第一，政府会计最基本功能反映出各级政府所需的可以用货币量化的财政与财务信息，进而指导未来的各级政府的预算与财政决策，并以此制定政府财政与预算等相关政策，为实现优质的服务型政府绩效评估与管理及治理创造前提条件。第二，对于不能以货币量化的绩效考核指标政府会计也能提供良好的反映。如通过政府会计报表附注进行详细披露，由此实现政府绩效考核与治理。因此，完善与拓展此项政府会计功能是支撑服务型政府进行绩效评估最为有力的方式之一。

5.4.4 债务风险预警功能与防范政府潜在破产和坏账成本

一套科学完整的政府会计功能系统对于本级政府所拥有的资产与资源、所承担的负债等“家底”状况可以进行全面、准确地核算和报告（刘光忠，2010）。通过鉴别政府会计报表及相关政府财务报告所反映的公共财政信息，可以判断并预测该国政府当前及未来国际市场融资能力（Petrie，2003）。地方政府过度举债特别是各级地方政府融资平台的迅速扩张势必诱发各种风险，进而阻碍地方经济发展（方先明等，2012）。未来政府会计功能应凸显政府防范因政府举债而增加的财政风险作用。随着我国经济增速放缓，地方财政收入日趋多元化，经济转型升级不断调整，未来一段时期我国地方政府进行适当举债和融资将呈常态化，继而，因举债而产生政府债务风险不可避免，如何将政府债务风险控制在合理区间与范围内，是每一个举债政府不可回避的课题。此时，政府会计财政风险预测与预警功能对此尤为必需，经过此功能或将政府发债风险控制在可接受或科学的范围内。因而，政府会计财政风险预测功能对政府举债进行科学掌控至关重要。这种预测与预警机制可以帮助政府官员更好地防范财政风险，也是提高政府官员执政能力与善政水平必不可少的工具。若未能有效健全此功能，由此引发政府执政危机，进而导致政府破产（如希腊、冰岛），其成本损失将不可估量。因此，政府会计风险预测与预警功能对完善国家治理机制，构建现代化法治政府其作用和功能不可替代。对于降低政府破产风险，实现潜在坏账成本预警，此项功能尤显突出。因而，革新此项政府会计功能可以有效地为服务型政府举债保驾护航。

5.5　本章小结

概而述之，大部制改革所追求的目标就是为实现政府职能的转变，进而为构建高效、民主、精简、廉洁的服务型政府进行准备与铺垫。然而，政府职能的转变应该保留并拓展与创新高效功能，摒弃过时与低效功能，并应随着政府转变功能进程不断深化，应主动嵌入相关积极辅助功能，其中完善、变革与创新政府会计功能不可或缺，应积极创新与演进政府会计解脱受托公共责任，提高财政透明度；全面反映财政预算执行；引入政府绩效评估；政府债务风险预测与预警等功能，以期为实现政府功能的转变，顺利过渡到服务型政府提供科学、高效的管理方式与路径。现今我国政府坚持正确政治方向，积极稳妥推进政治体制改革，积极转变政府职能和推行新常态治理时机。我们应及时把握机遇，顺势而为，有所创建。然而，如何通过行政体制改革，实现转变政府职能，高效行政，实现行政成本均衡最优管理，努力建设好法治型与服务型政府。

第6章

财政预算软约束与政府会计治理效能*

6.1 引言

据媒体报道，都江堰市的平台负债高达528.62亿元，而都江堰全市财政可支配收入，每年仅为19亿元①。河南省濮阳市的范县和安徽省合肥市等7个地方隐性债务规模是显性债务规模的30%~360%，其中5个地区隐性债务规模超过显性债务，且有2个地方隐性债务是显性债务的3倍以上②。地方政府负债已经成为省以下各级政府的一种普遍现象，预算软约束导致地方政府债务形式多样、管控难度大以及大量涌现的“表外债务”不仅使债务规模很难估计，而且会以何种方式影响经济很难被预测（李永友等，2018）。地方政府举债“棘轮效应”导致地方政府只知道大拆大建，举债上新项目、铺新摊子，而宽松的宏观政策会放大这种“棘轮效应”，刺激地方政府的举债欲望，地方政府的借贷循环链条逐渐变长，影响面也

---

* 本章内容经过修改发表于《会计研究》2018年第12期。

① 厉害了四川都江堰：一个县级市竟然负债500亿［EB/OL］. 新浪财经网，https://finance.sina.com.cn/money/bond/2018-08-16/doc-ihhvciiv7147725.shtml。

② 央行披露X省债务风险：隐性债务高出显性债务80%［EB/OL］. 网易财经转：第一财经日报，http://money.163.com/18/1104/12/DVP5LIJI002581PP.html。

在拓宽，从“表内”转向“表外”，并逐步游离于监管之外，形成风险（肖翔，2018）[①]。棘轮效应（Ratchet effects）中棘轮原本是指物理学中的机械齿轮滚动的方向只能向前，不能倒退。Berliner（1957）在研究苏联国有企业时发现，企业管理者在制定下期生产指标时，以本期已完成的任务为参照，再进行一定的调整，当企业实际生产能力的信息在没有被上一级主管部门掌握时，制定生产指标的管理者就将棘轮机制置于生产计划中，棘轮效应首次出现在经济领域。棘轮效应存在于多种经济环境中（郑石桥等，2010），在我国部分地方政府经济环境中存在棘轮效应。这是地方政府财政预算软约束现象的显性特征之一。在社会主义国家中，当国有企业发生亏损时，不同层级政府出于政治与行政需要，准其延长贷款归还期限，或再增加其贷款额度，或提供财政和税收补贴，或直接追加投资，防止其破产，导致了市场资源配置机制的扭曲，从而国有企业中的预算软约束现象形成（Kornai，1979；林毅夫等，2004；龚强、徐朝阳，2008），在公共财政预算领域同样存在预算软约束现象。在政府财政预算领域内，我们对财政预算利益相关者在编制或执行财政预算时，有意夸大预算需要，或执行预算蓄意透支，或故意降低财政收入业绩考核标准，或在政府财政收入上有意实现非理性的“超收”行为统称为“财政预算软约束效应”。换言之，棘轮效应与财政预算软约束行为是政府官员在履行公权力过程中基于“理性经济人”动机追求隐性利益及其派生利益的行为体现，也是政府产权在运行和流通过程中发生扭曲的外在体现。政府产权是指依照一定的法律程序所赋予或规定的各级政府的功能、职责及相应的权力结构以及政府行为的权力边界（冯涛、袁为，2008），对政府产权进行界定的主要目的是要构造一个合理的政府产权制度以防止政府产权的泛化和权力的扩张（陈维达，2007）。政府产权的泛化将导致政府公共财产中的所有权、占有权、支配权、使用权、收益权和处置权等权能运用不当，如出现政府过度投资、过度负债行为等典型的财政预算软约束行为以及政府官员基于信息不对称和理性经济人动机蓄意超支财政预算，有意降低可达到的业绩

---

① 肖翔：把防范和化解地方政府债务风险工作摆在重要位置［EB/OL］．中国财经报网，http：//www. cfen. com. cn/dzb/dzb/page_2/201808/t20180807_2982306. html。

标准以及创租和设租等行为（即财政预算中的棘轮效应）。可以推断，当政府公共财产中的各项权能应用出现异化，将造成政府产权运行和流通不畅，产权权能得不到有效释放和发挥等负面效应，从而背离了政府产权运行的本质和目标，影响政府产权的价值创造力。因此，财政预算软约束行为和棘轮效应是政府产权泛化的“副产品”，是政府产权运行和流通过程中受阻的体现，是生产要素在公共产权领域行政配给过程中的一种负向外部性的表现。

外部性是用来表示“当一个行动的某些效益或成本不在决策者的考虑范围内的时候所产生的一些低效率现象（Buchanan and Stubblebine，1962；Cheung，1969；Coase，1960；Demsetz，1964，1969；Mishan，1971；Stigler，1972）。解决外部性的主要方法是将外部性内部化，而治理政府公共产品外部性方法主要有，加强政策管制、强化政府的监管功能、运用财政手段、促使外部效应内部化（Coase，1960；Demsetz，1967）。因此，解决政府财政预算管理中的外部性问题，应在借鉴经典的产权理论和政府理论基础上，构建一个有效的政府会计治理理论，以有效地界定政府产权、增强政府产权顺利运行，从制度上解决棘轮效应和财政预算软约束症结，而政府会计作为政府组织科学的财政预算管理机制和制度安排设计，是解决财政资源的非市场配置机制下导致的负向外部效应最有效工具之一，其功能高效发挥将有助于加速政府产权流通，支持政府产权功能释放，内化政府产权外部性，对抑制棘轮效应和消弱财政预算软约束行为具有显著作用。

6.2 文献回顾

近年来，学者们分别从委托代理理论等视角对棘轮效应和财政预算软约束产生原因、经济后果及治理展开了探讨与研究。在委托代理人关系中，委托人习惯以代理人已完成的业绩制定预期的业绩标准。因此，代理者越努力，预期业绩标准越可能实现，导致后期的“标杆瞄准”（benchmark）

也就会越高，这种业绩评价标准随代理者业绩上升而上升的趋势被称为“棘轮效应”（Weitzman，1980；张维迎，1996）。

财政预算软约束是造成地方政府高额举债和地方政府支出膨胀的重要助推手，将导致地方政府通过政府举债进行超规模或过度投资（Catrina，2012）。预算软约束与地方政府债务之间存在显著的正相关关系，并对经济社会发展产生了负面影响（高德步、何富彩，2017；李一花等，2017；王叙果等，2012；周航、高波，2017；张延、赵艳朋，2016）。韩国准自治非政府组织（quangos）在过去20年（1993—2012年）由于预算软约束导致公共部门债务显著增加，是政治机会主义行为和恶性金融循环的结果（Park，2018）。改善政府投资效率要从政府债务投资的“存量”与“增量”两个方面着手，严格按照新预算法的要求，将一般债务收支纳入一般预算管理，将专项债务收支纳入政府性基金预算管理，加强监督管理，硬化预算约束，防范预算软约束现象（吴粤等，2017）。地方政府预算软约束是转轨经济国家面临的共同问题，分权造成区域间经济增长竞赛，触发地方政府投资规模不断提升，是导致地方财政预算软约束的重要成因（高培勇，2018；郭庆旺，2017）。由于公立医院存在预算软约束，在确定救助时会区别对待病患者以谋求预算软约束下最大的福利（Wright，2016），零利润激励下的日本民办高校存在预算松弛和棘轮效应（Kuroki，2018）。预算软约束导致行为人对价格反应不敏感、资源配置无效率、过度需求等不良经济后果，导致寻租活动的出现（马恩涛、孔振焕，2017）。推进供给侧结构性改革能有效削弱预算软约束，增强宏观调控政策有效性以及促进长期经济增长（中国人民银行营业管理部课题组，2017）。出让土地取得的收入在地方政府财政收入中占据极大的份额，地方财政压力、土地财政导致房价的棘轮效应（王斌、高波，2011）。“高烧不退”的土地财政成为缓解地方财政压力和持续稳定的财政收入的主要途径，成为地方政府的主要生财之道（饶国霞、葛扬2014；吕炜、高帅雄，2016；唐云锋、马春华，2017）。

综上所述，我们可以发现棘轮效应和预算软约束将导致政府过度负债、政府行政成本超额扩张、政府投资项目结构的存在主观偏向性以及出现土地财政收入非理性增收等不良经济后果。各层级地方政府中的财政预算软约束行为等负面效应引发了诸多公共财政预算和政府会计理论研究者关注，学者们分别从不同视角探讨了治理财政预算软约束行为和棘轮效应的机制与方法，却也共同认为应加速政府会计改革，完善政府会计对其治理路径。如政府会计具有加强政府财政透明度建设和提高政府财政预算绩效的管理和治理功能（陈志斌等，2016、2017、2018）。媒体报道对政府会计信息披露的驱动作用更加显著（刘子怡、郝红霞，2015）。政府透明度建设和媒体监督水平越高，政府审计建议的采纳绩效和整改绩效越好（张琦等，2016、2018）。随着预算制度变迁，解决预算松弛等问题，政府财务信息公开将是我国未来政府会计改革的重要驱动因素（张琦等，2013、2018）。改善预算环境，加强财政预算管理监督，健全预算会计核算制度，可以缓解棘轮效应带来的预算松弛问题（孙沛沛，2015）。完善政府成本会计核算制度可以抑制棘轮效应和政府财政预算软约束现象（郝东洋、张冉，2016）。财政透明度越低，预算软约束越强，在推进预算改革的进程中，应加快政府会计改革，硬化财政预算软约束行为（郭月梅、欧阳洁，2017）。

实质上，棘轮效应和财政预算软约束可以理解为理性经济人基于信息不对称和在机会主义动机驱动下，是在公共资源配置竞争中特有的自利行为体现。因为政府掌控着大量的“公共资源”“社会资源”和“政策资源”的支配权，在一个对政府行为缺乏有效规制的制度环境下，“潜规则”往往在上述资源的分配方面发挥着实际作用（冯涛、袁为，2008）。解决预算软约束问题应控制总资源中经济资源、政治资源以及社会关系等资源的划分方式，才能真正有效破解预算软约束效应（罗长林、邹恒甫，2014）。政府通过行政指令决定资源和生产要素的配给和使用，能实施外部损害是一种权利，也是一种生产要素，政府强制是一种调整和制止“外部损害”有效的权利安排（Coase，1960）。产权的主要配置性功能是将资源受益和受损效应内在化（Demsetz，1967）。产权的功能就是产权对于社会经济关系和经济运行的作用，通过设置产权可以减少资源配置不确定性，就政府产权而言，合理界定与明晰政府产权，可以提高资源行政配给效率（黄少安，2004）。离开产权，人们很难对国家作出有效的分析，产权的本质是一种排他性的权利，在暴力方面具有比较优势的组织处于界定和行使产权的地位（North，1981）。产权关系的模糊性才是产生寻租的根源（Barzel，1994）。政府产权界定模糊和权责模糊将造成政府角色定位不清，政府功能权责不明等负面影响，政府在践行政府职责时就将出现政府行政权力错位、越位或缺位行为和现象（陈爱蓓，2010）。因此，研究公共管理领域中的财政预算软约束和棘轮效应等问题，应借助产权经济学及其政府治理理论等相关理论，科学构建出解决财政预算软约束和棘轮效应等痼疾的理论框架。

但从现有文献分析，我们发现鲜有学者从产权经济学理论视角并应用政府会计治理理论对此展开探索和研究。政府会计作为公共财政预算优化管理科学制度安排之一，其功能有效拓展和发挥能增强政府产权在公共财政预算领域流通性，助力政府产权功能释放，助推政府产权流通与执行在公共财政预算领域回归市场价格机制，提升政府产权价值，优化公共资源配置。因此，以产权理论为视角结合政府会计治理理论对政府财政预算领域的问题展开探索与研究，既能满足我国政府财政预算管理现实需求，也是产权理论与政府会计治理理论拓展研究的新探寻，对提升我国政府实现财政预算优化管理存在些许实践和理论贡献。

6.3　棘轮效应与财政预算软约束理论分析

一个民主社会的政府产权就像股份公司分散的公司股权，则政府产权就类似于公司股权，每一个参加投票的公民总额就等于全部政府产权，如果公民在政府间转让自己的政府产权，恰如股权在不同公司间转让是一致的，这个类比是贴切的（Alchian，1950），但政府产权与企业产权在运行和流通过程中存在差异，市场中产权流通主要由价格机制起主导作用，政府产权流通机制则是以行政权力强制性为主导的行政配给机制。首先，在政府产权结构层面，我国政府从中央政府到乡镇政府有五级层级设计安排。因此，每层级政府产权和政府产权权利存在差异，政府层级分布形成不同利益主体，各层级政府产权主体在财政资源所有权、占有权、支配权、处分权和收益权等权能上存在显著差异，从而各层级政府在财政资源配置权权能上也存在强弱之分，在地方各层级政府层面，将有可能出现政府产权结构性利益分割，不同利益分割将产生不同的利益诉求，由此将导致利益分配矛盾的发生。其次，政府层级分布造成政府产权运行目标多重性，但政府也是一个组织，政府执政既要向社会提供公共产品和服务，满足社会公众的需求，也要有自身的需求，不同层级政府以及同一层级的不同政府部门自身需求也各不相同，因而不同层级政府不同政府部门政府产权运行目标出现多样性，而政府组织拥有合法行政权力，出于自身利益需求往往出现政府权力扩张、泛化甚至滥用等行为，从而出现社会公众委托的政府产权运行目标与政府组织的政府产权行政执行目标不一致，两者之间的矛盾也将造成政府产权界定不清以及政府产权流通受阻等问题。最后，官僚机构和官员行为的局限和偏见。塔洛克和唐斯指出，官僚组织的调控行为一般存在三大定律：不完全控制定律，没有人能够彻彻底底地完全管控一个大型组织的全部活动和行为。控制递减定律和协调递减定律，一个组织规模越大和层级越多，顶层官员对该组织的活动行为管控和协调能力越弱。局限性主要有，每个组织和每个官员进行决策和所掌握的信息均是有限的，而每个官员也只关注自己功能之内的问题，因此进行决策时不可避免存在不确定性。而偏见则表现为，每位官员向上呈报信息倾向扭曲信息的真实度，倾向传递对自己有利的信息，减少甚至隐匿对个人不利的信息，且对特定的政府政策和指令存在习惯性偏见，依然会努力推行利己的政策和行动，反对甚至不履行不利己的政府政策和行动，同时在遵守上级指示时，依据利己需要部分或者变向遵守（Tullock，2012；Downs，2017）。可以预见，官僚组织和官员行为的局限和偏见能够导致政府产权在运行和流通过程中受限甚至受滞情境的产生。综上分析，在公共行政管理领域，出现棘轮效应和财政预算软约束现象也就不足为奇了。

因此，基于我国现阶段特有的行政生态环境和制度背景，我们认为，财政预算软约束行为和棘轮效应正是政府产权在运行和流通过程中由于拥有政府产权主体与执行产权主体之间存在信息不对称以及官僚组织和官员行为的局限和偏见的存在使政府产权功能得不到充分发挥，导致的负向外部效应，因而是政府产权在财政预算领域内产权流通性受阻和受限的表现之一，是财政预算领域内理性经济人有意为创租、设租、抽租、寻租创造条件的外显行为特征，并造成财政资源配置不均衡和资源浪费等不良后果。一是，应当从一个动态的社会结构中来不断修正和调整政府功能，有效界定政府产权边界，合理设定政府产权权能，疏通政府产权流通渠道和路径，助力建构政府行政权力和权力制衡机制，才能更好地防止政府权力发生泛化和变异，从而有力地解决政府功能的错位、越位和缺位问题，加速政府产权流通和提升政府产权价值创造。二是应将政府会计体系及其治理机制融入政府产权界定和流通机制理论分析体系中，政府会计体系及其治理机制作为公共行政领域核心的财政预算管理工具，是国家治理和政府治理机制重要组成部分，是促成政府产权功能在行政配给领域发挥作用的最有力手段之一。因此，在大数据和人工智能时代，应积极发挥和运用政府会计功能，合理界定政府会计功能边界，科学拓展和应用政府会计功能及其衍生功能，可以增强政府产权功能的释放，促进政府产权交易趋向价格机制市场秩序，其高效发挥能助力政府产权在公共财政预算领域流通和价值创造，将有效削弱和制约财政预算软约束行为。

6.4　科学应用政府会计功能抑制财政预算软约束行为

财政预算软约束是指对政府支配财政资源行为缺乏有效控制，预算机制不足以制约政府过度支出的倾向。由于缺乏有效的民主监督，纳税人无法控制财政资源的流向和用途，而政府垄断了公共财政资源的裁量权，造成地方预算软约束现象十分普遍（赵永亮、杨子晖，2012）。财政预算软约束又分为正向财政预算软约束和负向财政预算软约束。财政预算利益相关者基于自身利益考量，在编制和执行财政收入业绩考核时，有意地低估收益或能力，以期有利于自身业绩的实现，获得更高的报酬，同时却又高估其预算支出额度，以实现“搭便车”，为自己带来个人私利，此为负向财政预算软约束。正向财政预算软约束表现为有意夸大预算资源配置额度需求，以期增加下期预算拨入额度，制造寻租空间用以谋求私利，以及出于政治晋升和经济利益激励，财政收入出现“非良性超收”以资获取职级晋升机会。

与企业有关联的利益相关者通过不同会计程序和步骤处理生成会计信息可以了解企业经理人员动机及履职情况，以此也可以预测企业价值及其影响，对特定审计师服务的需求也是以审计师督察契约履行所起的有效作用为前提的，审计师需要了解管理当局所选择的会计程序对契约成本的影响（Watts and Zimmerman，1986）。奥尔森（Ohlson，1995）使用财务会计报告中的每股收益、每股权益和股价等，创建了剩余收益估价模型。在企业会计准则制定中突显会计的估值功能，可以更加有效地平衡分配资本市场资源，强调会计在契约中的作用，从而使会计在不同社会群体的收入再分配中起到关键作用（陈冬华等，2018；靳庆鲁等，2017；李增泉，2017）。估值是指评定一项资产当时价值的过程且估计其能够到达的预计价值，实质上会计在对会计要素进行确认、计量、记录及报告过程中蕴含显性或隐性的估值过程。因而，估值功能是会计本质功能之一，同时会计在对会计要素进行确认、计量、记录及报告过程中所依据的会计准则体系属于社会契约组成部分。换言之，会计行为可以理解为在履行特定的社会契约活动，因此会计具有契约功能。科学运用政府会计估值和契约功能将有效制约政府财政预算软约束行为（见图6-1）。

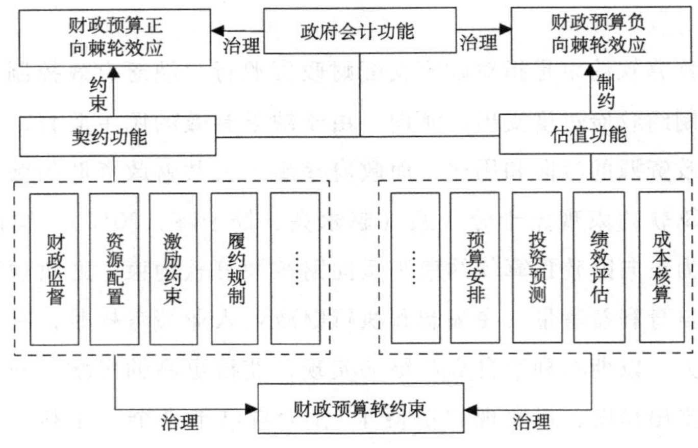

图6-1 政府会计功能与财政预算软约束治理图

6.4.1　有效发挥政府会计估值功能制约财政预算负向棘轮效应

财政预算负向棘轮效应又称为“负向财政预算软约束”。因此，财政预算负向棘轮效应分为两类情境。在预算支出层面，基于理性“经济人”的假设，政府官员在支出过程中过分追求自身利益的最大化，在机会主义动机的驱使下，支出预算会不断膨胀，以达到本期预算支出超支了，下期预算就会增加的目的。新疆财政年鉴中财政支出预算数与决算数比较显示，多数数据存在“超支”现象，财政预算逐年递增，可以推定财政预算支出存在“棘轮效应”（单新涛，2011）。在财政收入业绩考核层面，若政府官员被允许参与财政业绩考核标准的制定，政府官员往往低估或下调业绩标准，以利于自身实现考核目标，获取经济激励或职级晋升，或者有意降低预算的难度，从而获得更大的得益，财政预算中这两种行为称为财政预算负向棘轮效应（位豪强，2014）。因此，应积极发挥政府产权诸多权能和政府会计估值功能中的成本核算功能、绩效评估功能和投资预测等功能来治理棘轮效应和政府财政预算软约束行为，两者相互映衬的功能积极配合和高效发挥将有效消弱和降低财政预算软约束中的负向棘轮效应的消极影响。

（1）充分运用政府会计核算功能促成政府行政成本均衡管理，提高预算配置效用

政府财产使用权是指政府组织和政府官员依据法律、法规及规章等在不改变财产的本质基础上依法加以利用的权利，实现权利人利益的诉求和权利，依法对财政预算资源享有使用的权利，即政府组织和官员通过对资源的使用满足政府行政管理的需要。但由于各层级地方政府财政预算资源的配给额度有限，运用不当或过度消耗均会降低资源的使用效益。

各层级地方政府应在清晰界定不同政府层级和政府部门产权基础上，

结合政府会计估值功能中的核算功能，根据不同地区经济发展水平，合理设定不同政府层级不同政府部门现阶段和未来计划时期的行政成本预算数。首先，应有效运用政府会计估值中的核算功能对同一地区相同的各层级政府以及不同的功能部门耗费的行政成本进行精确核算，开展纵向相对数比较，并依据准确的核算数据，根据政府政策导向和具体规划确定各层级政府以及同一层级政府不同部门的行政成本绝对数的财政预算拨款数，在期末考核同一地区相同层级政府以及同一层级政府不同功能部门行政成本耗费绝对数与相对数，展开横向对比，找寻差异，在综合考量经济发展水平及环境差异等基础上，编制下一期各层级政府及其功能部门的行政成本预算数，并开展行政成本预算执行事前、事中和事后动态监控，实现在行政成本层面，对相同层级政府及同一政府不同部门的产权作出正确的判定，由此也将降低部分地方政府财政预算资金过度消耗等棘轮负面效应。其次，应充分发挥政府会计估值和核算功能，抑制政府官员在财政预算使用过程中“理性经济人”的寻租动机。各层级地方政府应按照均衡配置行政成本要求，利用和借助新时代的大数据、互联网技术及人工智能技术对每项预算划拨和财政支出展开科学测算，力求核算严密化和精致化，确保属于行政成本的每一项开支内容真实、数字准确、核算完整、资料可靠，且做到每项行政成本的会计事项核算的处理是合理、合规、合法的，全面精确反映政府预算收支，解脱政府公共受托责任，增强政府行政成本透明度，提升政府行政成本支出效率和执行效果，提高政府行政成本配置效用，从而也有力抑制财政预算软约束负向效应。最后，各层级地方政府财政部门应依据现行和预期将要执行的政府会计制度、政府会计准则及本层级政府和部门的会计规章制度精确核算现时各项政府开支，精细至每一项政府行政费用，核对每项开支可靠性及相关性，对比现实需求，记录每项不需要的政府行政成本支出，杜绝虚耗资源现象，同时查缺补漏，做到政府行政成本精简、节约与务实，为构建服务型政府奠定基础。接着对未来需耗费的各项政府行政开支进行科学测算，运用合理估值与核算方法、程序及步骤，力求估算准确，开展预期政府行政成本筹划，精准推算出未来各项政府开支范围与额度，减少“理性经济人”动机下人为干预和设定预期行政成本现象，助力法治型政府构建。进一步，各级地方政府财政部门应对本级政府或功能部门存在的潜在的和或有的行政成本开支进行排查和估算，对不可预见的行政成本开支展开事前估算，比如频遭台风袭扰的我国东部沿海地区可建立台风治理预备金制度，尤其在对本区域内的环境保护与治理开支应积极开展事先测算；在夏季常受山洪袭扰的我国南方某些区域应建立应急行政成本开支预备金制度，未雨绸缪，增强政府行政的开明性与战略性，确保政府财产使用权权能高效运用和发挥，提升政府财产使用权价值。

（2）科学拓展政府会计预测功能确保政府项目合理投资，增强财政预算投资效益

公共财产的支配权本质上是一种行政法上的公法权力，其来源于法律对行政主体的赋权而非由行政财产所有权所衍生。当前我国并未形成完备的公共财产法律制度，仅依靠政策指导公共财产的分配使用，缺乏对公共财产支配、利用及管理的有效法律规制。应通过行政机制法治的手段来确保行政主体所掌控的公共产品、公共资源、公共资金等公共财产受到稳定、持续且有效的规制（余睿，2015）。制度环境通过扭曲公共支出结构、加剧地方政府投资冲动，地方政府投资冲动越大，地方预算软约束行为越强，预算约束调整成功率就越低，腐败更容易在基础设施投资中“成功”，治理地方预算软约束和棘轮效应主要是有效调控地方财政支出行为（陈志勇、陈思霞，2014，John et al.，2013，Mendonaca and Machado，2013）。因此，不同层级的地方政府应根据本级政府所处地域及时期发展目标，结合本区域经济社会发展水平，并严格依据《政府会计准则第3号——固定资产》和《政府会计准则第5号——公共基础设施》等要求，科学规划本级政府投资项目种类、范围和期限，确保政府项目投资规模与结构的必要性与合理性。

首先，在政府项目投资之前，各层级地方政府财政预算部门应积极主动嵌入产权和政府会计的预测功能对该项目投资计划展开事前可行性预测。多方搜集政府内外部的有用信息，包括政府、社会、市场等相关信

息、预测项目投资财务上的成本收益性，经济上的合理性以及预期的经济效益和社会效用等。其次，应充分应用政府会计预测功能对政府投资项目展开事中与事后预测。依据项目的种类、规模、实施难易程度及期限等采用与该项目相适宜的测算方法和程序，如依据本级政府现实状况基础上，借鉴国内外同类投资项目的资金需求模型和方法等，以可靠的、精确的、翔实的测算数据对政府投资项目的各种因素展开全面和系统的分析，确定有利和不利的因素，估计项目投资风险，减少项目投资的不确定性，有效评估预测政府项目投资的前景，测算项目所需的资金与成本，展开筹资和融资，合理举债，将政府债务风险控制在合理区间与范围内，事先预测各个投资项目每一步骤、每一阶段的资金需求，以此规划资金筹措与使用，为政府项目投资决策提供科学依据，确保项目按期按质顺利进行。最后，应借助政府会计预测功能，建立项目投资全程财务信息跟踪系统，实现项目财务信息化管理，随时反映投资项目动态及变化趋势。依据项目进展编制和调整财政预算支出报告和财政预算需求预期报告等，积极运用产权权能和政府会计预测功能，构建适应政府投资项目需要的财政预算管理体制，对政府投资项目的财政预算形成活动化脉动管理，随时跟踪与调整，预防政府项目投资失败，出现“形象工程”“胡子工程”“包袱工程”及“烂尾工程”等，减少政府官员寻租行为，确保各层级地方政府组织及官员对政府公共财产的支配权合理的使用和有效的规制，增强政府产权流通和价值创造，降低和削弱财政预算软约束负面影响，避免造成财政资源浪费，削弱政府的公信力和国家政治信任等不良影响。

（3）积极发挥政府会计计量功能，提升政府绩效评估，健全政府财政预算绩治机制

政府财产占有权就是政府作为行政主体经过国民委托依法占有的委托人的财产，拥有了对所拥有物事实上的控制权权利，同时依法形成占有人和委托人之间的权利义务边界。因此，政府作为公共财产占有权人应依法履行的相应义务，通过对公共财产管理、使用和处分等来满足公众使用或受益的需要，并为实现政府产权价值创造等进行践行职责安排（刘立燕、

熊胜续，2011）。

各层级地方政府应充分发挥政府产权价值创造权能和政府会计计量功能。第一，科学计量出各层级地方政府绩效考核指标的货币化与非货币化的信息，对各项指标数据的计算和转换，评判和评价地方政府廉洁度指标，如地方政府治理效率、地方政府廉洁度、地方政府行政效率、区域经济增长率、金融发展水平等政府绩效管理指标。同时，科学度量和评价政府对公共教育和医疗、辖区环境治理、社区建设等公共福祉方面的投入与产出效果，如构建出地区人民生活幸福指数，利民福利评价指数等指标，对各层级地方政府践行公共财产占有权职责展开绩效评估。第二，适应新时代新经济环境计量的需要，结合政府产权流通和价值创造需要，各层级地方政府应克服现行政府会计计量观的不足，借鉴、变革与创新的会计计量观念、模式与技术，灵活运用以有效核算和评估政府治理绩效。各级地方政府财政部门应依据不同部门和不同种类项目考核指标的差异性，并按照政府会计准则和政府会计制度要求，根据不同会计计量对象选择适宜的计量方法和技术，如依据编制国家资产负债表的要求，政府会计应采用适宜的计量技术与模型准确度量国家的森林植被、矿山物产、文物古迹等稀有资源价值，同时随着数字时代和人工智能时代的到来应不断采用和创新计量技术和模式，准确度量大数据和人工智能模式下产生的劳动和效用价值，有效核算和评估政府治理绩效，积极引领政府对公共财产和资源占有权权能的正向发挥效应，抑制和减弱棘轮效应和财政预算软约束带来的负面影响，并为构建现代化政府治理模式下的新型的政府财政预算绩治机制奠定基础。因此，促进政府公共财产和资源的占用权的高效发挥，可以助力政府产权流通，科学评估政府产权价值创造力，增强政府产权价值创造。

6.4.2　合理运用政府会计契约功能约束政府财政预算正向棘轮效应

财政预算正向棘轮效应也称为正向财政预算软约束，在预算收入层面，基于辖区经济建设、社区治理和环境保护等故意和蓄意夸大增加财政收入的必要性，以期达到上级预算决策部门增加对本级部门预算拨入，实现额外和附加的预算收入，从超额的收入中为寻租和抽租创造条件。在财政业绩考核层面，政府官员出于晋升动机，过度或非理性追求 GDP 增长目标，实现财政收入超额完成，以实现晋升。然而，过度的财政收入超收却给地方经济与社会未来发展预设下潜在的隐患和危机，两者可归纳为财政预算软约束正向棘轮效应。应借助政府产权资源配置、管制、激励等权能并结合政府会计配套功能减弱和抑制财政预算软约束正向棘轮效应。

(1) 灵活运用政府会计资源配置功能，防止财政资源浪费，完善财政资源均衡配置布局

唯有让公共财产所有权回归到权利本位，方能消除现行公共财产制度中“由所有权衍生行政权”的怪异局面，打破行政主体对公共财产的“排他性”利用，最终还原公共财产“取之于民、用之于民”的本源属性（余睿，2015）。产权代表了资源生产力，从而产权也天然具有资源配置功能、约束功能、收入分配功能，减少不确定性等功能（Demsetz，1964），社会中稀缺资源配置实质是对使用该资源的权利设计与合约安排，也就是产权界定、转让、交换与执行等采用何种形式的问题（Alchian，1967）。依法治财是指政府部门应采用多种行政手段解决财政预算中的资源配置问题（李晓西等，2015）。

因此，各层级地方政府应充分运用政府产权资源配置权能和政府会计财政资源配置功能。首先，应借助政府会计财政预算资源配置机制与路径，“政府会计功能初始定位→体现于政府会计准则→规制与约束→政府经济资源配置效果呈现→信息生成与反馈→政府会计功能再设定→政府会计准则优化与调整→趋近政府财政资源均衡配置”，实现公共行政领域财政预算资源供给与需求有力对接，有力引导财政预算资源合理的配给，并经过政府会计估算和计量功能进行纵横对比，精确确定各层级地方政府及其功能部门所需资源种类、额度与数量，预防不同层级地方政府在资源配

置流转过程出现的人为设租、创租现象等。其次，各层级地方政府应积极发挥政府产权和政府会计资源配置功能，力求在公共行政管理领域达到公共财政资源配置效果——帕累托最优。各层级地方政府应立足不同时期不同区域各层级政府及其所属功能部门现实需要和发展规划，通过政府会计估计与测算精确核定各层级政府各功能部门的配置资源初步概算，以此为基数指导各层级政府拟定各自所需的各项资源配置种类和规模，参照资源配置概算与基数形成各层级政府及其功能部门资源配置计划和标准，借助和发挥政府会计配置功能按部就班配置财政预算资源，减少由于官员偏好变化导致资源使用方向上的变化和资源配置的不确定性，预防并减少棘轮效应和财政预算软约束行为的出现，使政府产权近似企业产权遵守市场中的价格机制，同时合理界定政府产权的边界，增强政府产权的执行与转让，促进政府产权流动和流通，引导各层级地方政府及其功能部门按照市场需要优化生产要素组合模式，从而提高财政预算资源配置效率与效果。

（2）有效落实政府会计监督功能加强权力管制，增强财政预算管理行政法治化

政府公共财产处置权是基于政府公共财产所有权而存在，是政府公共财产所有权内容的核心，是决定物之命运的一项权能，未经法定程序不可行使。政治权力为合法的公权，其主要功能就是为保护公共财产经过法律形式确立的权利（洛克）。解决产权外部效应手段为政府管制（Coase，1960）、良好的治理环境、成熟的法律制度，有助于改善财政预算软约束状况（Fan et al.，2009）。因此，应积极借助政府产权约束权能和政府会计监督功能依法对各层级地方政府的公共财产的处置展开监督，使其成为财政预算管理行政法治化体制中的核心技术。

财政预算行政管理法治化主要内容是通过法律对国家财政预算行政管理的各项活动、各个环节进行调节和规范，将政府财政预算行政管理的一系列技术方法、协调手段、行为方式、步骤和程序法律化，为国家财政预算行政管理提供法律依据和法律保障。首先，各层级地方政府应有效运用

政府会计监督功能和政府产权约束权能促进财政预算管理行政法治化内部监督机制形成，即形成政治纵向监督法治化，利用政府会计财务报告系列生成真实和可靠的财务信息，并经过政府会计信息公布制度及时披露政府会计与财务信息，如不同层级地方政府及其各功能部门的“三公经费”定期披露制度等，逐项与预算数或考核指标对比，据此分析各层级地方政府其所属机构是否存在隐性福利、是否存在权力寻租行为等，依法监督不同层级地方政府机构及其政府官员对政府公共财产的处置行为，预防财政资源在不同层级地方政府及功能部门间流转时蓄意截留，以防出现寻租现象，从而有利于上级组织监管下级组织行政行为，有助于廉洁从政、政治纵向监督机制的实现。其次，各级地方政府应充分发挥政府会计监督功能机制使其成为财政预算管理行政法治化外部监督机制的有力工具和手段，促进公民与社会的横向监督机制形成。在对涉及公共环境治理、医疗卫生、教育、社会保障、社区治理等公共产品与服务供给的财政预算安排与支出进行监督时，社会和社区民众可以依据新《预算法》等对政府机构及政府官员财政预算行政行为展开监督，需要有力的监督工具和手段，借助政府会计监督功能和机制可以对政府机构及官员的财政预算资源处置行为开展合理和有效的监督，逐渐形成以公民为主的他律监督机制，也就是逐步构建横向监督机制，助力社会良性发展。最后，应充分发挥政府公共财产处置权能并结合政府产权和政府会计监督功能，依法依规对政府财政预算行政行为的全过程展开纵横监督，也就是对各层级地方政府财政预算行政行为展开事前、事中和事后进行连续监测和监控，并利用政府会计所提供的信息对各级政府及其组成部门的财政预算处置行为以一定的标准和要求进行有效的指导、控制和调节，确保各层级地方政府及其官员依法运用政府公共财产处置权权能，减少和杜绝政府官员贪污腐化行为，降低棘轮效应等财政预算软约束带来的公共财政预算资源浪费和虚耗，由此也将减少政府产权流通过程中的受阻和受限情境，保证和维持政府公共财产在不同层级地方政府依法和合理流转与处置，以达到和实现政府公共资源在各层级地方政府有效的顺利流动和处分之目标。

(3) 适当应用政府会计激励功能实现财政收入合理增加，助力经济和社会良性发展

政府财产收益权是政府作为行政主体依法经过行政征收等方式取得行政客体财产所有权的行政行为，并通过该财产的占有、使用、经营、转让而取得的经济收益，包括以创收为目的而取得的政府经营性收益和不以营利为目的而取得的政府非经营性收益。然而，现阶段我国某些地区政府财政收入主要依赖的土地财政收入结构模式已广受关注，如何合理确立不同地区不同层级政府财政收入创收方向和力度是我国国家治理和政府治理亟待解决的问题之一。造成地方财政预算软约束的深层次原因主要是政治上职级晋升激励和经济上的物质利益激励，导致地方政府官员形成推动当地经济快速增长的强烈欲望和动机，土地财政成为缓解地方财政压力和持续稳定的财政收入的主要途径，以期实现区域间竞争上的胜出，获取更大的晋升机会（方红生、张军，2009；郭庆旺、赵旭杰，2012；李永友、沈坤荣，2008；周黎安，2007）。因此，各层级地方政府应高效发挥政府产权和政府会计激励功能，促成各层级地方政府在财政收入切实把握好各层级地方政府财政收入增收的规模和数量，既要防止出现财政收入超量激励现象，也要预防财政收入欠量激励现象出现。

首先，不同地方政府应根据各自环境状况，经济与社会发展程度及要素禀赋资源等，运用可靠及时的政府会计报告信息，设立财政收入边界，制定激励与规制的合约，使地方各层级政府理性追求 GDP 增长，依据计划和条约确立增加财政收入数量和规模。其次，综合应用政府会计的核算、预测等多项功能生成适宜各层级地方政府自身的未来的财政收入激励区间，引导各层级地方政府预期的合理创收的力度，防止出现如部分地方政府的土地财政非理性超收现象，但也不能出现欠量激励不足现象，如有些地区发展过于迟缓，应科学探寻适应本地区现阶段和未来的经济社会发展的合理财政收入规模及增速，减少各地方政府非理性追求财政收入超收行为，促进各层级地方政府合理增加财政收入，真正助力本地区经济和社会良性发展，同时充分运用并实现政府会计激励功能与产权激励权能密切配

合，有效提升政府产权价值创造力。最后，应充分发挥政府会计激励功能引领各层级地方政府财政收入合理创收的方向和结构，科学增加本级政府的财政收入。一般而言，地方政府的财政收入主要包括税收收入、国有资产收益、国债收入和收费收入以及其他收入等。经过政府会计精准核算各项财政收入之后，结合本地区经济社会发展阶段和资源禀赋，再对各项财政收入结构进行分析，深入剖析各项财政收入来源与成因，确定本地区主要财政收入种类，并以此推算与预测可以增加其他财政收入的种类和项目，从而确立本地区潜在的财政收入以及可以拓展的新财政收入种类的方向，应借助政府会计等诸多功能，科学引领和激励本地区财政收入有效增收，从而充分发挥政府会计激励功能和机制，有助于促进各层级地方政府财政收入目标与中央政府财政预算收入目标协同统一，促成不同层级地方政府财政收入回归合理结构和规模，硬化财政预算软约束。因此，高效发挥政府财产收益权权能能够有效促进政府产权流通和科学提升政府产权价值创造力，合理增加各层级地方政府财政收入和收益，助推国家和政府实现渐进式善治。

6.5 本章小结

现阶段我国政府财政预算管理中存在的财政预算软约束和棘轮效应，两者存在原因是政府产权流通过程中产生的负向外部溢出效应且财政预算管理机制存在缺陷与不足，使政府产权不能清晰界定，流通受阻，产权功能不能得到有效发挥和运用，导致财政预算利益相关者的“理性经济人”寻租和设租动机增加，而通过政府会计治理功能有效应用可以缓解政府产权流通受限状况，有利于激活政府产权权能，增强政府产权功能的释放和运用，减少政府产权外部性效应，增加政府产权流动和流通，有效提升政府产权价值，利用产权合约安排与政府会计核算功能，促成政府行政成本均衡管理，提高预算配置效用，运用产权和政府会计中的预测功能，增加财政预算投资效益，有效利用两者中的计量功能健全政府财政预算绩治机制，充分产权和政府会计的资源配置功能，能够完善财政资源均衡配置，激活产权和政府会计中的激励作用机制，可以实现财政收入合理增加，落实两者中的监督和管制效能，能增强财政预算管理行政法治化。由此，削弱财政预算软约束和棘轮效应，降低和减少财政预算利益相关者的“理性经济人”寻租和设租行为，有助于完善和健全财政预算管理机制，提高财政预算资金使用效率和效果，优化公共财政资源配置，助力经济和社会良性发展。

第7章

政府会计功能演进与地方政府债务治理*

7.1 引言

随着近期上海及全国部分地区疫情得到控制之后，我国各地的经济与社会将快速恢复，并将进入稳步增长阶段。新冠疫情给上海地区的经济带来较大冲击，上海2022年上半年GDP下降5.7%，但6月主要经济指标快速反弹①。上海将再发655亿元政府债用于偿还存量债务②，新冠疫情致全球债务水平创新高③。按照党中央、国务院决策部署，既要有效发挥政府举债融资的积极作用，也要加强和完善政府债务管理工作，坚决防范和化解地方政府各类举债风险④。财政部会采取各种各样的措施，也接受地方

---

* 本章内容经过修改发表于《会计与经济研究》2022年第5期。

① 上海2022年上半年GDP下降5.7%，6月主要经济指标快速反弹．中国产业经济信息网［EB/OL］．http：//www. cinic. org. cn/xy/gdcj/1325955. html? from = timeline2022 - 07 - 26。

② 上海将再发655亿元政府债 用于偿还存量债务，财联社［EB/OL］．https：//baijiahao. baidu. com/s?id = 1732538976705555201&wfr = spider&for = pc 2022 - 05 - 11。

③ 疫情致全球债务水平创新高 各国如何解决债务问题？［EB/OL］．https：//baijiahao. baidu. com/s?id = 1722158845558506194&wfr = spider&for = pc 2022 - 01 - 17。

④ 刘昆，深入学习贯彻中央经济工作会议精神 稳字当头、稳中求进做好财政改革发展工作，中国共产党新闻网［EB/OL］．http：//theory. people. com. cn/GB/n1/2022/0223/c40531 - 32357599. html。

委托做好地方债券发行代操作，努力把新冠疫情的影响降到最低[①]。我国地方性政府财务收支也大幅度增加，部分地方政府的举债规模越来越大，从而导致地方性政府债务规模不断攀升，进而地方性政府债务总量也呈快速上升趋势，甚至部分地方的政府债务规模已经接近预警阈值，若不对其进行有效治理，可能导致政府出现债务危机，产生严重的负向效应，直接对该地方政府区域内的经济安全和社会稳定产生重大影响（张牧扬等，2022）。如何在大数据与人工智能时代，借助演进与跃迁的政府会计功能作用机制对其展开治理，防范地方政府过度举债风险，保证地方政府合理与安全举债，具有重要的现实意义和实践价值。然而，在后疫情与数智化时代，政府会计功能如何演迁，拓展的机理以及维度与方向为何？拓展后的政府会计功能体系对地方政府过度举债进行有效治理的机理、机制与路径为何？本书将以人工智能理论、产权理论与政府会计治理理论等为指导，对其展开系统探讨与研究。

7.2　我国地方政府债务数据分析与文献回溯

7.2.1　地方性政府举债现状与趋势分析

2021 年，我国整体地方政府债务规模较 2020 年有所提升。2021 年，我国总体地方政府债务余额 30.5 万亿元，其中包括一般债务余额 13.8 万亿元和专项债务余额 16.7 万亿元，但都在全国人民代表大会规定的限额 33.28 万亿元、15.11 万亿元和 18.17 万亿元内。2021 年，全国发行地方政府债券 7.49 亿元，不以政府债券形式存在的政府债务总共 1622 亿元。本年度全国地方政府债券平均发行年限 7.8 年，一般政府债券平均发行年限 6.3 年，专项政府债券平均发行年限 9.0 年，一般政府债券的期限要短

① 财政部：会想尽一切办法把新冠疫情对发债工作的影响降到最低［EB/OL］. https://baijiahao.baidu.com/s?id=1729892681691330479&wfr=spider&for=pc 2022-04-12。

于专项政府债券。为有效拉动地方经济增长，促进地方经济复苏。2021 年共发行了 4.9 万亿元地方政府专项债券，相较 2020 年增加 1.2 万亿元；此外，全国财政赤字 3.6 万亿元，赤字率下降了 0.4%，与 2020 年相比少了 1 万亿元的特别国债，但 2020 年受新冠疫情影响较为特殊，与 2019 年相比，2021 年的财政政策是更积极的。

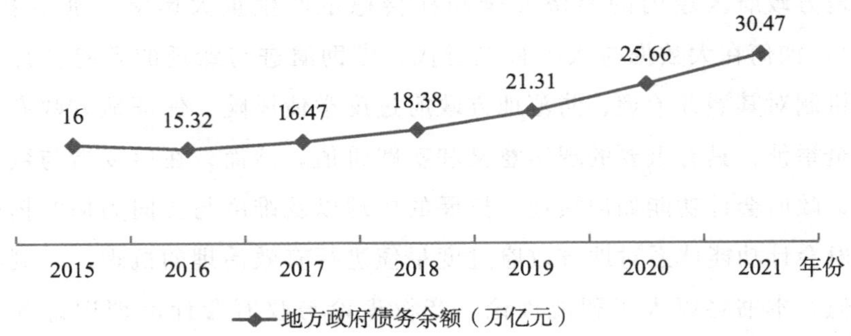

图 7-1 2015—2021 年我国地方政府债务余额

数据来源：中华人民共和国财政部。

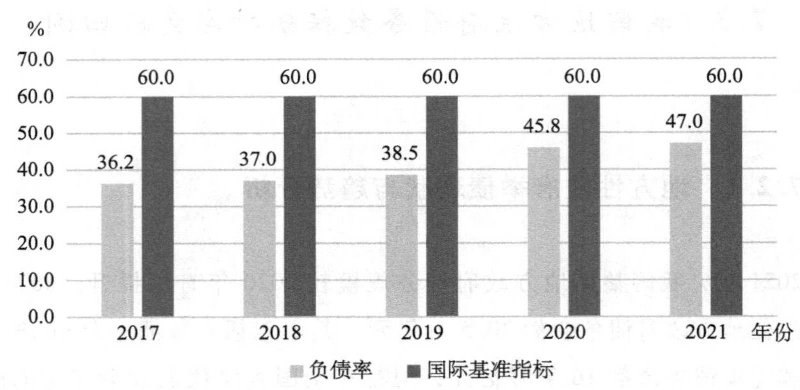

图 7-2 2017—2021 年我国地方政府负债率与国际基准对比图

如图 7-3 所示，2017—2021 年我国地方政府负债率平稳提升，但都低于国际规定的 60% 标准点，说明政府债务尚在经济增长的承载能力内，而债务率提升幅度较大，尤其是 2021 年超过 100%，但由于新冠疫情导致政府财政支出增加，加重了政府债务负担，存在一定的还债压力，仍处于国际货币基金规定的 100% 至 150% 的范围内。现阶段我国地方政府债务风险在可以控制的范围内，但是偿债压力正在不断增加，需要建立和完善地方政府债务管理系统，加强对地方政府债务风险，特别是地方政府隐性债务风险的管控，以实现对地方政府财政的监督和管理，确保地方政府正常运行。

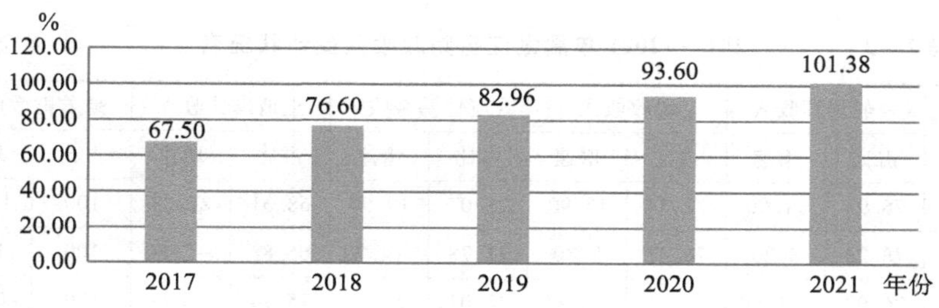

图 7－3 2017—2021 年我国地方政府债务率

数据来源：中国财政网。

除此之外，经过对新冠疫情合理管控，2021 年我国国民经济呈稳定恢复的态势，各地方政府财政收入实现恢复式增长，随着减税降费政策的有效落实，税收收入呈较快增长，支出水平较上年有所改善。数据显示，2021 年各地方政府债务率总体提高，其中债务率最高的地区是黑龙江，债务率为 391.13%，其次是新疆、云南、宁夏、内蒙古、甘肃等地，这些地方大多位于东北、西北、西南等地区，地方财力较弱。与地方政府债务率情况相似，地方政府负债率最高是青海，其次是贵州、天津、甘肃、新疆、吉林等地。东部沿海地区债务率和负债率相对较低，相较于 2020 年，各地区表现有升有降，但基本较为稳定。黑龙江政府债务治理情况见表 7－1 至表 7－6、图 7－4 至图 7－5。

表 7－1 2017—2021 年黑龙江省财政收入情况 单位：亿元

年份	一般预算收入	税收收入	非税收入	政府性基金收入	土地出让收入	地方财政收入
2017	1243.2	901.8	341.4	372.7	254.6	1615.9
2018	1282.5	980.7	301.8	357.1	235.2	1639.6
2019	1262.6	924.3	338.3	377.9	287.0	1640.5
2020	1152.5	811.9	340.6	449.4	395.9	1601.9

续表

年份	一般预算收入	税收收入	非税收入	政府性基金收入	土地出让收入	地方财政收入
2021	1300.5	870.2	430.3	370.3	245.5	1670.8

数据来源：2017—2021 年黑龙江省预算执行情况报告[①]。

表 7－2　2017—2021 年黑龙江省财政收入变动状况表　单位：%

年份	一般预算收入		税收收入		政府性基金收入		土地出让收入		地方财政收入	
	占比	增速	占比	增速	占比	增速	占比	增速	占比	增速
2017	76.93	11.00	72.54	13.90	23.07	19.50	68.31	27.23	100	10.08
2018	78.22	3.20	76.47	8.70	21.78	－4.20	65.88	－7.60	100	1.46
2019	76.97	－1.60	73.21	－5.80	23.03	5.80	75.94	21.99	100	0.06
2020	71.94	－8.70	70.45	－12.20	28.06	18.90	88.09	37.96	100	－2.35
2021	77.84	12.80	66.91	7.20	22.16	－18.30	66.29	－38.00	100	4.30

数据来源：2017—2021 年黑龙江省预算执行情况报告[②]。

表 7－3　2017—2020 年黑龙江省财政支出情况

年份	一般预算支出			政府性基金支出			地方财政支出		
	金额（亿元）	占比（%）	增减（%）	金额（亿元）	占比（%）	增减（%）	金额（亿元）	占比（%）	增减（%）
2017	4641.1	92.65	9.80	368.3	7.35	4.40	5009.4	100	9.30
2018	4675.7	90.05	0.80	516.7	9.95	40.30	5192.4	100	3.65
2019	5011.5	89.71	7.20	575.1	10.29	11.30	5586.6	100	7.59
2020	5449.4	83.87	8.70	1048	16.13	82.30	6497.4	100	16.30
2021	5104.5	87.11	－6.30	755.3	12.89	－27.90	5859.8	100	－9.81

数据来源：2017—2021 年黑龙江省预算执行情况报告。

---

① http：//czt. hlj. gov. cn/web/zwgk/article/bf4c7ad4df984704ac0250e79ad2f0c2
http：//czt. hlj. gov. cn/web/zwgk/article/a8747a407ed94514bbd605132c82ae54，
http：//czt. hlj. gov. cn/web/zwgk/article/f0cc51d3c0c54f29bee29e0a25e60184，
http：//czt. hlj. gov. cn/web/zwgk/article/4c4ca947b45a4792822acc71a24ab758，
http：//czt. hlj. gov. cn/web/zwgk/article/d82ee003a36844fe8da4c00e0b04292e.

② http：//czt. hlj. gov. cn/web/zwgk/article/bf4c7ad4df984704ac0250e79ad2f0c2
http：//czt. hlj. gov. cn/web/zwgk/article/a8747a407ed94514bbd605132c82ae54，
http：//czt. hlj. gov. cn/web/zwgk/article/f0cc51d3c0c54f29bee29e0a25e60184，
http：//czt. hlj. gov. cn/web/zwgk/article/4c4ca947b45a4792822acc71a24ab758，
http：//czt. hlj. gov. cn/web/zwgk/article/d82ee003a36844fe8da4c00e0b04292e.

表 7－4　　2017—2021 年黑龙江省财政收支情况　　单位：亿元

年份	一般公共预算			政府性基金预算			财政赤字
	收入	支出	收支赤字	收入	支出	收支赤字	
2017	1243.2	4641.1	－3397.9	372.7	368.3	4.4	－3393.5
2018	1282.5	4675.7	－3393.2	357.1	516.7	－159.6	－3552.8
2019	1262.6	5011.5	－3748.9	377.9	575.1	－197.2	－3946.1
2020	1152.5	5449.4	－4296.9	449.4	1048.0	－598.6	－4895.5
2021	1300.5	5104.5	－3804.0	370.3	755.3	－385.0	－4189.0

数据来源：2017—2021 年黑龙江省预算执行情况报告。

2017—2021 年黑龙江省债务限额与债务余额见图 7－5。

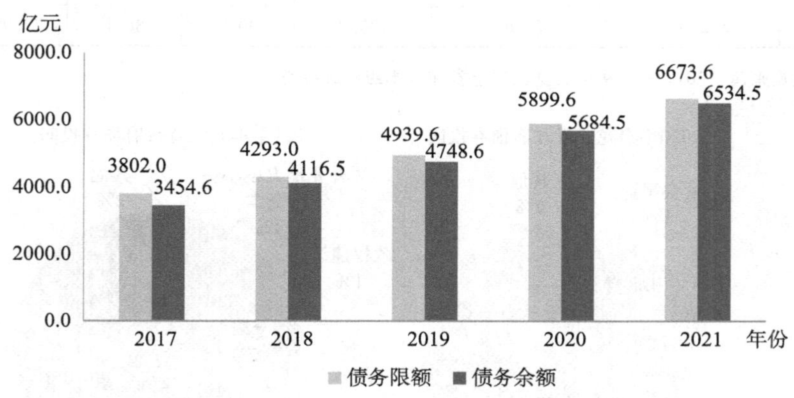

图 7－4　2017—2021 年黑龙江省债务规模

数据来源：2017—2020 年黑龙江省全省和省本级财政决算[①]；2021 年黑龙江省预算执行情况报告。

表 7－5　　2017 至 2021 年黑龙江省地方政府债务举债主体　　单位：亿元

年份	举债主体类别	
	省本级	市县合计
2017	476.7	3325.3
2018	565.3	3727.7

① http：//czt. hlj. gov. cn/web/zwgk/article/9b7694ee991d431987950c1f7a6723d6，
http：//czt. hlj. gov. cn/web/zwgk/article/f83b41d1fb2f4022bdba0d88c0e6daf1，
http：//czt. hlj. gov. cn/web/zwgk/article/958701acf92e409d8c5a78ef213b9179，
http：//czt. hlj. gov. cn/web/zwgk/article/8b3ea3c211cd483a8e64037153c28410.

续表

年份	举债主体类别	
	省本级	市县合计
2019	565.5	4183.1
2020	702.1	4982.4
2021	809.6	5725.0

数据来源：2017—2020 年黑龙江省全省和省本级财政决算；2021 年黑龙江省预算执行情况报告。

表 7-6　　2017—2019 年黑龙江省新增政府债券投向情况　　单位：亿元

年份	新增债券总额	重大基础设施建设	保障性住房	社会事业	市政建设	总共占比
2017	377.9	43.0	73.4	48.6	83.9	65.87%
2018	484.9	77.7	80.8	46.7	55.4	53.73%
2019	672.6	172.6	173.0	90.8	88.1	77.99%

数据来源：2017—2019 年黑龙江省全省和省本级财政决算。

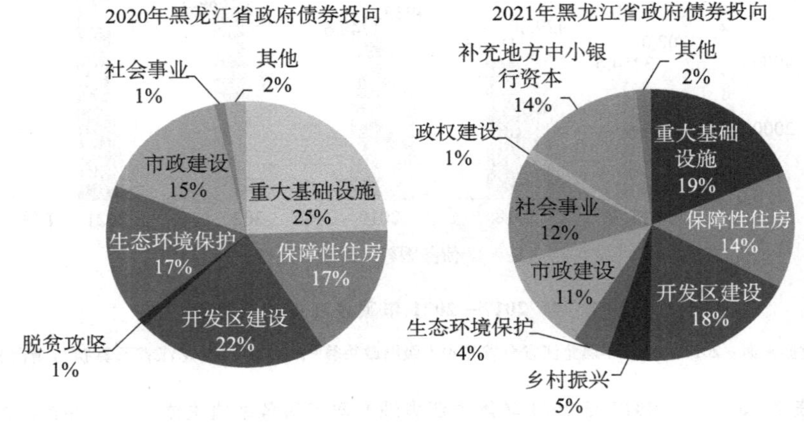

图 7-5　2020 年、2021 年黑龙江省政府债券投向情况

数据来源：2020 年、2021 年黑龙江省预算执行情况报告。

7.2.2　文献回溯

近年来，有众多文献对地方政府债务产生的缘由、快速增长的原因、经济后果及治理路径与机制展开了探讨与研究。关于地方政府债务的成因，相关文献主要从财政分权、预算软约束、宏观经济政策、法律法规和地方政府内部激励等几个方面进行分析。首先，中央与地方政府间的不合理的财权关系导致地方政府债务累积（郎玫和权一章，2020；毛捷等，2019），中国地方政府能够自行举债起源自 1994 年分税制改革，在这一财政分权的实施过程中，中央与地方在财权与事权关系错配情况日趋严重，地方政府事权负担加重但财权有限，迫使地方政府举借外债（郭殊，2020；毛捷等，2020；韩凤芹和蔡佳颖，2021；徐玉德，2021）。其次，预算软约束的存在一定程度上促使地方政府运用各种方式举债（管治华和范宇翔，2020）。在地方政府较高的财政收支缺口面前，上级政府转移支付虽是地方政府的补充收入源，但纵向财政失衡、政府责任重叠、转移支付的可协商性等现象导致地方政府产生“救助预期”，诱发支出事前的预算软约束问题，导致地方政府债务问题产生（赵治纲，2021），损害地方政府债务可持续性（刘雅君，2020）。再次，政府债务方面的政策法律不健全促使地方政府举债，尤其是产生隐性债务的“灰犀牛”风险（郭敏和万熙虹，2020；管治华和范宇翔，2020）。相关政策、管理条例以及新《预算法》的逐步落地对地方政府财政行为有所规范，但地方政府债务监管的环境较为宽松（吕冰洋等，2021；沈伟，2020；张惠强，2020）。地方政府选择政府与社会资本合作（PPP）模式等来缓解地方政府基础设施建设融资困难，这构成地方政府隐性债务的重要来源以及风险触发点（张平和王楠，2020）。最后，在地方政府内部层面，迫于地区间横向竞争压力，我国对地方官员的政绩考核标准一般以地区 GDP 指标等经济绩效为核心，官员政绩压力以及激励机制扭曲使地方政府间存在债务竞争现象（韩凤芹和蔡佳颖，2021；郭柃沂等，2020；朱丹和吉富星，2021）。此外，为了完成体制内的晋升激励指标，地方政府官员主动拓宽表外融资渠道，填补纵向失衡分权框架内生的地方财力收支缺口，从而导致地方政府债务问题（郭玉清等，2020；郭玉清，2022）。

关于地方政府债务增长原因，相关文献从后疫情时代国内经济环境、国家宏观政策、地方政府间竞争与增长目标等几个方面进行了考察。近年来，地方政府债务呈现规模扩张的趋势，就其增长原因而言，当前的研究主要有以下几种观点：首先，国内经济发展环境。为构建后疫情时代的数字治理框架，需塑造数字治理的国际规范，发展数字经济（高望来，2021）。受新冠疫情影响，在日本政府政策指引下，更多的日本企业引入人工智能技术应对新冠疫情的冲击（张鹏飞，2021）。在经济收缩期，数字金融更能显著缓解企业融资约束、降低企业经营风险与道德风险问题，最终降低企业债务违约风险（马鹏飞、隋聪，2021；翟淑萍等，2022）。受2020年新冠疫情冲击，随着经济下行压力增大和大规模减税降费政策实施，地方财政收支矛盾不断加重（Botta等，2020；冀云阳和钟世虎，2022；潘敏和张新平，2021；徐肖冰和陈庆海，2021）。中央与地方政府之间的财政分权与预算软约束，决定着地方财政自由度，隐性金融分权导致地方政府融资约束变弱，地方税收增长乏力与支出刚性增长，使地方财政一直处于赤字状态，不合理的地方财政“内外失衡”现象相应导致地方政府债务规模扩张（毛捷等，2020；Guo等，2018；王振宇等，2021）。并且市场参与地方债务运作后，财政分权与金融分权产生协同效应（李桂君等，2022），融资平台、土地抵押、影子银行、PPP项目等新兴债务形式，为地方政府实现债务扩张提供便利（Chen等，2020；朱丹和吉富星，2021）。其次，宏观政策调节作用。过度积极的财政政策与宽松的货币政策，信贷过度扩张，会引发政府债务规模的迅速膨胀（马文涛等，2020；马勇和吕琳，2021；李建强等，2020；孙睿和葛扬，2020；徐肖冰和陈庆海，2021）。商引资为基础的“土地财政”转向基建投资为依托的“土地金融”模式，地方财政收入相关的税制改革也会刺激地方债务增长（毛捷等，2020；Huang和Du，2018；赵扶杨等，2021），在转变过程中，地方政府对土地出让涉及的“城投部门”进行了隐性债务担保（毛捷等，2019），“城投部门”这一个体对地方政府具有一定的议价能力，相应提高债务扩张速度（宋傅天和姚东旻，2021）。最后，地方政府间竞争与官员。地方政府道德风险是地方债务不断增长的本质原因（郭柃沂等，2020）。政治集权下经济增长目标会拉动地方政府隐性债务增长，并且采用硬性约束的增长目标较软约束而言，对地方政府债务扩张的影响更加显著，以GDP为导向的政府间竞争将进一步激化地方政府债务风险系数（郭靖等，2022；詹新宇和曾傅雯，2021），当前我国的地方政府普遍大量举债，借债与偿还债务期限的错配为地方关于增加债务以实现晋升目标的动机（王秋石和关阵，2021）。

关于地方政府举债产生的经济后果，相关文献主要从正向助力地方经济增长、负向阻碍长期经济增长、异质性、增加企业融资成本、抑制企业流动性与创新、破坏财政预算的统一性等几个方面进行了探讨。一方面，地方政府债务规模扩大能够正向促进经济增长，对经济增长的空间溢出效应为负（郑洁和刘盼盼，2022）。地方政府债务对区域经济一体化进程具有抑制作用（Asteriou 等，2021；王韧等，2021）。地方性债务风险存在不同程度的累积效应，当地方财政存在债务风险时，债务风险与金融风险叠加将会放大其对宏观经济稳定性的冲击（周世愚，2021）。从对欧洲等西方国家、日本的实践中，也可归纳出地方债务导致失业率攀升和发展失衡，阻碍长期经济增长（Kudła，2018；邹晓梅，2021）。此外，在综合考虑经济增速和质量的情况下，地方债务的经济后果具有异质性表现（熊虎，2021），债务扩张规模与产业结构高度化和合理化发展呈现出倒“U”形的关系（张国建等，2020）。在市场融资竞争中，地方政府债务融资利用了外部市场上的流动资金，降低了企业信贷资金的可获性，相应增加企业融资成本，对企业债务融资具有挤出效应（Aretz 等，2020；曲春青和庄新颖，2021；饶品贵等，2022；余明桂和王空，2022）。考虑我国的制度背景，地方政府债务增长主要是向银行体系借贷来驱动，对与政府联系密切的银行企业的流动性创造仍会产生负向影响（Demirci 等，2019；李振等，2021）。并且扩张的地方政府债务规模对企业的创新能力产生负向影响（Croce 等，2019；刘欢等，2020），进而抑制企业全要素生产率的提高（吴敏等，2022）。另一方面，地方政府举债后，在投资管理、资金利用、工程腐败等方面暴露出的问题，破坏了财政预算的统一性，阻碍政府内部绩效管理有效性（张惠强，2020）。

关于地方政府债务治理机制与路径，相关文献主要提出了明晰中央与地方政府财权关系，制定地方政府绩效管理体系，增强地方政府债务风险防范措施，科学设定举债风险预警模型、建立内外协同监督与管理、区块链技术等几种方式。加快建立中央与地方政府的新型财权关系，深化财政体制改革，明确地方政府功能边界（高珂和王涛，2020）。解决两权错配才能从基本逻辑上对地方政府债务形成有效治理（刘雅君，2020）。因地制宜地对位于不同地理分区的地方政府划分服务边界，充分衡量各地区的经济发展水平与财政能力（韩健和程宇丹，2020；Piguillem 和 Riboni，2021）。充分发挥区域一体化对地方政府的债务扩张的缓释效应（王韧等，2021），强化政策之间的协调决策，探索央地共治机制，通过货币政策与逆周期中的宏观审慎政策动态调控债务规模（Gertler 等，2020；李力等，2020）。加强地方政府投资绩效管理，完善债务资源的全过程绩效评价体系（Cantore 等，2017；冀云阳和钟世虎，2022），优化公共债务结构，在绩效管理中增加对其服务实体经济能力的考察，加大地方债务绩效在官员政绩考核中的比重（吴敏等，2022；郑方方和陈素云，2021）。有效实施地方政府债务的风险防范管理是筛选出具有较高精确性和较好预测性的模型，如 SMOTE－SVM 模型和 DEA 债务风险预警模型（淳伟德等，2020；Kluza，2017）。地方政府债务报告中公开的数据以显性债务为主，相较于隐性债务而言显性债务对经济以及债务风险的冲击力较低（甘泉和向妍，2020）。提高财政透明度，增强对财政信息披露的规范性，能够降低企业的融资成本，从而实现对地方债务规模的抑制作用（马文涛等，2020；Kemoe 和 Zhan，2018；王汇华，2020）。充分利用政府财务报告实现信息披露与风险监管，政府资产负债表能够反映债务规模，现金流量表中体现对债券偿付风险的考察（Kluza，2017；Montes 等，2019），发挥政府会计的监管功能并结合政府审计，能够有效抑制债务风险（蔡利和段康，2022）。将区块链技术耦合应用其中，对于破解地方政府债务治理难题有着独特的功能优势，并能够有效助推债务治理能力全方位提升（史锦华和张亮亮，2021），构建地方政府多元化的融资体系，对有权提供债务融资的第三方机构进行明确政策规定，并要求对融资来源披露，既能够在一定程度上将地方政府的隐性债务“显性化”，也使债务治理体系更加清晰（徐肖冰和陈庆海，2021；邹晓梅，2021）。

特别需要指出的是，也有文献从构建政府会计与地方政府债务管理框架、权责发生制基础与财政分权、财政透明度与绩效管理、政府会计准则制定与债务信息披露机制等视角提出了政府会计在治理地方政府债务治理中的作用。构建政府会计和政府债务管理融合的地方政府债务管理新框架，风险防范化解地方政府债务风险（赵军营，2021；周曙光和陈志斌，2021）。引入权责发生制的政府会计制度会显著提升政府债务规模，有助于披露隐性债务，防范债务风险，权责发生制政府会计记账基础改革在与财政分权体制的共同作用下，对控制政府债务风险有显著的促进作用（孙琳等，2021）。增强财政透明度与提升政府会计信息披露质量的提升，能够显著促进经济发展（王汇华，2020），抑制地区经济风险水平，同时政府会计信息披露在不同地区、不同层级、不同类型债券之间存在较大差异。例如，以建立政府会计标准体系，制定政府会计信息披露指引，加强政府会计信息披露管制；以规范地方政府会计信息披露行为，防范地方政府债务风险（李子联和刘丹，2022；王芳等，2020）。

但与上述文献不同，在后疫情时代，鲜有研究基于数智化的政府会计功能扩展与拓展视角，探讨对地方政府债务治理效应。因而，本书将基于数智理论、产权理论与政府会计治理理论等。在数智化时代，从政府会计功能演进与跃迁的角度，探讨后疫情情境下政府会计治理机制对地方政府债务的治理效应。在后疫情时代嵌入数智化技术的政府会计估值与契约功能，其加成性和广延性将得到极大跃迁与拓展，科学运用与发挥其功能作用机制，可以预防地方政府举债风险，强化负债风险预警机制，防范与化解公共财政风险等。

因此，在后疫情时代，以数智理论为视角结合政府会计治理功能对地方政府债务问题治理展开的探索与研究，既能满足我国地方政府债务风险有效管控的现实需求，也是大数据、人工智能理论与政府会计功能理论拓展研究的新探寻，对增强我国地方政府债务治理，实现地方政府负债科学治理，优化地方政府财政预算生态环境，提升地方政府财政功能治理能力存在些许实践和理论贡献。

7.3 数智化时代政府会计功能演进方向与趋势

从前述文献回溯分析，首先地方政府举债的作用主要集中在支持地方政府财政预算，也就是为弥补地方政府财政收入不足，通过多渠道多源头筹集资金，募集支持地方政府正常行政与执政，这是地方政府举债的首要功能。其次，国家制定和实施宏观经济政策，调整产业结构，可以运用政府债券对金融市场进行干预，进而达到调整产业结构，实现行业倾斜等目标，地方政府债券是政府债券的主要构成部分，财政是人民的财政，财政的这种政治属性为财政公开透明、人民监督和财政法治提供了依据，也为财政责任、财政治理和财政功能的“生成”提供了政治前提（刘尚希，2022）。最后，地方政府负债主要内容之一，即支撑区域性的社会公益项目建设，通过地方公益项目建设提升域内人民的福利与福祉，而公益项目的创收恰是偿债合理路径与机制，两者正向博弈，相辅相成。在数智时代，嵌入大数据与人工智能技术的政府会计功能体系，其演进的方向主要体现在两个维度，其契约功能的广延性将向极致方向拓展与延伸，也就是数智技术推动政府会计契约功能不断向外扩展，另一维度则嵌入数智技术的政府会计估值功能将不断向内与向下伸展，极致追踪与探寻政府产权在不同层级地方政府运行的路线与轨迹，监管各层级地方政府的政府产权运行安全与健康，确保各层级地方政府产权的增值与创值（见图 7 - 6）。

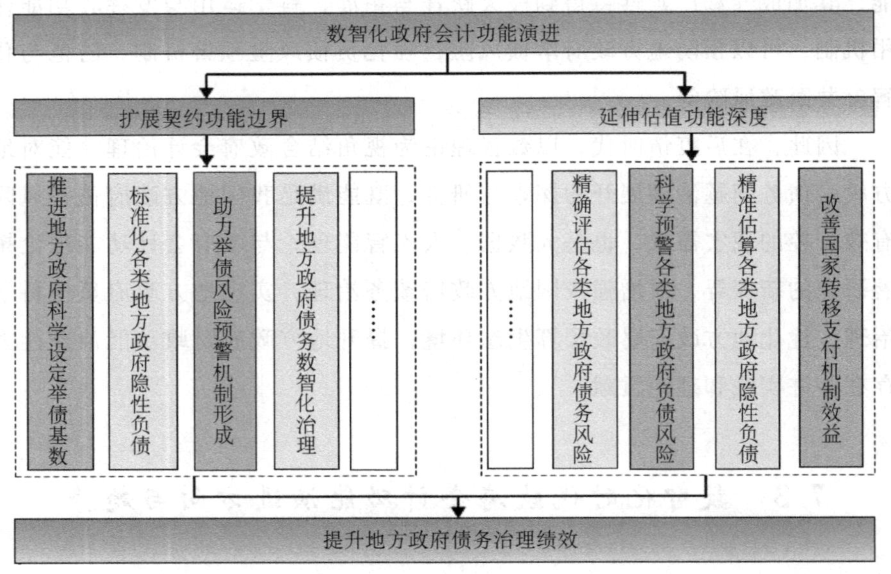

图 7 - 6 政府会计功能演进与提升地方政府债务治理演绎图

7.3.1 数智技术推广与应用有助于跃迁政府会计契约功能广度

在数智时代，人工智能和大数据技术的推广与应用，必然推动政府会计功能应用维度不断向外与向内拓展，其中向外扩展就是要推动和突破现有政府会计契约功能的广度与宽度。首先，随着数字化与智慧化政府建设的需要和基于服务数智时代国家宏观经济管理的需要，要求现行的政府会计功能体系不断突破原有的功能维度，甚至倒逼其不断拓展与创新广度功能，覆盖特定区域空间范围内，纳入政府财政预算核算与监管的全部资源与资金。其次，在数智时代，基于数字化政府管理体制要求，嵌入人工智能技术的政府会计功能体系对本层级的资产与债务业务，财政与预算等业务可以实现全流程数据的收集、治理、分析和诊断，建立同一层级政府下域内平级政府跨平台、扁平化结构化的同层级以及跨域同层级财政预算，资产与债务管理等政府横向数据与信息共享平台，各同级政府通过对比不同的同层级政府在财政预算，资产与债务等管理上的政策、方式、手段、路径与机制等，取长补短，在启示与借鉴中提高自身的各项政务的管理能力。最后，适应数智时代会计工作数字化管理要求，大数据和人工智能技术的运用与发挥，可以将海量的、繁杂的、无序等庞杂数据进行关联化与有机化转换，连接政府会计功能机制，对各类政府产权运用与流转的数据进行整合、分类、加工与处理等，形成有用与有效的信息流，为数字政府治理机制提供需要的信息与信息流（章贵桥等，2022）。因而，政府会计功能体系将不断打破其现有的宽度与广度边界，其横向功能边界的加成性与广延性将向极致方向推进与拓展，以满足各层级政府资产与债务管理，财政预算与绩效管理等需求。

7.3.2 数智技术应用助力突破与延伸政府会计估值功能作用深度

第一，在政府会计估值功能发挥作用的结构层面，基于数智时代政府会计纵向功能应适应时代要求和会计功能对内拓展等要求，相比传统的会计功能，数智时代的必然向下不断延伸与演进。嵌入数智技术的政府会计功能体系作用机制，有利于贯穿政府层级的财政预算管理纵向结构体制，国家最高一级层级的政府财政预算管理机构，可以通过嵌入数智技术的政府会计功能运作机制，实现对最低一级层级的政府财政预算管理进行监管，对每一层级政府的财政预算、资产、债务运行轨迹进行全面分析，继而监督与监控，测评政府财政预算管理，资产与债务管理等绩效，构建政府纵向财政预算监控信息共享平台。第二，在政府会计估值功能发挥作用的作业层面，对比传统的政府会计功能作用机制，在数智时代，可以将企业会计中作业成本法和平衡计分卡管理技术，完满纳入政府会计作用机制中，数智时代的会计中作业成本法将在政府财政预算管理中可以得到最极致应用与发挥，凭借数智技术的运用与发挥，政府会计功能机制可以对各层级地方政府的财政预算资源运行与流动轨迹进行觅踪与追寻，可以探寻至各层级地方政府的财政预算资源最小作业单元，精准与精细分析财政预算资源使用效率与效果，追求与达到财政预算资源的最优配置与运用（马亚明、张立乐，2022）。因此，在数智时代，政府会计估值功能的纵向作用机制将向极限方向推进与演进，真正服务数智时代的政府财政预算、资产、债务与绩效管理需要，服务政府监控需要，切实助力经济与社会科学和可持续发展。

7.4 政府会计功能拓展对地方性政府债务治理机理与机制

地方政府债务治理的主要方式就是债务风险管控，通过对地方政府举债风险监控，以加强对负债风险的预防、规避和处理，从而实现地方性政府债务治理。地方政府债务风险管控流程主要有三个步骤，分别是债务风险识别与评估、债务风险管理以及预警与监控。

7.4.1 数智化时代，政府会计功能可以增强对地方政府隐性负债鉴别的广度与深度

举债风险辨识是地方政府债务风险治理的开端，对地方政府债务风险

的性质进行预判和识别的过程。具体是指各层级地方政府应举债，识别其因不能如期还本付息的风险因素，进而产生影响各地方政府公信力的直接后果以及次生和衍生经济后果的过程。其包涵各类地方政府债务数据的收集、筛选、监测和诊断。

地方政府债务又分为显性债务与隐性债务。显性债务是由各层级地方政府公布和发行，具有正式与明确的发文，数据清晰，易于分类、分析和统计，易于计量与确认，分为新增债券和置换债券。而地方政府隐性债务是指地方政府在法定政府举债额度之外，承诺以地方政府财政预算资金提供担保等方式额外向出借方举借的债务，主要包括：国有企事业单位等替政府举借，由政府提供担保或财政资金支持偿还的债务等，这类债务区别于纳入预算管理的政府债务限额内债务。相比显性债务，隐性债务占比高、类型多样化，如政府依托平台等发行企业债、中长期票据、信托等非银金融机构融资与借款等，主要呈现形式表现为利用企事业单位等违规举债、不规范的政府投资基金、伪政府购买服务等。其特点具有模糊性与隐匿性，难以清晰计量与确认。因此，对地方政府隐性债务监管的困难主要体现在这几个方面。首先，就地方政府隐性负债的规模来说，一般而言，比较大且难以精准确定其究竟属于哪一种隐性债务类型，同时数据收集与获得不充分、不全面且存在一定的滞后性。其次，通过人工搜集的地方政府隐性债务数据，主要运用阶段性审查与调查获得，如每年末展开的各层级地方政府债务清查活动，这使其数据真实性、可靠性、时效性及动态性等较弱。最后，对获取的地方政府隐性债务数据由于其多样性，因而各地方政府统计、采用与评价的指标口径不一致，导致所获取数据不能展开纵向与横向可比与对比，使管控与监管难以统一展开，隐性或有风险增加。

但在数智时代，在演进的政府会计功能体系中嵌入数智技术，针对地方政府隐性债务的痼疾顽瘴与沉疴宿疾能够得以有效解决。首先，在数智时代背景下，在政府会计管理与治理机制中将地方政府债务管理纳入政府会计管理与治理目标，在融入人工智能政府会计功能体系将政府会计科目体系中，极致细化与分类政府债务科目，设置分门别类的政府债务会计科目，且统一口径，全面覆盖不同类型与形式的地方政府隐性债务，精确计量与确认多样化与多形式的各类型政府隐性债务，实时动态管控与监督各类型地方政府隐性债务。其次，在地方政府隐性债务中，应着重应用与运用权责发生制，科学界定与厘清各类地方政府隐性负债的核算主体与类型，以此加强对各类地方政府潜在的、或有的、预期的、隐匿的等各类隐性债务确认与计量。同时与国家实施的《政府会计准则》和《政府会计制度》等规则进行完满对接，助力完善国家对地方政府各类债务进行专业化、系统化和规范化管控与治理。最后，嵌入数智技术的政府会计功能体系，可以对不同类型地方政府隐性负债进行极限细分且精确公布，真正实现各类型地方政府债务公开与公正的透明度，在满足各类不同政府财务报告利益相关者需求的同时公开实现向全社会对地方政府举债活动的全过程，对各地方政府举债资金来源和偿还方式，债务资金的运用与收益等，实现全社会纵向与横向的全面监督，进而提升各层级地方政府的公信力。

7.4.2 数智化的政府会计功能体系能够智能地对各类地方性政府举债进行风险评估

首先，在数智时代，对各类地方政府债务的识别，纳入人工智能技术的政府会计功能体系，对地方政府各类举债可能产生的威胁与风险进行智能识别，并依据各层级地方政府所处地理位置、人口与环境因素、经济社会发展状况等，设定或根据特定的举债风险模型对各类地方政府隐性与显性债务风险进行赋值，并进行计算和测评，科学确立各类地方政府举债风险级次。其次，合理评估和界定各类型地方政府举债风险区间与等级，智能模拟出降低和减弱风险的策略与方法以及措施和建议，并将化解债务风险的路径与债务偿还机制进行密切对接，将已评定或预知的各类债务风险控制在可接受的范围与水平上，切实有效地防范各类地方政府债务风险。最后，将数智时代的政府会计功能体系切实融入地方政府举债建造的各类项目中。第一，依据本层级政府及所辖政府经济社会发展战略与规划，可以智能计算出所需举债的规模，以最低筹资成本确定最优的筹资渠道与融资方式，可以快捷的融资方式筹集本级政府所需的资金进行测评。第二，将筹集的财政预算资金进行智能化分配，优先分配至本地区发展规划中最重要、重大与重点建设项目，实现精准划拨与调配，并依据项目建设计划与进度，可以自行进行项目资金动态调整，确保项目如期建设与实施。第三，在项目建成与产生经济效益时，对项目产生收益的时间，收入金额与方式进行预估，为后续各项目举债期限与数额提供数据与依据，智能化制定出并实现政府举债最优化目标与战略。因此，智能化的政府会计功能系统在执行、分配、调整各地方政府举债与偿债过程中，自始至终伴随着智慧化的举债风险预估与测评。

7.4.3　数智时代的政府会计功能体系可以增强对地方性政府负债风险的智能管控力度

（1）在数智时代，嵌入数智技术的政府会计功能体系能够有效避免与控制地方政府举债不足与举债过度的风险。第一，在确定地方政府筹集资金规模与数量上，各地方政府依照本层级发展规划与计划需要，可以智能计算与分析本层级政府应举债的合理规模，防止出现应举债过度导致政府过度负担，区域经济社会效率低下，同时通过智能分析与运算，也可以避免出现负债不足，引致筹资计划不能实现，进而引致行政计划与公共项目建设未能如期进行与完成，经济与社会发展目标不能实现与达成负面效应，导致经济效益不足。第二，在地方政府行政计划和项目建造过程中，依据地方政府不同类型与种类的公共项目，精准计算出各类项目建造、实施与执行过程中的资金需求，有效布局与分配不同项目的所需资金，预防因政府举债所筹集的资金运用不足与闲置，引发机会成本，进而导致资金配置低效，自行分析各类公益项目建成后的经济与社会效益，避免出现华而不实的形象工程，以及因产权不清晰，工程质量不达标，不合格的烂尾工程，杜绝沉淀成本。在数智时代，嵌入人工智能技术的政府会计功能系统，可以按照不同类别项目与计划，智能设定与模拟出适合的方程模型，并展开计算与分析，降低和减弱这类风险发生的频率和损害程度，以此有效克服与避免这类风险的发生。

（2）智能转移和分散地方政府债务风险，应政府举债建造的公共项目，如部分公共基础设施项目建造、自项目建成、产生收益、归还债务本息的期限与数额，将项目资金募集计划与需求，债务归还期限与本息，项目收益与综合收益等因素纳入智能政府会计功能系统，依据不同类型举债合同与契约，自行区分轻重缓急，并利用地方政府财政预算拨款和不同公共项目资金收益等综合收入，智能计算与筹划还款资金的来源，自行设计偿还本息的程序与步骤，智能模拟并构造出资金募集，债务偿还与综合收益分配模型，针对各类型地方政府举债风险运用各种不同分散与转移方式，确保如期按质进行债务本息归还，应确保地方政府安全举债，预防地方政府过度负债，产生债务风险。

7.4.4 演进的政府会计功能体系助力构建智能化地方性政府负债风险预警机制

地方政府债务风险的预警机制可以分为纵向、横向和纵横交叉的预警机制。纵向预警机制主要针对各地方层级政府对所属层级地方政府举债风险的警示与提醒。首先，由于各地方政府经济与社会发展状况存在差异，因而各地方政府举债的规模、结构、风险等也不尽相同，需要根据具体情况，因地制宜。在数智化时代，通过在政府会计功能体系中嵌入人工智能技术，可以在不同层级不同功能机构的举债过程，建立相关联数据库与信息流链条，并将人工智能的神经网络模拟系统等物理技术手段嵌入演进与拓展的政府会计功能体系，依据拨付与管控的财政预算计划，影响举债的各风险因素和各所辖地方政府举债机制，纳入和融合设定的举债风险预警模型。对各所属层级地方政府一定时期举债的数额设置红线报警机制，一旦触及或超越红线的举债阈值，即刻生成红色警报上传至上级主管部门或各地方政府领导层，使主管机构和领导层得以及时迅速地运用监管手段和措施，对所辖层级的地方政府举债活动进行制约与管控。其次，横向预警机制是指各地方层级政府对所属各功能部门与机构的举债进行预告与示警，举债预警机制设置与纵向预警机制类似。最后，在现实情境下，地方政府举债风险预警机制倾向纵横交叉的预警机制，此类预警机制融合了纵横预警机制模型，而此预警机制模型的组织工作、目标确立、信息搜集和反馈相对纵横预警模型相对复杂。但在数智时代，构建这三类举债风险预警机制与模型，借助人工智能、大数据与演进的政府会计功能体系等技术手段是完全可以达到与促成的，实现及时对各地方政府及其所辖地方政府与部门举债风险进行发现、预判和警戒，并构建相应的地方政府举债风险制约和监督系统。对各地方政府举债情况进行全面监控，保证各地方政府举债风险在可控的范围内，确保各层级地方政府举债管理的规范性、科学性和系统性。

7.5　本章小结

在后疫情时代，不同地区与不同经济发展程度的各层级地方政府，将依据本辖区经济增长与社会发展目标进行不同规模的举债。首先，应借助嵌入数智技术跃迁的政府会计估值与契约功能体系，并有效运用与发挥其作用机制，确保各层级地方政府科学与合理进行负债，强化对各类型地方政府显性与隐性举债风险的预防、规避和处理。监管各层级地方政府的政府产权安全运行与流转，实现各层级地方政府产权的保值、增值与创值。其次，不断演进和变迁的数智化的政府会计估值功能体系，其有效运用与发挥，对改善与提升现行的国家转移支付机制效用与效益，增强与提高转移支付资金管理绩效，同时可以将政府会计科目极致细化与分类政府债务科目，设置分门别类的政府债务会计科目且统一口径，全面覆盖不同类型与形式的地方政府隐性债务，精确计量与确认多样化与多形式的各类型政府隐性债务，实时动态管控与监督各类型地方政府隐性债务。再次，借助数智化的政府会计契约功能体系等机制，构建科学与有效的举债风险预警机制和模型，实现及时对各地方政府及其所辖地方政府与部门举债风险进行发现、预判和警戒，并构建相应的地方政府举债风险制约和监督系统。对各地方政府举债情况进行全面监控，保证各地方政府举债风险在可控的范围内，确保各层级地方政府举债管理的规范性、科学性和系统性。并且数智化的政府会计功能体系能够对各类地方政府举债进行风险评估。科学评估和界定各类型地方政府举债风险区间与等级，智能模拟出降低和减弱风险的策略与方法以及措施和建议，并将化解债务风险的路径与债务偿还机制进行密切对接，将已评定或预知的各类债务风险控制在可接受范围内，切实、有效防范各类地方政府债务风险。最后，融入数智技术的政府会计估值和契约功能体系可以增强对地方性政府负债风险的智能治理，增强各层级地方政府财政职能，防范与化解地方政府财政风险，优化其财政生态环境，提升各层级地方政府债务治理能力与水平。助推后疫情时代各地区经济恢复，助力各层级地方政府经济社会高质量发展。

第8章

数智时代政府会计功能跃迁与财政预算绩效治理[*]

8.1 引言

人工智能技术作为新一轮科技革命和产业变革的重要驱动力量，其快速发展将带动我国政府会计功能应用的深度与广度产生巨大变革。如现阶段各地方政府的“智慧财政”“数字财政”等，正在有条不紊地渐次构建、实施和推行。如广东省“数字政府公共财政综合管理平台”、深圳市与浙江象山县的“智慧财政”、无锡市和信宜市的“数字财政”、杭州市的“城市大脑”、四川凉州德昌县的“AI+财务”模式等纷纷上线。习近平总书记在十九届中央政治局第九次集体学习时指出：“人工智能是新一轮科技革命和产业变革的重要驱动力量，加快发展新一代人工智能是事关我国能否抓住新一轮科技革命和产业变革机遇的战略问题”。在人工智能时代背景下，具有溢出带动性很强的“头雁”效应。未能融合与运用人工智能技术的传统政府会计体系暴露出了配置残缺与功能低效等一系列弊端，在政府会计功能体系中嵌入人工智能技术，实现政府会计功能体系的升级与

* 本章内容经过修改发表在《会计研究》2021年第10期。

拓展是现阶段数智化政府治理亟须解决的要务之一。党的十九届四中全会指出，运用人工智能等技术手段进行行政管理和治理，可以升级并完善国家治理能力和治理现代化水平。在政府会计管理系统中融合人工智能技术，可以广泛收集各政府部门数据资料，精准分析行政部门在网络活动中的数据轨迹，进而使政府会计功能体系可以挖掘出更深层次的信息，从而为政府财政预算决策部门提供更加科学合理的建议。

人工智能技术的应用改变了数据的可用性，也正在改变会计信息系统研究的性质（刘梅玲等，2020；Arpan and Yogesh，2020）。嵌入人工智能技术的政府会计功能体系可以抑制地方政府债务融资成本和融资风险（侯世英等，2020）。因此，在人工智能时代，政府会计迫切需要拓展其功能的深度和广度，如要求政府信息披露体系更加丰富、完善等。近年来，国家有关部门不断出台有关人工智能技术的相关政策，加速推广人工智能技术的应用与普及。然而，在人工智能时代，政府会计功能跃迁的作用机理为何？随着人工智能发展如何进一步完善政府会计功能体系？由此如何提高财政预算绩效治理效能，拓宽政府会计治理作用机制路径等，是升级政府会计功能，提升政府会计对财政预算绩效的管理与治理作用与增强数智政府治理能力迫切需要关注的问题。

技术进步将会导致制度变迁，对于每一种信息来源的成本，政府产权可能有不同的监督形式和合约安排（Alchian and Demsetz，1972）。创新和重构制度安排与设计，可以实现规模经济效益，将外部性内在化，降低风险和社会交易成本（Davis and North，1970）。基于此，本书分析指出，人工智能技术的发展及应用改变了政府产权在运作、运转和流通中信息获取方法、方式和手段等，也改变了政府产权运作的社会交易成本。通过转变原有政府产权信息流的产生、来源渠道、加工、分配、处理方式以及共享模式等，有效降低了政府产权流转信息的获得成本，而政府会计功能体系作为提供政府产权在流转过程中占有、使用、处置和收益等信息的生产和运作机制，必然与之相应转变与升级。换言之，人工智能时代将驱使传统的政府会计功能维度必须进行改变和拓展，以改善政府财政预算的绩效管理机制，实现政府财政预算绩效治理，加速我国国家和政府治理现代化进程。

本章主要内容安排如下：第 2 部分对政府会计及有关政府部门人工智能的应用现状进行数据分析与文献回溯；第 3 部分归纳总结人工智能背景下政府会计功能跃迁产生的机理；第 4 部分详细分析政府会计功能跃迁和财政预算绩效治理的具体机制，包括人工智能背景下政府会计功能转变的本质与内涵，并对政府会计功能与财政预算绩效治理展开研究；最后对全章进行总结。

8.2　数据分析与文献回溯

在人工智能时代，政府会计功能跃迁的本质是智能技术助力和推进会计效率与效能，提升政府管理与治理政府财政预算能力。运用人工智能技术，可以将传统政府会计人员从简单与基础性的重复劳动中解放出来，实现政府会计基础功能体系向数智化分析和智能管理过渡与转移，实现政府会计功能体系的与时俱进与升级，增强政府会计功能体系的价值创造。

8.2.1　数据分析

(1) 人工智能市场规模发展与各行业份额分布情况

人工智能是一种能够模拟人类行为方式活动的智能机器或系统，其从实验室发展至应用于各行业实践领域，经历了从理论推导、试验测试、实践摸索、理论归纳总结，到具体实践运用，经历了曲折螺旋的上升过程，现已在各行业领域得到普遍应用，呈现出蓬勃发展态势。如图 8－1 所示，我国人工智能的市场规模自 2015 年起开始逐年递增，至 2020 年达到阶段性市场规模的最大值，由图 8－1 所示趋势可以看出，未来人工智能的市场份额仍将不断上升，将逐渐在各个行业领域得到广泛推广和运用。

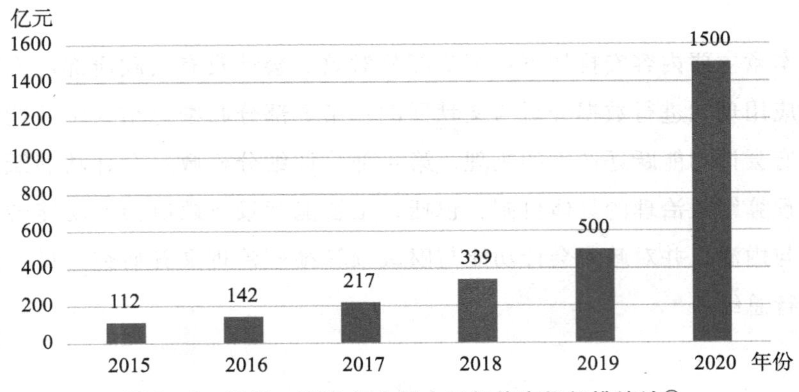

图 8－1　2015—2020 年中国人工智能市场规模统计①

随着人工智能在各行业领域的应用范围与程度不断加强，各行业分别占据人工智能市场一定份额。图 8－2 所示为 2020 年中国人工智能市场行业份额分布图，由图 8－2 可知，首先，中国的人工智能市场主要应用于政府城市治理和运营领域，占人工智能市场全部份额的 49%，接近半数市场份额；其次为互联网、金融行业，其余行业所占人工智能市场份额相对较弱。此数据显示出，当前政府的各项工作中人工智能技术的应用已经占据了相当重要的部分，在政府财政预算管理领域，人工智能技术与政府会计功能体系的结合与运用对于加强财政预算绩效治理大有助益。因此，借助

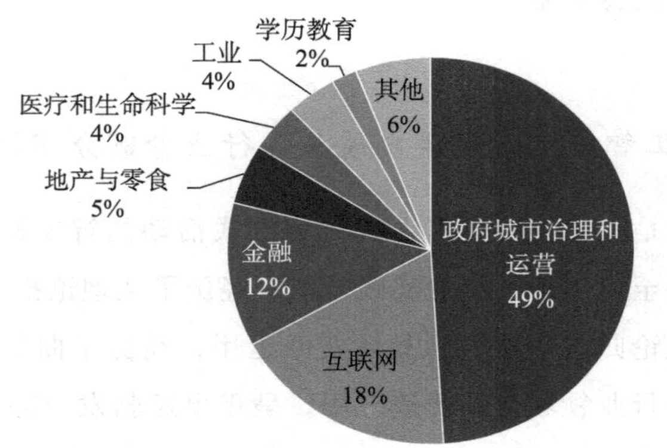

图 8－2　2020 年中国人工智能市场主要行业（领域）份额分布图②

① 数据与资料来源：https：//www. iimedia. cn/c400/76947. html.

② 资料来源：https：//www. iimedia. cn/c400/76947. html.

人工智能技术拓展政府会计功能体系，对提升政府财政预算绩效管理和治理水平的研究也是存在迫切需求的。

人工智能时代背景下，融合新技术的政府治理的理论研究正日益蓬勃，政府会计作为政府治理领域的一项运用确认、计量、记录、报告等手段和工具，为利益相关者提供决策相关的信息，与人工智能技术结合运用，是新时代和经济社会发展的必然要求。

（2）人工智能与政府会计发文统计

为呈现人工智能在政府会计与财政预算绩效治理方面的研究进展情况，我们手工整理了进入 21 世纪以来，以政府会计和人工智能为关键词，并以此搜集相关的文献作为文献池①。从图 8－3 的文献发表数量趋势可以看出，2014 年文献数量开始呈现明显增长趋势，并在 2019 年出现翻倍增长，说明实现人工智能技术嵌入的研究是现阶段政府会计体系与财政预算治理研究的热点，也是未来研究的主要方向之一。

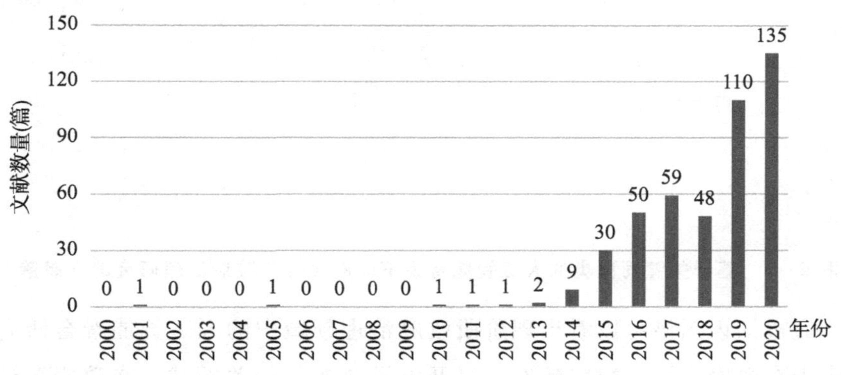

图 8－3　2000—2020 年文献发表数量趋势图

数据来源：中国知网资料整理。

同时，我们借助 CiteSpace5.7 文献可视化计量分析软件，识别人工智能背景下，政府会计理论研究的知识图谱，并对被引文献池中的全部研究成果进行跨时间维度的聚类和可视化分析。文献计量的具体设置为：①在时间和文本处理上，按照每一年进行时区分割，将知识单元来源设置为标

---

① 资料来源：作者根据从知网所收集文献通过 cite Space 5.7 绘制。

题和摘要，不进行术语突发性探测；②在网络配置上，在关键词位置提取节点并进行共词分析；③在网络裁剪上，采用寻径网络并简化合并方式，如图 8 -4 所示。

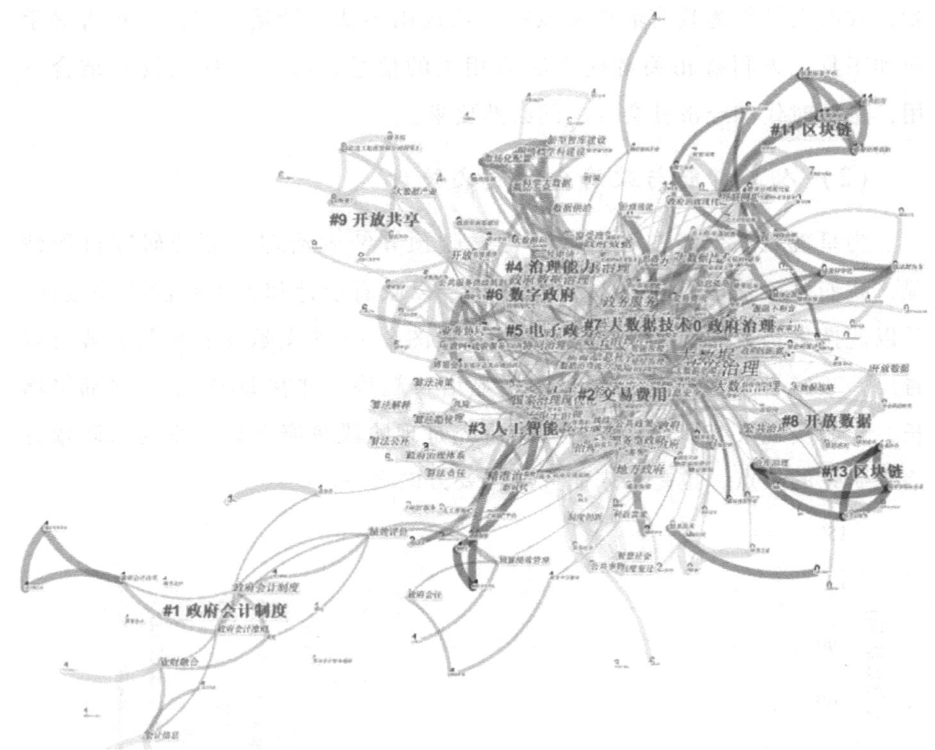

图 8 -4　基于关键词聚类的人工智能背景下政府会计与政府治理研究的文献簇①

通过知识图谱可以看出现阶段政府治理领域中的人工智能融合研究主要集中在政府会计、数字政府，以及电子政务等相关领域。在政府会计领域，人工智能的嵌入应用主要在政府采购、资金支付、账务核算等业务流程领域的自动处理和监控，智慧财政系统以及不同层级政府辖区内的财政预算信息共享中心等，实时反映了政府财政预算执行情况，实现政府财政预算管理向信息化和智能化转变。

① 资料来源：作者根据从知网所收集文献通过 cite Space 5.7 绘制。

8.2.2　文献回溯

(1) 财政预算绩效管理与政府会计作用机制

政府会计是对政府财政状况的及时反映，通过量化指标来对政府的各种行为进行客观说明，作为政府绩效管理的重点，政府会计为政府行为的可行性提供数据量化层面的支撑，帮助政府进行有效的绩效管理，从而向服务型政府转变（王鑫，2014）。政府绩效评价是运用科学的标准、程序和方法评定政府履行功能活动中的业绩、效率和效果，是政府公共管理的一种手段（周秀英，2011）。基于因果关系，现有文献的观点集中认为政府会计是对预算管理过程和结果的信息反馈，其功能发挥会受到预算绩效管理的影响，而预算绩效管理对政府会计的影响主要涉及以收付实现制为基础的政府会计框架构建阶段，以及以收付实现制与权责发生制并行为基础的现有机制完善阶段，并将这种信息配比到相应的产出成果上，这都是基于权责发生制才能够实现的（赵合云，2009）。收付实现制下仅对实际确认的预算收支金额进行记录和评价，所反映的财务信息具有一定局限性，不利于对外报告预算执行情况，无法反映出政府整体财政状况和运行绩效。政府不能有效发挥其公共管理功能，无法满足利益相关者的信息需求（周秀英，2011）。因此，为了更好提高预算绩效管理数据的质量和可信度，需要对政府会计制度进行改革。

为了更加全面提供预算绩效信息，参照企业会计准则，运用权责发生制的计量基础，实施预算绩效管理的三个制度：公共部门报告制度、公共部门问责制度以及以权责发生制为核算基础的政府会计制度。其中，政府会计制度是前两个制度的基础和制度性保障（崔惠玉、景宏军，2011）。

首先，以政府预算绩效评价为导向对政府会计制度进行改革，以完善其数据在具体应用层面的准确性和实用性，从而能够更好实现政府会计系统的构建，同时满足信息使用者获取解释、评价政府财务运营状况的需要。

其次，在以收付实现制和权责发生制并行为基础的现有机制完善阶段，预算绩效管理仍对政府会计准则的制定起到检验和督促的作用。自政府批准了新修订的政府会计准则，权责发生制对提升政府会计公共管理服务功能起到了较大作用。绩效预算改革与政府会计改革相结合，是推动全面预算绩效管理过程的必然要求（马蔡琛，2020）。例如，将采用单一收付实现制时忽略的非当期现金交易纳入绩效管理的框架中，以提高政府财务信息与绩效信息的完整性和全面性（张琦，2006；张红霞，2019）。政府会计改革大大提升了公众参与政府管理的程度，为向服务型政府过度提供了信息基础。同时，根据政府会计制度反馈的信息，可以对预算绩效改革的深化起到推动作用。从绩效评价角度来看，为更好发挥政府的公共服务功能，提高基于政府会计财务信息的决策质量，应更加注意提升政府信息的综合性，这对政府会计制度改革提出了更高的要求。

（2）人工智能背景下政府会计功能拓展成因分析

现有关于人工智能背景下政府会计功能转变的相关研究，多数从人工智能对政府会计功能转变的成因、经济后果与提升政府会计治理机制三个角度进行探索，政府会计功能跃迁的成因主要包括传统政府会计模式落后、人工智能应用普及以及国家相关政策要求等。

首先，基于传统政府会计功能生成的数据及数据源是不连续的，存在“数据孤岛”的现象，因此，无法根据这些数据及数据源进行科学、可靠的预测，进而降低了政府决策前瞻性和准确性。大型人工智能系统的应用与推广正在为项目创建与实施的综合评价提供技术依据，由于传统政府会计模式存在系统性缺陷，导致传统财税工作模式呈现出重复、复杂、低效并且耗费时间与人力的特点，而大型人工智能系统可以为项目综合评价提供技术依据（周俊亭等，2019）。其次，大数据时代对政府会计信息决策及时性和管理效用敏捷性提出更高要求。数字财政是推动数据开放、促进数字经济发展的重要机制（谢波峰，2020）。审计机关通过大数据技术方法能有效提升审计过程中发现问题、评价判断以及宏观分析的能力（袁野，2020）。对政府和监管机构而言，要做好风险防范和政策监管工作，切实降低信息不对称的程度（张新民，2020）。最后，人工智能应用研究已为政府会计功能转变提供了可行工具与路径支持（傅元略，2019）。借助人工智能技术智能化地处理政府会计工作，挖掘数据隐含信息，辅助管理决策，如基于人工智能与大数据技术的智能财税服务，实现了票据自动识别、一键报账等财税新模式（刘勤，2019）。人工智能新技术对政府会计的影响主要包括信息技术对政府会计理论与实务冲击和融合两个方面（孙健、刘梅玲，2019）。人工智能或将重构政府会计的形式，未来政府会计信息将具有即时共享特征（曾雪云、徐雪宁，2020）。已经逐渐出现可以完全通过智能合约协议对交易进行编码和执行的战略管理，使企业管理能够获得洞察力，更好地为战略提供决策信息（Greco and Polli，2020；Murray 等，2019；Saura and Bennett，2019）。现阶段，我国政府出台了一系列政策文件促进人工智能的发展，这些政策与文件是实现政府会计工作转型升级的重要基础，人工智能等新技术在会计信息化领域的应用尝试，是中华人民共和国财政部（以下简称财政部）下一步重点开展的三项重要工作之一（刘梅玲等，2020）。

关于经济后果。大数据与人工智能背景下政府会计功能转变产生的积极经济效果包括提高会计效率、推动业财融合以及消除信息不对称等问题。大数据与人工智能的快速发展引发了财会职业两次重要跃迁：第一次是从财务信息记录、核算到战略财务一体化跃迁，第二次是由业财融合的财务共享服务到会计数字化赋能的财务云服务（周守亮、唐大鹏，2019）。首先，人工智能会计应用发展将大幅提高企业和政府会计工作效率。会计领域从数据挖掘中受益最多的会计领域是保证和遵守（Amani and Fadlalla，2017）。智能机器人将以员工身份进入企业内部，尤其是那些不需要自主决策的高技术复杂岗位（徐鹏、徐向艺，2020）。对于中国而言，须进一步完善多层次社会保障体系，加快推进失业保险制度改革，以尽可能化解人工智能对劳动力市场带来的风险（王永钦、董雯，2020）。数字化变革大幅度提高了企业相较于市场在资源配置和政府财政预算资源配置效率上的先进性（Gregory and Zierahn，2016）。其次，人工智能进一步促进了业财融合。研究表明，仅靠知识和程序性的会计岗位将被计算机或机器人取代，而保留由人工执行的会计工作边界逐渐模糊，随着人工智能技术推广与应用，政府会计领域将实现财政预算、管理一体化的重要变化（况玉书、刘永泽，2019）。中国的经济发展要在保持竞争优势基础上实现进一步的增长，需要采用最新的人工智能技术（Suleiman 等，2020）。多种智能技术的不断融合显著改变了企业与政府组织非流动资产的性质，将其从有形资产转变为无形资产（Mary，2020）。人工智能技术可以改善政府与企业信息治理机制，可以解决政府和企业信息安全管理中出现的目标冲突、信息不对称和风险分担不明确等问题（甄杰等，2020）。

关于提升政府会计治理机制，涵盖加快政府财政预算业务一体化管理、增强政府内部控制治理机制以及培养复合型政府会计人才三个方面。一是人工智能技术将加快政府财政预算融合管理体系。政府会计工作将向财政与预算融合管理方向发展，政府财务会计和管理会计有望实现一体化。人工智能是确保最复杂的现代政府会计规则得到正确实施的关键要素（Louis，2020）。二是运用人工智能技术能够增强对政府会计信息化系统内控管理机制运行效率。人工神经网络相对于贝叶斯网络、判别分析、Logistic 回归和支持向量机具有良好的性能（Mahmood 等，2020）。政府财务领域大数据平台将实现纵向管控、横向协同以及规范流程等，以帮助不同层级政府实现管控目标，在进行政府管理的同时实现管理效能的提升（周俊亭，2019）。人工智能技术将对政府会计治理理念、治理范式、治理内容、治理手段等产生不同程度的影响，促成政府会计智能体的产生和发展（赵军营，2021）。传统政府会计信息系统内部控制是通过加强人工管理来实现的，无法有效控制授权失误。对于政府会计行业来说，传统政府账务功能正逐渐由智能化软件来实现（王奕俊，2020）。深度学习算法在计算机视觉、语音识别、自然语言处理和机器人等应用领域均不断取得惊人突破，使用合适的、先进的大数据技术，能够提高预测准确性（张敏等，2021）。

纵观已有关于人工智能背景下会计功能转变相关的研究，大多从企业会计角度剖析财务会计核算与监督功能转变，而鲜有研究从政府会计角度出发，研究功能拓展对政府财政预算绩效治理作用的影响。本书创新点在于结合政府产权理论，从人工智能时代技术发展角度出发，研究人工智能背景下政府会计功能转变的机理与具体机制，拓宽了政府会计功能研究的深度与广度，丰富了人工智能与政府会计功能应用结合的相关研究，升级政府会计运作体系，助力提高政府财政预算绩治的效率和效果。

8.3　关于人工智能发展与政府会计功能拓展产生机理分析

在人工智能时代，智能技术发展推进政府会计功能跃迁的必然性主要体现在政府会计功能设计与安排的重塑与再造。多级委托代理关系是我国政府产权制度的一个基本特征（陈维达，2007）。智能化政府会计功能体系可以有效地改变传统政府委托代理关系中，政府产权运作的合约安排及其相关活动信息搜集、获取和加工的方式等。结合本书政府会计相关内容对治理和管理的概念进行界定，一是“治理”表示对构成政府各相关利益主体之间的权责利的划分以及其实现相互制衡的手段；“管理”是指在既定的治理模式下，管理者为实现政府治理目标而采取的具体行动（Robert，1984）。二是政府“治理能力”强调政府能否有效划分各个层级政府单位及利益相关者的权责利范围，通过合理、合法、高效的方式实现各政府层级部门、单位之间的平衡；“管理能力”则是指各政府部门的管理人员在进行部门内外部管理时，是否真正有效发挥行政人员应有的功能，使本层级单位有效落地实现政府预算目标，发挥政府层级部门应有功能效果。

首先，在政府产权结构层面，我国政府呈五级层级分布，形成了不同的利益主体，从而各层级政府在财政预算资源配置权权能上也存在强弱之分，由此将导致利益分配矛盾的发生。人工智能在政府会计功能中的应用，将加强不同层级政府产权边界的界定，减少不同层级政府产权在运作中易出现的政府角色冲突问题，抑制不同层级政府代理人的机会主义动机与倾向，进而有利于政府产权顺利流转和运行，有助于财政预算资源配置自动化，有效缓解资源配置权争夺问题的激化。嵌入人工智能技术的政府会计功能体系能够清晰反映和生成政府产权运行的清晰轨迹的相关信息。因此，智能化政府会计功能体系在提供政府产权运行具体路径信息的基础上，可以详细分析政府各部门财政预算具体执行情况，有助于增强不同层级政府监管机构对所属政府层级与部门展开纵向监督与横向考评。因此，融入人工智能技术的政府会计功能体系在实现对政府产权不同维度的监察与考核运行机制过程中，也就自然而然实现跃迁与拓展。

其次，政府既是公众代理人，又是一个组织，政府执政既要向社会提供公共产品和服务，满足社会公众的需求，也有自身的需求，不同层级政府、不同政府部门的政府产权运行目标呈现出多样性。出于自身利益需求，往往出现政府权力扩张、泛化甚至滥用等行为，使社会公众委托的政府产权运行目标与政府组织的政府产权行政执行目标不一致，造成政府产权界定不清、政府产权流通受阻等问题的出现，加之政府产权界定不明晰、边界不清，导致部分地方政府成为政府产权的垄断者和经营者（章贵桥、李增泉，2018）。融合人工智能技术的政府会计功能体系能够自动识别、区分不同政府层级、部门的行政目标，防止由于政府层级分布不同导致政府产权目标多重性运行，减少政府行政目标信息设置不对称的问题，避免目标设置重叠性导致的政府财政预算资源浪费，预防和阻止政府官员创租与设租行为，杜绝政府官员寻租和抽租现象。由此，可以有效降低和遏制财政预算资源的违法使用，提高财政预算资源的配置效率，提升政府财政预算资源的绩效管理和治理效果，随之转变、扩展原有的传统政府会计功能设计与制度安排。

最后，在不同层级政府委托代理关系中，组织和政府官员所掌握的决策信息均是有限的，进行决策时不可避免地存在不确定性。官员向上呈报的信息可能存在扭曲真实度、传递利己信息、减少甚至隐匿非利己信息的倾向，形成官员偏见信息，以期方便其个人职场晋升或相关资源获取。官僚机构和政府官员行为的局限和偏见将导致的政府产权流转人为受阻、运行不畅等问题出现，从而导致政府产权运作的产出和收益降低。但在政府会计功能体系设计与制度安排中融入人工智能技术，可以预防、减少政府产权在流通、运作中受阻和受制等问题出现。在对财政预算资源进行配置时，可以有效预防基于自利动机的政府官员的偏见性和局限性，提升组织和政府官员的认知能力与道德修养，增强政府产权流通信息的真实性、可靠性，从而在实现财政预算资源绩治的同时也延伸、拓展了传统政府会计功能体系。

综上所述，本书分析指出，融入人工智能技术的政府会计功能体系改变了原有的政府产权运作和流转机制，也改变了传统的政府产权占有、支配、使用和处置等权益运行轨迹与处分信息获得模式，减少和降低了信息搜寻成本与交易费用。通过完善政府产权运作产生的收益方式及相关信息的获取方式，可以有效约束与制衡政府产权运作的不规范现象，从而也确保了不同层级政府部门产权的完备性。政府主要目标之一是向社会公众提供所需的公共产品与服务需求，而政府产权与企业产权在运行和流通过程中存在差异。由于市场中产权流通主要由价格机制起主导作用，而政府产权流通机制则是以行政权力强制性为主导的行政配给机制，因此，政府会计功能领域人工智能应用，将使传统政府会计功能在与智能化政府治理模式相结合的基础上发生跃迁。

8.4　政府会计功能跃迁与增强财政预算绩效治理的具体机制分析

在人工智能时代，建议以管资本为主，系统、科学、全面地区别和运用历史成本会计与现时价值会计（潘晓江，2020）。随着人工智能等颠覆性技术成为社会基础建设的新设施，信息获取、传输的便捷性促进了商业模式的爆发式创新，新技术、新模式、新制度、新文化共同构成新经济时代的主要内涵，经济管理的理论、实践都不再囿于传统框架和范式（何瑛等，2020）。在人工智能背景下，政府会计功能拓展机制分析如图 8－5 所示。

8.4.1　人工智能背景下政府会计功能跃迁的维度

嵌入人工智能技术的政府会计功能体系转变与趋势主要包括增强会计估值功能深度与拓展政府会计契约功能广度两个方面。

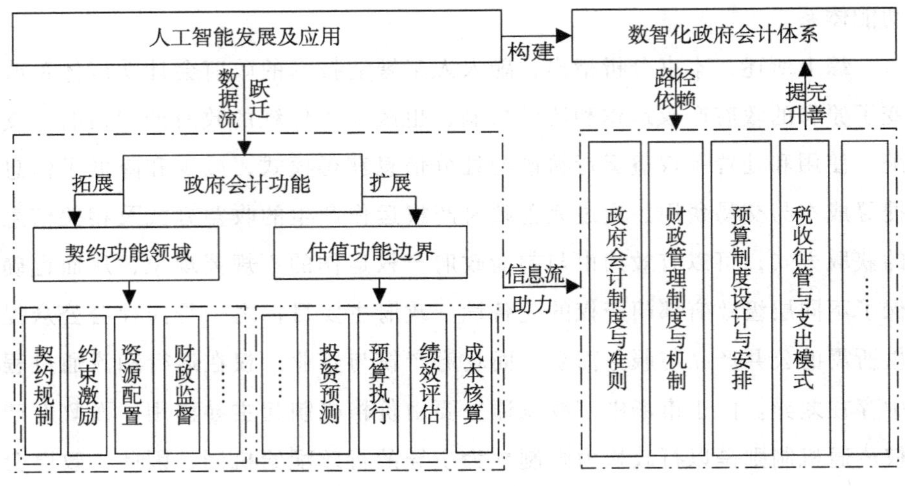

图 8-5 人工智能背景下政府会计功能拓展机制分析

（1）扩展政府会计估值功能边界，拓展政府数智化财政预算管理领域

人工智能时代国家和政府对政府财务数据分析能力提出了更深层次的要求。

首先，在数智化背景下，政府会计估值功能作用机制触角将不断向下延伸，换言之，政府会计的估值功能纵向作用机制可以极限向下推进，延伸至最基层地方政府财政预算管理领域。推进方向与趋势，主要体现在对各层级地方财政预算编制、安排与执行等能够进行直接科学估值与测算，提升财政预算编制与执行水平。传统政府会计核算工作将逐渐被人工智能取代，政府会计人员无须再手工核算相关数据，直接从数智化财务系统中导出即可，政府会计人员只须完成较少数无规律性会计核算任务。利用数字智能技术结合行政成本核算制度规则，设计适合不同层级政府的智慧行政成本核算中心，独立完成各层级政府行政成本核算工作，提高行政成本核算效率，增强政府会计数据的可靠性。人工智能程序设计能够自动在计算机上实时处理各层级政府会计信息，取代了许多政府会计工作中的基本任务，显著改善政府会计工作效率。政府会计的功能由长期以来单纯服务财政预算管理，演变为通过提供政府综合财务报告以满足各层级政府部门和事业单位各种管理主体的会计信息需求以及管理决策需要，实现了政府会计向本质功能的回归（崔学刚等，2020）。

其次，在人工智能时代，政府会计估值功能作用路径将不断向里扩展，也就是横向扩展至每个政府功能部门所涉及的财政预算管理领域。相比传统人工配置资源流程，实时线上记录、可以及时跟踪与监督财政监督资源配置状态，提高横向向政府管控和监督的效率，遏制政府官员谋求隐形福利的寻租行为，使财政监督更加高效可信。利用互联网平台及时公开财政收支情况，增强公众对政府管理部门的信任感，通过大数据分析现有资源与政府部门需求，使用智能算法科学完成资源分配，及时满足政府部门资源配置需求。由此，进一步加深了政府会计估值功能的深度，提升政府会计运行效率。

最后，聚焦重点披露事项，总结历史经验不足。把政府部门重点披露事项置于经济运行大背景下，把政府会计信息反映出的不合理问题事项放在改革发展大局下，用历史辩证眼光分析、解决政府会计运行过程中出现的各种问题。在人工智能环境下，政府会计仅提供量化的预算执行数据与定性的践行社会责任披露指标已经不能满足有效提升政府绩治的需求。政府会计需要将重心转移到升级、运用深层次分析能力上来，依据丰富全面的政务数据信息，展开对政府官员科学数据分析，挖掘政府官员行政逻辑，预算、推演政府官员行政轨迹，计算配套政府部门资源配置需求。可以有效针对突出矛盾问题、重大风险隐患持续跟进。关注政策覆盖面，发现政策及管理漏洞绩效数据，包括按照规定核算程序生成的预算的定量数据，与政府会计报告附注中源于政府组织践行社会责任披露的定性信息两部分。纵横向监督通过人工智能系统生成各层级政府及其所属机构的会计财务报告，纵横向监督各层级政府及所属功能部门行政活动，为解除公众受托责任提供依据。增加政府经费披露透明度，预防和减少政府官员寻租行为产生的可能性（姜宏青、王翔，2020）。总之，人工智能应用对政府会计财务分析能力提出了更高层次的要求，使估值功能不仅停留在单单提供政府会计信息层面，更深化了政府会计估值功能深度。

（2）延伸政府会计契约功能加成性，构筑政府数智化财政预算治理体系

政府为公众代理人，公众是委托人，两者存在契约关系。对于会计行业来说，提供战略规划、风险控制等管理会计决策贡献是当下以及未来对会计人才的价值期望。传统的决策范式在大数据环境下遇到了深刻挑战，催生了新型的大数据决策范式，推动着企业内部管理模式的一系列变革，包括组织结构趋于网络化、扁平化（戚聿东、肖旭，2020）。管理决策中各参与方的角色和信息流向更趋于多元和交互，使新型管理决策范式呈现出大数据驱动的全景式特点（陈国青等，2020）。会计是一项具有双重属性价值管理活动，其具有技术属性和社会属性（叶康涛等，2020）。在人工智能背景下，政府会计功能体系将极限提升非量化信息管理获取能力，极大增强传统政府会计契约功能的广度，提升政府科学决策能力与经济社会安全治理能力。

第一，深化非量化信息管理。目前，许多研究限制了对收集数据的关注，并通过推论证明了数据在这种数据驱动的研究中所捕捉到的本质。使用情绪分析可以将数据连接到理论构建的上下文中（Kar，2020），而大多数研究仅直观地展示数据，并不解释如何从数据中识别出决策有用的因素（Lindberg 等，2020）。政府会计信息作为政府向社会公众证明政府社会责任践行的有力依据，分为定量数据和定性信息两部分。在人工智能、大数据时代，会计信息的呈现、获取和使用方式将发生根本变化，非会计信息将成为会计信息的重要补充（徐经长，2019）。人工智能应用使政府会计定量信息更加快捷、精确，进一步满足他律监督机制所需科学信息以及政府实地调研精确计量的需要，然而人工智能无法通过程序度量定性信息尺度，因此需要政府会计强化对政府社会责任践行定性信息的整合能力，进一步丰富政府会计信息内容。人工智能应用能够提高政府横向监督效率，增强社会公众对政府部门的约束力度。通过人工智能提升财政信息的及时性和广泛性，进一步减少政府与公众之间信息不对称现象，如线上交流平台有效增强政府与公众联系紧密度，进而也增加了政府会计契约功能广

延性。

第二，在数智时代背景下，强化对政府会计治理提升政府决策能力要求，必然拓展政府会计契约功能广延性。结合人工智能技术，大幅提升了政府会计信息生成与传输的效率，但具体会计数据披露的内容、形式与流程，都需要在结合政府规制和公众需求的条件下，缜密思考后再作出决策。人工智能使政府会计数据搜寻范围与细化程度提升，虽然可以及时获取更加全面细致的政府会计信息，但同时也对政府会计数据筛选、整合能力提出了更高的要求，政府会计需要针对政府组织的不同情况，决定使用更能有效达到相应目标的会计数据，迫使政府会计信息内容更加细化，信息获取更加迅速。政府与公众之间形成的契约关系本质上是激励与约束，而财政监督需要通过政府会计信息有效实现对政府部门的约束。结合创新投入、技术水平、创新环境和创新产出等评价维度及 15 项具体指标的研发指数，能够有效、综合、直观地反映研发创新水平，有助于横向、纵向比较政府部门的研发水平，能够支持管理者决策、投资者评价以及政府相关管理部门的政策制定，助力推进国策向纵深创新驱动（崔也光等，2020）。嵌入人工智能的政府会计功能体系提供的政府财务信息内容含量可能是传统政府财务信息容量的幂指数倍，由此，在拓展了政府会计功能体系治理的广延性基础上，也提升了政府决策能力。

8.4.2　加深政府会计估值功能，提升数智化财政预算管理效果

在政府财务数智化背景下，会计目标从受托责任逐步转变为决策有用，工作内容给从会计确认、计量、报告转变为价值评估与风险预测。2018 年 9 月，中共中央、国务院正式印发《关于全面实施预算绩效管理的意见》，明确提出加快建成全方位、全过程、全覆盖的预算绩效管理体系，增强政府公信力和执行力，政府会计信息作为财政预算绩效治理重要依据，对于提升政府公共服务质量水平，建立现代化国家治理积极作用不可忽视。

（1）提供前瞻性的政府财务信息，对接各层级政府数智化财政预算制度设计与安排需要

从完善党和国家监督体系的角度，根据习近平总书记关于“以党内监督为主导，推动各类监督有机贯通、相互协调”的论述，从完善党和国家监督体系的角度，深化财会监督相关问题研究（周守华、刘国强，2020）。第一，增强会计信息宏观政策分析前瞻性、时效性，抓住问题主要矛盾和次要矛盾，增强分析政府会计现象穿透性，及时揭示反映政府各部门新情况、新问题。政府机构及公职人员执行预算与使用财政资源合理化是有效提升公众对政府信任的重要途径之一。人工智能与大数据时代，政府会计需要运用更深层次分析能力，在已有行政成本核算的基础上，政府财务会计、政府管理与成本会计将向一体化转型提供政府管理所需的前瞻性的财政预算信息（周曙光、陈志斌，2021）。第二，各层级政府财政预算系统通过人工智能技术，将本层级的财政预算业务整合至符合本层级需要的，融入一个统一的数智化财政预算制度设计与安排的平台中，该平台应包含和贯通本层级政府的财政预算编制与执行、财务核算、绩效管理与考评等财政预算管理和治理的主要业务流程和核心环节，实现政府审计机构可以实时动态监督财政预算编制与执行，而此是对接新时代政府会计准则制订与执行、政府财政预算设计与安排、配合政府税收征管新模式的必然要求，也是满足国家和政府的财政预算数智化管理与治理的宏观政策需要和我国经济社会发展的需求。

（2）加强各层级政府行政成本管控，构建数智化财政预算管理体系

增强政府行政成本管控是节约公共资源、完善绩效评价与满足公共服务的需要，是贯彻落实党中央、国务院上述重大决策部署的必然要求，具有重要和深远的意义。为了贯彻落实党中央关于政府综合财务报告制度、全面实施绩效管理的决策部署，加强政府成本核算工作，财政部于2019年12月17日制定并发布了《事业单位成本核算基本指引》。人工智能在政府

会计中运用将增强政府成本管控，助力推进政府全面预算管理体系的转型升级，同时解放基础重复性会计劳动力。传统成本分配是一个颇具局限性的静态稳定成本分配理论，而供应链成本分配动态稳定性结构是由“组织形态—成员偏好—企业位置—管理控制”四个维度构成，对成本会计的分配理论有借鉴意义（陈良华等，2020）。第一，人工智能加入政府会计工作，可以有效缩短获取公布政府机构财政收支状况会计信息的获取时间，增加政府部门与政府官员行政成本核算的准确度，拓展披露体系内容覆盖面，使披露体系更加全面。政府会计功能体系可以依托大数据信息，使用信息化技术（如大数据分析），并通过横向比较和纵向比较政府各个部门历年的财政收支情况，科学化地合理得出可靠的各项政府预算成本，从源头上预防和阻止政府官员舞弊动机和寻租空间。因此，科学结合人工智能技术将提高政府会计效率，增强政府行政成本管控。第二，社会资本是一种促进社会信任合作的驱动力，可以提升企业创新能力和会计绩效，对政府会计分析能力提出更高层次要求，从而对创新型经济发展产生正面影响（吴超鹏和金溪，2020；沈永建等，2020）。政府会计在获取人工智能政府成本预算数据的前提下，结合国家对各部门的法律法规要求、部门功能以及部门特色，分析设计科学可行的政府预算管理体系，合理使用社会资本，有效降低预算管理成本。

8.4.3　扩展政府会计契约功能，促成数智化政府财政预算绩治

在人工智能背景下，有效运用和发挥政府会计功能，除了要求为政府部门以及管理组织提供财务会计信息，还要对相关信息进行分析与管理，提供有助于国家监督部门预期与未来决策有用信息。财政审计人员通过关联中央财政指标账、国库支付账、部门预决算和财务核算数据，初步形成总体和重点问题分析模型体系，进一步深化了中央一级预算单位审计工作（审计署昆明特派办理论研究会课题组，2020）。

（1）细化各层级政府财政预算透明程度，实现政府数智化财政预算风险预警机制

随着信息化时代到来，财政透明度逐渐细致化，信息传播速度加快，为顺应数字化时代要求需要进一步强化财政风险预警机制。共享经济提供了服务供应商和消费者连接的平台，反馈增强了公民的权能（Arpan and Yogesh，2020）。一是人工智能使财政透明进一步细化。政府会计通过及时准确公布财政行为与财务会计信息定期披露体系实现财政信息透明化。实证检验证明，增加财政透明度有助于提升政府公信力（于文轩，2020），通过数智化财政预算系统或智慧财政平台，能够及时、清晰披露各政府部门每笔负债详细情况，并不断在线更新政府总负债金额，一旦超出财政预算设置安全阈值，通过智慧财政系统可以及时将相关信息发送给财政预算监管机构。相比传统询问、检查以及人工记录的财政风险预警模式，能够实现实时动态的反映、监督与管控机制。因此，在人工智能时代下的政府会计功能作用机制，不仅有效降低了政府官员舞弊动机，提高财政风险预警的及时性、可靠性，更能大幅降低财政运行风险，避免出现因不科学举债引发的财政危机。二是拓展的政府会计功能体系将丰富和扩展财政风险预警机制内涵。“智慧财政”系统结合将有效解决传统财政风险预警不及时的现象，避免政府会计体系监督政府部门行政成本超支与滞后性的工作弊端。有效的预测和可靠的财政风险预警机制有助于降低政府债务风险。政府会计结合自身专业特征，运用人工智能设置可能引起政府财政危机的事项，并对相关预警机制功能升级提供建设性意见。如政府会计使用责权发生制记账基础，可以对政府隐性负债和显性负债进行有效制约，防范政府债务风险。并且对可能引起政府财政危机的财务事项，需要政府会计发挥功能，进一步挖掘相关数据信息，丰富财政风险预警体系，为政府财政预算绩效治理提供保证与保障。

（2）优化政府财政预算绩效考评机制，提高各层级数智化财政预算绩治

对政府会计优化服务绩效考核主要体现在生成采集定量财务数据效

率的提高、披露政府会计报告定性信息维度的加深以及分析财务数据要求的增加三个方面。首先，绩效评估是政府会计本质功能之一，政府组织及其官员依法形成的绩效数据包括定量数据和定性信息两部分，以往政府会计通过定量信息和定性信息为政治绩效评估提供依据，以期对政府在某一期间提供公共产品及服务等进行量化考核，即通过财务数据对政府绩治进行约束与激励。不同层级间的薪酬差距产生的激励效果存在显著差异（张蕊等，2020）。在制定政府官员薪酬结构时，既要保持合理的短期货币薪酬差距，又要推进长期薪酬策略，通过调整长期薪酬与短期薪酬之间的比例，制定合理的薪酬组合策略，充分调动政府官员的工作积极性。其次，人工智能提升绩效数据定量信息核算效率与准确率，人工智能结合政府会计功能体系依据一定核算程序生成财政预算编制和执行数据，但政府会计报告附注中对政府责任信息披露的定性信息需要政府会计进行手工输入。由于在人工智能环境下政府会计劳动力大大增加，因此有更多精力对定性信息进行思考，增加定性信息涵盖维度与层次，人工智能提供更加全面、细致化定量信息的同时，也要求定性信息与之配套。最后，融入人工智能技术的政府会计功能体系可以增加绩效分析内容、升级绩效考评体系。政府会计报告披露的定量数据与定性信息为国家依法对公职人员进行绩效考核提供了依据，是政府财政预算绩治的实现基础。

随着时代发展与人工智能普及，仅滞留在提供简单核算与监督信息的政府会计功能已不能满足政府预算绩效治理机制的需求，嵌入人工智能的政府会计功能体系不可替代，需要在提供政府财务数据基础上，增加结合信息与会计专业知识的数据分析成果，为实现政府绩治提供可理解性的财务依据。科学合理的财政预算绩效考评是有效提升政治绩治的手段，政治绩治是现代化国家治理的重要组成部分，是提升政治信任可靠路径依赖。

8.5 本章小结

在人工智能时代和数智能化治理背景下，使政府会计契约与估值功能向广延性和加成性方向扩展，其功能体系向智能核算、分析、预测、管理与治理等功能跃迁和延伸。在提供政府财务会计信息基础上，强化政府会计分析与预测，管理与治理能力，助力推动政府会计功能体系转型与升级，借助广延性和加成性的政府会计的估值和契约功能，并使之有效发挥和运用，可以精确计算政府行政成本，实现政府行政成本科学管控，从源头上降低财政预算官员风险决策权限，减少有机会主义倾向的官员可能出现的创租与寻租的动机。促成财政预算管理体系升级，科学、精准地推算下一周期财政预算配置结构与规模，高效改善传统财政资源的配置不均衡状况。生成有效的政府财政预算风险预警机制和财政预算的绩效管理机制，防范地方政府举债风险，促进政府会计有效监督，使政府财政预算管理与治理的行政合法化，从而提高政府财政预算绩效治理。

第9章

数智时代会计功能转变的逻辑思路与框架构建*

9.1 引言

数智时代，大数据和人工智能等通过技术赋能，正在变革与推动着各国经济社会发展格局与进程，已成为各国经济增长新动力与新动能，深刻转变全球国家的经济社会发展战略与规划。习近平总书记在中国共产党第十九次全国代表大会的报告中提出“加快建设制造强国，加快发展先进制造业，推动互联网、大数据、人工智能和实体经济深度融合”。近年来，国家相关部门连续出台关于数智技术的相关政策，加快推广数智技术的应用与普及①。IDC 预测，全球 AI 市场规模将在 2025 年增至 2218.7 亿美元，5 年复合增长率（CAGR）约为 26.2%。2025 年，中国约占全球总规模的 8.3%，位列单体国家第二。2019—2020 年，全球发表人工智能领域论文的数量增长了 34.5%。这一数据大幅超出 2018—2019 年

* 本章内容经过修改已发表于 2024 年《会计研究》，第 12 期。

① 《党的十九大报告》《人工智能白皮书（2022 年）》《中共中央关于制定国民经济和社会发展第十四个五年规划和 2035 年远景目标的建议》、财政部《会计改革与发展“十四五”规划纲要》等。

的增长比例19.6%[①]，如在企业层面，提升了700%效率，降低了50%成本，这家企业的财务数字化是如何做到的?[②] 财务数字化可以帮助企业降低管理成本和协同成本，提升企业的经营管理的绩效[③]。企业降本增效离不开"财务数字化"[④] 等。在数智时代背景下，国内外各类型企业顺应时代发展需要，积极自发地进行财务数智化与数字化转型。在政府层面，巴林数字化转型使政府服务成本降低了96%[⑤]。提高政府管理效率，降低政府管理成本[⑥]。推进重大政策、重点项目全生命周期绩效管理，运用成本效益分析等方法开展事前绩效评估，加强分行业核心绩效指标和标准体系建设，创新开展部门整体支出绩效评价[⑦]。2020年，中国在世界范围内的人工智能期刊论文被引用次数首次超过了美国（中国科学院，2022）。人工智能与逻辑学相互促进的交叉研究思路也可以对其他方向的交叉研究产生推动作用（廖备水，2022；王天恩，2022）。人工智能技术是"深不见底"的恢宏存在。大数据、人工智能和互联网等的融合是未来数字经济发展的基石（陈晓红等，2022；程文，2021；何大安，2021；Wu等，2019）。人工智能作为人类文明向智能社会迈进的创新"加速器"，必将成为新一轮经济增长的引擎（胡登峰等，2022；姜李丹、薛澜，2022；2021）。

在数智化时代背景下，未能融合与运用数智技术的传统会计功能体系

① IDC：预计2025年中国人工智能市场总规模将超184亿美元，智通财经网，[EB/OL]. https：//www. 163. com/dy/article/H26DPFBV05198UNI. html 2022 - 03 - 11.

② 动力源：提升700%效率，降低50%成本，这家企业的财务数字化是如何做到的？[EB/OL]. http：//www. yfdee. com/articles/News - 601. html 2022 - 04 - 15.

③ 海螺集团：财务数字化可以帮助企业降低管理成本和协同成本，提升企业的经营管理的绩效 [EB/OL]. http：//weixinwangluo. cn/? hangye/1611. html 2023 - 05 - 05.

④ 海德国际物流：企业降本增效离不开"财务数字化" [EB/OL]. http：//www. ycbg. com/cases - detail. html?id = 149.

⑤ 巴林数字化转型使政府服务成本降低了96% [EB/OL]. http：//bh. mofcom. gov. cn/article/jmxw/202302/20230203393838. shtml.

⑥ 贵州省财政厅策划建立"数字财政"管理系统，推动财政数据的数字化转型 [EB/OL]. https：//www. duoyoumi. com/cszt/6302. html2023 - 06 - 05.

⑦ 财政部出台《关于支持深圳探索创新财政政策体系与管理体制的实施意见》扎实推进财政信息化建设，运用CIM技术拓宽智能化应用场景 [EB/OL]. https：//chinacim. vip/newsinfo/4697157. html2022 - 11 - 03.

已暴露出了功能配置缺失与不足等一系列缺陷，在会计功能体系中嵌入数智技术，实现会计功能体系的升级与拓展是现阶段数智化会计治理模式亟须研究的课题之一，数智技术运用与推广等对会计功能体系产生了深远影响。在数智时代，应打破传统会计功能范式的羁绊，以多元化需求为导向，以数智技术为支持，变革固有的会计功能逻辑，推动会计治理现代化。会计功能数智化是对会计理论研究的拓展与延伸，需要对其理论与实践进行深入分析与研究。以支持数智时代背景下的会计理论体系不断丰富与完善，推进未来会计功能体系适应数智时代的企业管理与政府治理实践的需要和发展。然而，在数智时代，会计功能跃迁的作用机理为何？如何进一步完善数智会计功能体系？升级会计功能体系对政府财政预算和企业绩效的数智化治理能力，提升政府公共产权与企业产权价值创造，充分释放数智经济潜能，是未来一段时期会计理论与实践领域迫切需要研究的问题。

本书内容安排主要如下：第 2 部分对会计功能与数智技术的结合应用现状进行数据分析与文献回溯；第 3 部分归纳总结数智时代会计功能跃迁的机理；第 4 部分从政府和企业财务战术和战略管理两个角度分析，数智时代情境下会计功能转变的逻辑进路与框架体系的构建；最后部分对全章进行总结。

9.2 数据分析与文献综述

9.2.1 数据统计与分析

(1) 大数据与人工智能技术等经济产值数据分析

近年来，我国的大数据、人工智能技术和云计算等技术发展迅猛，经济产值逐年攀升，且上升速度仍在不断提升，市场规模也在迅速扩大与壮

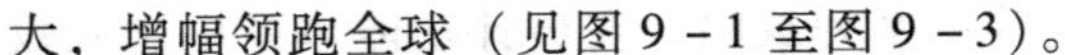
大，增幅领跑全球（见图9－1至图9－3）。

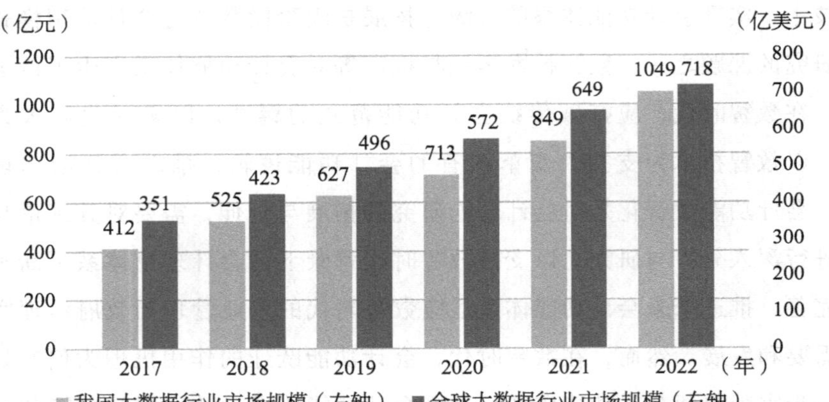

图9－1　我国大数据行业市场与全球大数据行业市场规模比较图①

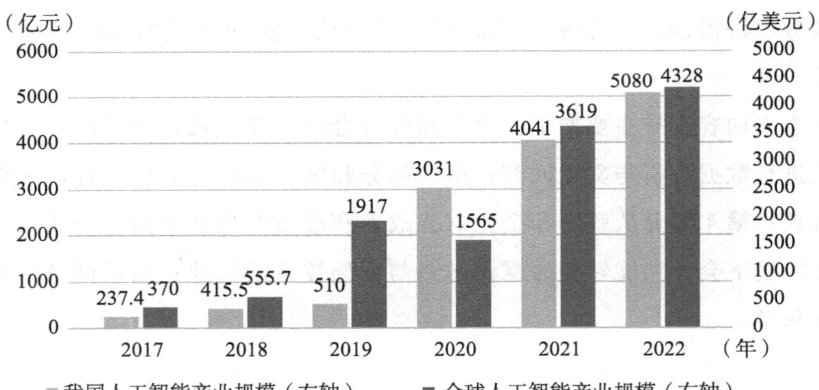

图9－2　我国人工智能产业规模与全球人工智能产业规模比较图②

---

① https：//bg. qianzhan. com/report/detail/300/191009 - e360fe5d. html.

https：//baijiahao. baidu. com/s?id = 1656129733311226534&wfr = spider&for = pc. 报告称全球人工智能核心产业规模近3年有望破万亿元_新浪财经_新浪网. http：//finance. sina. com. cn/chanjing/cyxw/2021 - 09 - 28/doc - iktzscyx6796423. shtml.《中国互联网发展报告（2021）》.

http：//tradeinservices. mofcom. gov. cn/article/lingyu/jsmyi/202107/117921. html.

https：//new. qq. com/rain/a/20210420A02DYN00.

② https：//www. qianzhan. com/analyst/detail/220/210223 - 14308168. html.

http：//www. ce. cn/xwzx/gnsz/gdxw/202008/27/t20200827_35616487. shtml.

《中国互联网发展报告（2021）》. http：//tradeinservices. mofcom. gov. cn/article/lingyu/jsmyi/202107/117921. html.

http：//finance. people. com. cn/n1/2022/0705/c1004 - 32466919. htmlhttp：//finance. people. com. cn/n1/2022/0705/c1004 - 32466919. html.

图 9 - 3 我国云计算市场规模与全球云计算市场规模比较图①

（2）理论研究数据分析

在新中国成立之后，我国的大数据与人工智能研究主要是智能制造、机器学习、智能经济、第四次工业革命等。近些年来与会计领域关联度较高的主题主要集中在云计算、数字经济、区块链等领域，各主题词之间存在着密切关联。借助中国知网（CNKI），以大数据与人工智能为主题词且检索范围限于经济与管理大类中的文献，包括以“人工智能 + 大数据”为主题词检索得到 1949—1978 年 1 篇文献，1979—2022 年 101571 篇文献。其中，1979—2022 年大数据与人工智能研究的文献相对较为丰裕，在 2014 年之后文献数量迅速上升，文章内容尤为丰富，同时论文质量也快速提升。基于此，我们借助可视化的大数据分析等软件对文献中所反映的大数据与人工智能理论研究轨迹进行了统计分析，并剔除以下文献：①课程与试题类文献；②会议综述类文献；③缺失与主题不相关的文献；④重复类文献等。1979—2022 年在经济与管理类领域以“大数据 + 人工智能”为第一关键词前 30 名关键词见图 9 - 4。

---

① http：//finance. cnr. cn/2014jingji/djbd/20210713/t20210713_525533292. shtml.
http：//tradeinservices. mofcom. gov. cn/article/lingyu/jsmyi/202107/117921. html.
https：//cloud. ofweek. com/news/2021 - 08/ART - 178800 - 8420 - 30519116. html《云计算白皮书（2022）》. http：//www. caict. ac. cn/kxyj/qwfb/bps/202207/P020220721643085625934. pdf.
https：//www. seccw. com/Document/detail/id/20554. html.

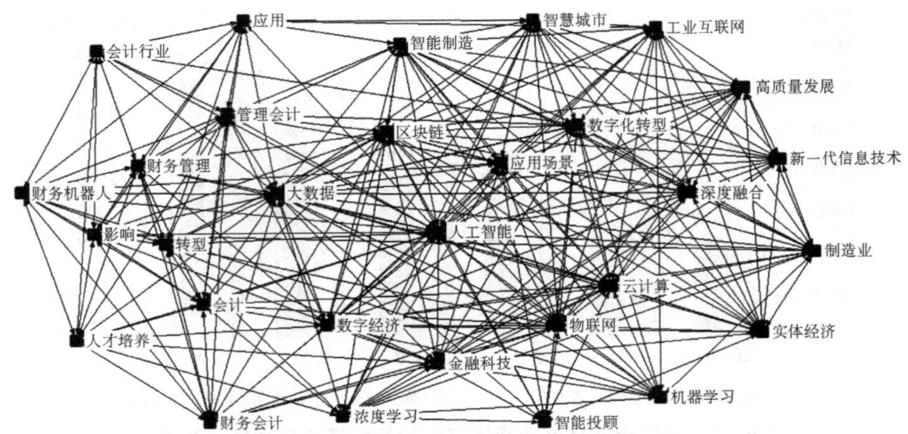

图 9－4　1979—2022 年在经济与管理类领域以“大数据＋人工智能”为第一关键词前 30 名关键词

图 9－5 展示了 1979—2022 年以“人工智能＋大数据”为第一关键词在经济与管理科学领域 C 刊发表的文章 2549 篇中排名前 30 词频图。

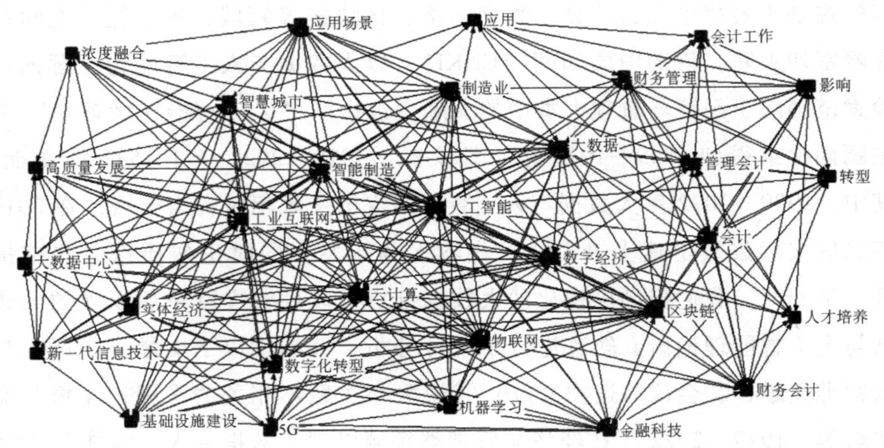

图 9－2　2019—2022 年在经济与管理类领域以“人工智能＋大数据”为第一关键词前 30 名关键词

在图 9－4、图 9－5 基础上进一步统计了 1979—2022 年大数据与人工智能在经济与管理科学研究领域中，C 刊刊发的文章中前 10 名热点关键词在不同阶段出现的频率，结果如表 9－1 所示。

表 9－1　1979—2022 年以数智技术应用在财务会计领域研究的前 10 名热点关键词

前 10 名热点主题的词频统计						
	总计	1979—1988 年	1989—1998 年	1999—2008 年	2008—2009 年	2009—2022 年
大数据	956	0	0	0	0	956
数字经济	563	0	0	0	0	563
金融科技	554	0	0	0	0	554
管理会计	538	0	0	0	0	538
财务会计	387	0	0	0	0	387
机器人	302	0	0	0	0	302
区块链	277	0	0	0	0	277
转型	258	0	0	0	0	258
人才培养	237	0	0	0	0	237
智能化	235	0	0	0	0	235

表 9－1 展示了现阶段我国数智技术应用于财务会计领域研究热点。首先，从数智技术在经济管理领域应用研究与理论研究展开分析，尤其针对数智技术在财务会计实践与理论研究的高频领域进行聚焦分析。其次，大数据与人工智能相关研究呈现突变式爆发演进，在 2009 年之前未出现相关热点关键词，近十年爆发式增长，激增了学者们的研究兴趣，产生了一系列相关热点研究成果。这种变化与第四次工业技术革命的到来紧密相关。数智技术相关研究文献在时间维度上的分布情况如图 9－6 所示。

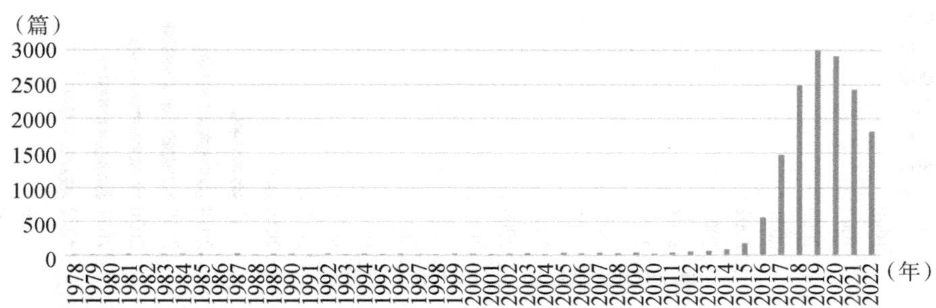

图 9－6　数智技术相关研究在经济与管理类领域文献年份分布图（1978—2022 年）

从新中国成立后到1978年党的十一届三中全会之前，这一阶段出现了第一篇人工智能领域的相关研究。这对中国第四次工业革命的相关研究发展具有里程碑式的历史性意义，它标志着大数据与人工智能领域相关研究的起步与兴起。

从发文数量上看，首先，总的来说，新中国成立为数智技术相关领域研究奠定了环境与经济基础，图9－6显示了改革开放以来（1978—2013年）这个阶段，大数据与人工智能相关领域文献的发文情况，可以看出改革开放后实现了从无到有的质性飞跃，但在随后相当长一段时间内并未引起相关学者关注，可以看到在改革开放后的30年数智技术相关研究发展趋缓，限于当时科学技术与经济发展的制约，到了近10年数智技术在经济管理类理论与应用研究，发生了明显增长，2014—2019年随着大数据与人工智能与日常生产活动不断交汇融合，大数据与人工智能相关文献发文量呈现爆发式增长，2019年相关研究发文量达到阶段性峰值。

从文献质量上看，首先，图9－7显示2014年以前研究大数据与人工智能的相关文献较少；其次，近5年大数据与人工智能研究文献数量较多，并且C刊文章的占比显著高于非C刊文章，但通过对比近5年C刊与非C刊差值情况，可以发现差值呈现逐年递增趋势，表明C刊对大数据与人工智能领域文章的重视程度也在逐年增加。因此，结合当前及未来很长一段时间内，处于科学技术前沿的数智技术，可以预见将在财务会计理论研究与实践应用领域也将呈快速增长趋势。

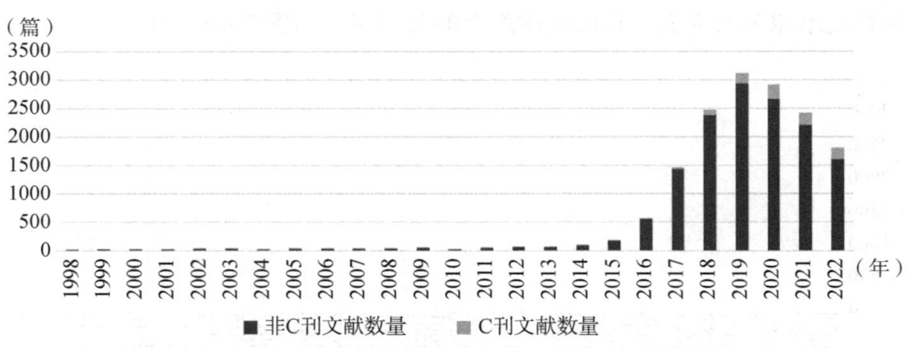

图9－7 人工智能相关研究在经济与管理类领域（1998—2022年）在CSSCI期刊与非CSSCI期刊分布图

9.2.2 文献回溯

近年来，有众多文献就大数据和人工智能等技术发展与应用对经济与社会产生的积极经济效果展开了研究。主要从数智技术转变国家宏观经济政策与顶层设计、改变与调整产业结构与行业布局，提升微观治理与管理机制等进行了探讨。关于数智技术变化国家宏观经济政策与顶层设计，相关文献主要从高质量发展阶段、国际竞争、国家战略与未来规划等几个方面进行了分析。“数字中国”的发展大概可分为萌芽起步、地方探索、国家战略 3 个发展阶段（黄欣荣、潘欧文，2021）。新时代社会主要矛盾提供了千载难逢的历史机遇。因此，新时代应充分利用人工智能对经济、政治、文化、社会、生态等方面的强大渗透力和“头雁”驱动作用，助推科技革命和产业转型，推动经济社会“双循环”高质量发展（王永章，2021）。习近平总书记在中共中央政治局第九次集体学习时强调：加快发展新一代人工智能不仅“事关我国能否抓住新一轮科技革命和产业变革机遇的战略问题”，而且是“我们赢得全球科技竞争主动权的重要战略抓手”，更是“推动我国科技跨越发展、产业优化升级、生产力整体跃升的重要战略资源”。在推动经济高质量发展的过程中，人工智能产业的高质量，可以为中国经济发展添薪续力（李紫娟，2021）。人工智能使我国经济于 2066 年达到奇点状态，智能资本随技术发展单调递增，经济在智能资本不断投入下即可达到持续稳定增长（肖涵、葛伟，2021）。习近平总书记在党的十九大报告中指出：“我国经济已由高速增长阶段转向高质量发展阶段，正处在转变发展方式、优化经济结构、转换增长动力的攻关期。”迫切需要新一代人工智能等重大创新添薪续力（程文，2021）。要推进人工智能和产业发展融合，为高质量发展提供新动能（郭朝先、方澳，2021）。随着 SG、大数据中心、人工智能和工业互联网等新型基础设施建设的蓬勃发展，中国正在进入数字化转型期。在万物智联时代，数据源源不断产生并自主汇聚至纷繁复杂的智能应用参与主体数据作为新的生产力要素，正在作用于社会系统的各个领域，在改变治理手段与生产关系的同时，也改变着传统的商业规则与经济运行形态。因此，数据资源已成为极为重要的国家基础性资源：作为数字经济时代的新财富，其经济价值堪比石油，而作为新资源，其战略价值比肩武器。数字经济已上升为国家战略，数字经济领域有关问题正在成为管理与经济研究前沿，现实重要，意义深远（陈收等，2021）。习近平总书记指出："新一代人工智能正在全球范围内蓬勃兴起，为经济社会发展注入了新动能，正在深刻改变人们的生产生活方式"，将人工智能看作是经济建设、科技变革和社会发展的战略性选择。人工智能具有溢出带动性很强的"头雁"效应，在经济发展、生产制造、公共服务、社会治理和改善民生等方面优势显著，习近平总书记对此强调："要推动互联网、大数据、人工智能和实体经济深度融合，加快制造业、农业、服务业数字化、网络化、智能化"。可以看出，细致分析人工智能的现实境遇、发展特点和有利优势，并将其与产业变革、公共治理、民生服务等实践领域进行紧密联系是习近平总书记关于人工智能重要论述的内在特质（赵耀，2021；费艳颖，刘彩薇，2021）。人工智能技术是深不见底的恢宏存在。数字经济的未来发展趋势所驱动的厂商市场行为努力，将定格在不断提升人工智能手段的技术层面上（何大安，2021）。人工智能赋能国家治理的实践中需加快人工智能赋能国家治理的数据治理大脑建设，利用数据治理大脑建设数字化、智能化的治理中心，加速数字中国建设。主要可以从以下 4 个方面着手：加快治理内容的数字化采集；研发定制化的人工智能算法；构建智能化的数据治理大脑；建立人机协同的治理机制（许勇、黄福寿，2022）。人工智能作为人类文明向智能社会迈进的创新"加速器"，正在对人类经济生活方式与社会结构转型产生重大而深远的影响（姜李丹、薛澜，2022）。

人工智能整体呈上升趋势，但增速并不稳定，人工智能在各经济体间的差距正逐步扩大。中国目前在人工智能领域已基本达到世界先进水平，发展潜力巨大，为实现"弯道超车"追赶发达国家提供了可能（顾国达、马文景，2021）。日本政府设立了专门的制度体系对人工智能的发展进行顶层设计，并且出台了一系列相关政策以促进人工智能的技术发展和社会应用。人工智能巨大的经济潜力吸引着日本企业对人工智能技术的研发和引入，日本政府的政策号召则进一步促进人工智能在企业界的推广。在新冠疫情的影响下，更多的日本企业引入人工智能技术应对疫情的冲击（张鹏飞，2021）。中国作为未来数字经济和人工智能的领导者，应当在数据使用和保护的政策法规上进行前瞻性研究，探索确立数据治理的中国原则、制度与框架，形成数据治理的中国方案，建立和完善国家数据治理体系（梁正、吴培熠，2021）。

当前，人工智能已成为引领未来的战略性技术，是各国力争在新一轮国际科技竞争中掌握主导权的着力点（吕荣杰、郝力晓，2021）。随着人工智能的快速发展，各国政府高度关注人工智能的产业发展，将人工智能战略规划上升至国家层面，以期抢占新一轮科技革命和产业变革的制高点（孙慧敏等，2021）。人工智能正在深刻影响着当前各国经济社会发展，各国政府、研究机构和国内外学者都给予高度关注。2020 年 7 月国家标准化管理委员会、中央网络安全和信息化委员会办公室、国家发展和改革委员会、科学技术部、工业和信息化部 5 部门联合印发《国家新一代人工智能标准体系建设指南》，提出到 2023 年初步建立人工智能标准体系，为人工智能发展明确了方向（陈凤仙，2022）。中国应在国际社会，特别是联合国框架内提出并倡导数字时代的共同发展观，并从全球治理的角度，主动提出数字治理的中国方案，破解“数字威权主义”论给中国带来的危害（刘国柱，2022）。人工智能的性质使它不仅只影响某个国家，而是会影响所有国家，因此仅适用于某个国家或地区的本地化解决方案从长远来看不太可能有效，国际统一规范将更加有助于人工智能监管的实施（答凯艳，2022）。

未来，我国还需继续推动政府数字化转型，使之与生产和生活的数字化转型相匹配。受技术、资金、人才等多方面的限制，数字化转型存在产业间、地区间不平衡的问题。坚定发展核心技术，捍卫我国数字主权。推动数字化转型（丁纯，2021）。人工智能在数字治理实践中面临数据搜集、算法黑箱、侵犯隐私权以及非国家行为体滥用等挑战。为构建后疫情时代的数字治理框架，需要加强信息基础设施建设，塑造数字治理的国际规范，发展数字经济，建立纠错机制，规避人工智能应用中的风险（高望来，2021）。我国人工智能技术产业的发展尚处于对西方技术的追随与赶超阶段，而最新的理论与实践证明，“整合式创新”范式往往能为后发者提供弯道超车的机会。人工智能技术是新一代产业变革的重要推动力，各个传统行业都应积极探索人工智能技术的深度应用。参照“多快好省”的原则建设我国人工智能开放创新平台，实现人工智能与实体经济的整合式创新（陈劲，2021）。

关于改变与调整产业结构和行业布局，相关文献主要从要素与资源配置，转变就业结构与降低社会交易成本，提升智能制造与绿色发展，升级与优化产业结构，满足供给侧结构性改革需求等几个方面进行了考查。新经济背景下生产体系在要素市场、创新路径以及厂商行为方面发生了一系列新的变化，这些变化表现在新经济背景下劳动者既是劳动力同时又是信息资本的拥有者，信息成为新的生产要素，创新路径日益开放，厂商更加重视对消费者隐性信息的挖掘。新经济背景下我国生产体系面临的突出问题在于生产体系中资源浪费和产能过剩现象突出，“数字鸿沟”下生产体系的群体差异和区域差异呈现扩大态势，生产体系中劳动力要素明显分化。新经济推动生产体系变化下供给侧结构性改革的路径和政策，是在供给侧结构性改革中处理好政府与市场的关系，以创新驱动实现供给与需求的对接，大力发展人工智能和数字经济等新产业，实现供给侧结构性改革与宏观经济政策间的协调运作（任保平、张越，2021）。机理分析表明，智能化通过提高人力资本水平以及创造新业态促进产业结构高度化，通过合理配置资源、技术融合促进产业结构合理化。实证结果显示，智能化对产业结构高度化和合理化均有正向影响，显著促进了产业结构升级，并且我国东部地区智能化发展对产业结构转型升级的影响大于中西部地区（刘军、陈嘉钦，2021）。中国经济也正由高速增长阶段转向高质量发展阶段，这要求传统的交通基础设施投资逐步转向 SG、人工智能、工业互联网和物联网等领域的新兴基础设施投资。新兴基础设施能有效降低人工智能技术在各行业实施应用的成本，从而加快人工智能技术在下游生产与应用市场的扩散，有效促进劳动生产率提升，推动传统产业向智能化产业转型升级，催生新的经济增长点，为高质量发展提供新动能（程文，2021）。绿色全要素生产率具有显著正向作用，尤其是在经济相对发达地区，数字经济对制造业高质量发展的驱动效应更强，人力资本和创业活动均对数字经济提升制造业绿色全要素生产率具有显著正向强化效应，即数字经济能够通过扩大人力资本积累和激发创业活力驱动制造业高质量发展。各地区发展在加快推动数字经济与制造业实现深度融合的过程中，应高度重视积累人力资本和激活创业生态，进一步优化产业结构，从而为数字经济赋能制造业高质量发展提供有利条件（惠宁、杨昕，2022）。受到人工智能技术冲击后，发展中国家不仅更加难以在全球价值链上游阶段实现升级，甚至在其原本具有全球价值链分工比较优势的下游阶段也受到发达国家产业回流的不利冲击，但发展中国家仍然可以通过创新激励政策鼓励创新资本投资，并通过专业化技术培训促进劳动与智能化技术适配，抢抓人工智能技术发展的历史机遇，提高经济发展的韧性（何宇等，2021）。

当下，新一代数字技术快速发展，经济形态由传统农业经济、工业经济走向数字经济，此时数据作为新的生产要素对资源配置效率产生巨大影响，大量新职业不断涌现。数据驱动全球社会分工进一步深化，超级细化分工模式正逐渐成为现实。新产业、新业态、新商业模式作为新生力量，促使社会生产力极大提升，明显提高了市场交易效率，为经济发展注入新的活力（戚聿东等，2021）。数字经济以数据要素的深度挖掘与使用为核心，在产品层面，推动制造业生产的定制化、多样化，提高供需匹配效率；在技术层面，推动制造业生产的智能化、网络化，提高全要素生产率；在组织层面，推动制造业生产的协同化、柔性化，提高组织运行效率。在数字经济大发展的时代背景下，政府应进一步完善政策制度环境，加强数字基础设施建设，充分释放数字经济潜能；制造业企业应主动运用数字技术，加快数字化转型，提高市场竞争力，共同推动我国制造业高质量发展（史宇鹏，2021）。人工智能具备通用技术的诸多特征，使其很有可能成为新一轮科技革命和产业变革的助推器，从而开启新一轮经济长波，人工智能作为一项通用技术必将成为新一轮经济增长的引擎。中国正处于迈向高质量发展的关键时期，在人工智能技术方面能否取得领先地位，直接关乎中国技术经济赶超目标的实现（张海丰、沈天洋，2021）。

数字产业具有先导性、战略性与不确定性，是高渗透和技术密集型产业。数字产业未来规模将不断扩大，并呈现关键共性技术、数据集成、数字平台促使数字产业释放融合创新活力的特点（王俊豪、周晟佳，2021）。经过多年的发展，我国在智能制造装备、工业软件技术水平和市场竞争力上仍存在劣势。机器人产量和集群方面在“十三五”期间已达成目标，但核心零部件和稳定性方面的缺陷仍未解决。国产工业软件技术较为薄弱，市场基本被国外垄断，在研发设计、核心技术和商业化程度上差距明显。建议从政策精准扶持、鼓励头部企业推行自研加并购、深化产业集群效应、培养复合尖端人才等角度综合提升供给能力（钱海章等，2022）。机制检验表明，工业智能化主要通过调整要素配置结构和提升生产率方式重塑企业的地理格局；在智能化环境中，企业的地理格局往往由大规模企业主导，工业智能化可能会使企业“强者越强，弱者越弱”，即形成规模效应；智能企业空间分布演变有别于传统梯度转移或“雁阵”模式，呈现向京津冀和长三角城市群迁移的特征，在更高的人力资本水平以及市场化程度环境中，工业智能化的经济地理格局重塑效应更为显著（王林辉等，2022）。推进人工智能的应用有助于提升员工收入水平，促进企业初次分配环节共同富裕目标的导向。收入效应在行业与区域层面存在异质性，其中东部地区、高端制造业企业的影响系数最大（罗润东、郭怡笛，2022）。随着人工智能的发展，替代—创新效应会逐渐增强，以税收为代表的政府调控通过不同的作用载体对替代—创新效应产生的影响不同，存在“门槛效应”（魏巍，2022）。

推动人工智能时代生产关系的现代化治理需要科学构建人工智能时代生产关系的治理范式，塑造“人机协同”生态，创造和谐的劳动关系，使其适应生产力发展的需要，以实现劳动者受益于科技进步、科技造福人类的目标愿景（孙璇，2022）。人工智能对经济高质量发展存在非线性影响，能有效缓解老龄化对经济高质量发展的不利影响，且该缓解效应存在区域差异，东部和西部区域显著，中部区域不显著（李翠妮等，2022）。人工智能通过技术赋能，推动企业和产业集群柔性变革，打造高质量供给体系，促进生产变革；通过价值赋能，为全行业带来持续的技术红利，增加社会总财富，并通过改变就业形态和形成赢家通吃市场等方式，分化分配格局；通过交易赋能，降低交易成本，扩大交易范围，优化交换方式；通过产品赋能，提高生产性消费，拓宽生活性消费，激发消费活力。人工智能将深刻地改变生产、分配、交换、消费等各个环节，加快经济循环（胡安俊，2022）。人工智能技术应用对中国制造业企业全球价值链攀升整体具有显著的正向作用，从行业上看，人工智能技术应用对高技术和低技术行业全球价值链位置攀升具有明显的促进效应，且高技术行业效应更为明显，对中技术行业的促进作用不显著。围绕人工智能驱动制造业价值链攀升，应从不同技术层次出发，对高、中、低技术企业采取分类分梯次渐进式策略（郑琼洁、王高凤，2022）。2013—2019 年我国数字经济发展水平整体呈现稳中有进的趋势，年均增速为 11.8%。尽管数字经济发展先行区主要位于东部沿海地区，但近年来西部地区各省份年均增速较高，已形成“东部领跑，西部追赶”的空间分异格局（沈洋等，2022）。

人工智能可以通过替代劳动、人机融合和人工智能产业链的扩展直接促进经济增长；人工智能可以通过提升人力资本水平，提高技术创新效率、市场效率和政府治理能力间接促进经济增长；加强人工智能基础设施建设有助于促进经济增长；加强人工智能人才的培养有助于促进经济增长（程承坪、陈志，2021）。人工智能发展会促进经济增长，但同时也会加剧收入不平等等问题。（董志强、黄旭，2021）。中国人工智能的应用可通过就业替代效应、就业创造效应、资本积累效应、生产率效应的综合作用缓解人口老龄化压力，其实现路径包括：鼓励企业研发创新，解决人工智能发展的技术难题；提高居民储蓄率，为人工智能发展提供资本积累；加大教育投入力度，提升高技能劳动力占比；做好失业保障及收入再分配，防范人工智能对劳动力市场的冲击（蔡宏波、韩金镕，2021）。人工智能可以通过 4 种途径促进经济发展。一是人工智能替代劳动，扩大劳动内涵，增加劳动供给，丰富劳动财富；人工智能赋能劳动者，提高劳动生产率。二是人工智能赋能三大产业，提高生产效率。三是人工智能创造消费者剩余，提高社会福利。四是人工智能赋能政府，弥补政府失灵，提高政府效率，进而矫正市场失灵，提高经济效率（程承坪，2021）。

当今人工智能技术的计算能力和算法精度都呈几何级数增长，资本会促逼人工智能商业落地（张乐、童星，2021）。人工智能劳动力与劳动力有异同，它们之间可以形成三种劳动关系：竞争关系、互补关系和独立关系。科学地分工协调人工智能劳动力与劳动力之间的劳动关系，有助于增加劳动投入，提高劳动生产率。此外，人工智能劳动力还具有升级产业结构、降低交易成本的积极作用，因而它可以有效地促进经济发展（程承坪，2021）。机器人应用显著降低了劳动力就业需求，在中国人口跨区域流动背景下，这种效应具有明显的空间外溢性，机器人应用引起的劳动力就业需求下降效应具有显著的结构性特征，这种效应在中、低技能群体中更为明显；人工智能对劳动力就业结构的影响效果存在显著的区域性差异（张美莎等，2021）。一方面，人工智能会替代部分劳动，降低劳动力就业水平，减少劳动报酬；另一方面，人工智能也能够创造新的工作岗位，提高劳动力需求，增加劳动者收入。人工智能的影响在不同技能水平、不同行业、不同区域的人群中存在差异（王军、常红，2021）。人工智能在短期内不利于劳动收入份额的提升，并且这种抑制作用在第一产业中表现得尤为明显。在改变估计方法、替换关键变量、调整控制变量后这一结果依然稳健。中介机制检验结果进一步表明，人工智能会通过就业技能结构高级化、技能收入差距扩大化两个渠道降低劳动收入份额。异质性检验结果显示人工智能对西部地区、非技术密集区以及高劳动收入份额地区的抑制作用更大（钞小静、周文慧，2021）。

在经济和社会信息化、智能化过程中，智能系统的“类人智能”和劳动能力日益增强，正在取代人类承担越来越多的劳动任务和劳动职责（孙伟平，2021）。从短期来看，工业机器人应用对制造业就业数量和工资水平均存在负向冲击，工业机器人渗透度每增加 1 个单位，就业人员总量减少 0.391%、劳动者工资降低 0.163%。现阶段机器人应用对就业的影响更多表现为替代效应，且对其上游、下游产业存在负向的溢出效应。从中长期来看，机器人应用对制造业就业数量会产生正向影响，而对其平均工资水平仍然会造成负面冲击，长期的就业影响更多地表现为创造效应。异质性分析发现，经济越发达、机器人渗透度越高、技术水平越高的地区其就业替代效应越显著（王晓娟等，2022）。第一，全国样本中，人工智能显著负向影响人工成本，老龄化抑制了人工智能对人工成本的影响，该影响主要源于西部内陆省份，且在西北地区省份中，人工智能和老龄化的增长均能有效降低人工成本；第二，目前老龄化对人工智能影响人工成本的抑制作用最大的省市有辽宁省、重庆市、湖南省、江苏省、山东省、四川省和上海市；第三，当三大产业增加值低于平均值时，人工智能显著降低了人工成本，且当第三产业增加值低于平均值时，老龄化会抑制人工智能对人工成本的影响（朱琪等，2022）。人工智能对就业技能结构的影响从两个阶段展开：人工智能发展初级阶段，就业技能结构呈升级特征，人工智能发展成熟阶段，就业技能结构呈极化特征；且人工智能发展水平不同，对就业技能结构的影响不同，人工智能发展高水平地区，就业创造效应大于替代效应，实现就业技能结构的转型比较容易，人工智能发展低水平地区，就业替代效应大于创造效应，实现就业技能结构的转型比较困难。在全国范围内，人工智能对就业技能结构的影响特征还不太明显（韩君等，2022）。

关于提升微观管理和治理机制，现有文献提出了创新政府与企业管理体系、变革治理范式、改变产权运作形式与生产模式、提高管理效率与降低管理成本等几种方式。数据智能化是指企业借助互联网和运用人工智能技术来搜集、加工和处理大数据，并通过对大数据的匹配来安排投资经营（何大安，2021；Ferreira 等，2019）。人工智能时代需要新的创新模式，这就是公义创新模式，公义创新是熊彼特创新的升级，从现行管理体系，升级为适应公义创新的管理体系（陈小平，2021）。在数字经济时代，各类型数字化平台企业不断涌现，有效整合线上与线下资源，出现了诸多新型的商业模式，形成了平台经济（Hukal 等，2020；杨晓光等，2022）。推动人工智能时代生产关系的现代化治理需要科学构建人工智能时代生产关系的治理范式，塑造“人机协同”生态（Baryannis 等，2019；孙璇，2022；许勇、黄福寿，2022）。数智技术与数智经济改变了产权的运作形式，公有产权与私有产权运行与使用可以实现更大价值，数据共享几乎不存在外部性问题（陈晓红等，2022；章贵桥等，2022）。企业数字技术的运用，使其可以大规模提供精准快捷服务和产品，形成高效的生产模式（Barykin 等，2021；Mak et al.，2020）。数字技术推动企业组织结构趋于网络化、扁平化，企业管理与决策效率显著提升（陈国青等，2020；戚聿东和肖旭，2020；Singhal 等，2018）。借助数智技术、自动化行政显著减轻了行政机关的工作任务和降低了人力成本，克服了人为的恣意和偏私行为，有效提升了行政管理与服务的效率和效果（戚莹、高文英，2022；朱琪等，2022）。

为进一步调动人工智能企业创新创业的积极性，优化地区经济结构，实现高质量发展，应给予更多的创新创业扶持政策和融资便利，鼓励企业家从事高质量的创新创业活动。通过加强官产学研合作，加快人工智能技术的产业化的进程，并通过全方位优化区域创新系统，提供良好的营商环境，为经济的高质量发展提供有效的制度保障（程文，2021）。大数据、互联网和人工智能等的融合是未来数字经济发展的基石。数据时代的数据智能化对于企业投资经营程序、机理和过程有新要求和新规定，网络协同化已呈现出企业与企业以及企业与消费者之间交易的崭新格局；企业运用人工智能技术破解“算法”进行产供销，对微观经济活动和宏观经济活动都有着很大影响。数据智能化是指企业借助互联网和运用人工智能技术来搜集、加工和处理大数据，并通过对大数据的匹配来安排投资经营。挖掘、搜集、储存、整合、分类、加工和处理大数据的能力（何大安，2021）。生产自动化能够实现对一些高强度、高难度的持续劳动进行替代，而人工智能之所以引起人们对就业前景强烈担忧的原因在于其能够实现对人类脑力工作、创造性活动的替代。作为一项颠覆性技术，人工智能还将对经济体系中的潜在关联产业产生重要驱动作用，即产生“活化效应”，带来创造性的增长（郭朝先、方澳，2021）。数字经济时代，传统税收管理在数据的采集、分析、挖掘及共享方面缺乏动力，税收风险管理效率不高，纳税服务供给不足。人工智能技术的飞速发展为税收管理的数字化转型提供了新机遇，在提升税收数据智能化管理与应用、促进信息有效共享、提升税收风险管理质效、提升纳税服务水平等方面助力税收管理的数字化转型（倪娟等，2021）。推动治理模式从粗放式管理向精准治理转变；

从传统经验型决策向数据驱动型决策转变；从单纯的政府监管向更加注重社会协同治理转变，对加快形成科学化、精细化、智能化的现代化治理能力具有重要意义。通过数字技术与实体经济深度融合加速重构经济发展与治理模式的新型经济形态，充分把握数字技术带来的发展机遇，做大做强数字经济，有利于推进产业基础高级化、产业链现代化，实现质量变革、效率变革、动力变革，是构建新发展格局的战略选择、关键支撑（辛勇飞，2021）。

特别需要指出的是，也有文献从升级会计计量与确认技术、会计功能再造与智能模式转变、降低会计核算成本、实现业财融合、完善信息披露等视角提出了演进的数智化会计功能在政府与企业产权治理中的作用。人工智能与大数据时代的会计确认、计量、记录与报告等账务处理技术将趋于智能化，快捷且精确，助力会计及时决策功能，加强会计资源配置功能，增强会计智能监督功能等。随着人工智能的发展及应用，智能会计系统可以进行实时核算并生成有效信息，有助于利益相关者作出决策（Arpan and Yogesh，2020；Bertsimas 等，2019；彭珍珍等，2020；Schmidt and Wagner，2019）。数智时代，会计功能将实现功能再造与跃迁，由“电算化会计模式”向“智能会计模式”转变（丁胜红，2019；章贵桥等；2021；周俊亭等，2020）。随着人工智能的发展，会计核算工作对象由纸质材料向无纸化电子资料转移，降低了会计人员的人力成本和会计资料成本，未来日本55%的职业，美国47%的工作岗位有可能被计算机替代，导致政府机构和企业部门人员将大量被裁减（Agrawal 等，2019；David 等，2017；Frey and Osborne，2017）。会计反映方式通过使用 RPA 技术（Robotic Process Automation），管理人用不到半小时完成过去需要花数天或甚至数周才能完成的事务，且其工作质量保持在零错误，有效降低会计核算与监督成本（傅元略，2019；曹治、陈立兵，2022）。在人工智能时代，会计工作将向业财融合的方向发展，会计信息的呈现、获取和使用方式将发生根本变化，需要有力的信息监督系统来保障业财融合的顺利实施（Brynjolfsson 等，2018；徐经长，2019；徐晨阳等，2017）。探索适合人工智能时代的会计信息披露制度是规制资本市场风险的有效方式（刘孟飞、王琦，2022；岑聪，2022）。

与上述文献不同，本书立足于数智时代情境，基于产权理论从会计功能跃迁与演进的角度，探讨会计功能作用机制对提升政府和企业财务战略决策。会计作为政府财政预算与企业资源管理科学制度设计与安排之一，其功能涉及跃迁拓展和演进优化，可以增强产权在不同性质与不同领域的各类资源有效运行和流通，进而提升产权价值，增强产权价值创造，优化各类资源配置效率与效果。技术进步将会导致制度变迁，对于每一种来源的信息成本，产权可能有不同的监督形式和合约安排（Alchian and Demsetz，1972）。创新和重构制度安排与设计，可以实现规模经济效益，将外部性内在化，降低风险和社会交易成本（Davis and North，1970）。基于此，本书分析指出，数智技术的发展及应用改变了产权在运作、运转和流通中信息获取方法、方式和手段等，也改变了产权运作的社会交易成本，通过转变产权信息流的产生、来源渠道、加工、分配、处理方式以及共享模式等，有效降低了产权流转信息的获得成本。会计功能体系作为提供产权在流转过程中占有、使用、处置和收益等信息的生产机制，必然与之相应转变与升级。换言之，数智时代将驱使传统的会计功能维度必须进行改变和拓展，以改善企业与政府的绩效管理，实现数智化绩效治理，推动与加速我国经济社会高质量发展。

因此，以数智化会计理论为视角，对不同类型的产权治理展开的探索与研究，既可以满足各类产权治理现实需求，又是产权理论与会计治理理论拓展研究的新探寻，对提升优化各类产权管理与治理存在实践和理论贡献。

9.3 数智时代会计功能跃迁维度与演进历程

人工智能模型作为最新的自动化形式，对经济增长具有潜在影响（Aghion 等，2017）。各行各业从快捷方便体验中感受到了计算机技术的无限魅力，互联网行业应运而生并蓬勃崛起。社会进步与经济发展的迫切需求催生了人工智能技术，而会计活动作为经济发展的产物，经济越发展，会计越重要。同时，会计作为社会、经济领域的一个重要体系分支系统，在人工智能技术产生与发展中起到了推波助澜的积极作用。

9.3.1 人工智能技术起源与会计理论和实践的关联

随着经济与社会的发展，人类创造各种机器代替体力劳动与部分脑力劳动，关键之处由人指导，重复繁重的工作由机器进行（钱学森等，1990）。自第一次工业革命以来，机器被认为是用于改进人类生产力的工具（Phan 等，2017）。20 世纪 50 年代艾伦图灵在《计算机器与智能》中提出判断计算机是否智能的基本方法——图灵测试，打开了人类对人工智能认知的大门（Turing，1950）。1956 年，在达特茅斯会议上，4 位科学家麦卡锡（J. McCarthy）、明斯基（M. L. Minsky）、香农（C. E. Shannon）、罗彻斯特（Nathan Rochester）提出了“人工智能”概念，即“像人类一样思考的计算机”，标志着人工智能的诞生。随着科学技术的不断发展，“人工智能”概念不断丰富完善，新时期赋予人工智能新定义，即能够模拟、延伸和扩展人类功能的理论、方法、技术以及应用系统的技术学科。

(1) 人工智能技术起源与会计理论的渊源

首先，人工智能技术起源于会计诞生和发展的理论联系。公元前 1000 年左右已有简单的经济计算与记录，会计经历了古代会计、近代会计以及现代会计 3 个阶段，古代会计从商代开始，到秦汉“出入记账法”，再到明末“龙门账”。1494 年意大利数学家卢卡—帕乔利在《算数、几何与比例概要》详细介绍了“借贷记账法”标志着近代会计诞生。1939 年美国公认会计原则（GAAP）的会计研究公报出现，标志着会计发展成熟期的到来。如工业采用机器人导致制造业失业，而商业服务业的增长弥补了这一损失（Dauth 等，2018）。人工智能起源对会计概念起到补充说明的作用，纵观会计发展历史可以看出会计实现方式和技术手段，是会计逐步发展的重要推手，而人工智能将成为未来开启“智慧会计”时代的万能“金钥匙”。

其次，人工智能技术与会计目标的理论链接。经济发展刺激会计活动进步，人工智能的起源首先与更好地实现会计目标紧密相关。现有会计目标主要是两个观点，即决策有用观和受托责任观。第一，人工智能技术手段增强会计信息耦合性，更好实现决策有用观会计目标。决策有用观来源于美国会计学会发表的《基本会计理论报告》，要求会计利用有限资源为作出有用决策提供相关信息。借鉴药物实验性临床试验中提出在线分配的新算法，利用鲁邦混合（Mixed—integer）整数优化，使会计数据统计能力达到或超越现有最先进的协变量自适应随机化方法，更好实现决策有用会计目标（Bertsimas 等，2019）。在传感器网络、组织层次通信和供应链管理中，聚合问题都会出现，聚合决策需要在没有关于未来请求的信息的情况下作出（Bienkowski 等，2020）。第二，人工智能健全公司监督体系，高效实现受托责任观会计目标。会计受托责任观强调会计目标是反映管理层受托责任履行的情况，强调对受托方的真实性。受托责任观最主要就是通过会计信息考察高管团队是否尽职工作，根据 2006—2015 年对 123 家美国公司的观察数据，发现功能成员相互依存的高管团队（TMT）促进了更高水平的数字导向（Garcia 等，2019），企业与利益相关者之间越来越多通过数字渠道沟通（Cyron 等，2019）。当前，互联网具有治理模式和战略资源的双重作用，数字服务改变了国际化理论对企业特定资产性质的假设，也改变了该理论对跨国交易治理选择的预测（Banalieva 和 Dhanaraj，2019）。

（2）人工智能技术发展与会计实践应用的联系

截至目前，人工智能技术发展主要经历了 20 世纪五六十年代的图灵测试、20 世纪八九十年代的语音识别以及 2006 年至今的深度学习三次热潮。每一次人工智能技术热潮唤醒了会计领域对人工智能技术不同层次的认知，在与人工智能不断的交流融合中会计技术不断蓬勃发展。

①图灵测试诞生与会计观念转变（20 世纪五六十年代）。第一次人工

智能热潮产生于电子计算机诞生的时代，《计算机器与智能》的图灵测试从理论角度思考人工智能的存在，打破以往对计算机数学计算工具认知，掀起知识推理、专家系统等技术研究热潮。在这个阶段人工智能技术停留在认知突破阶段，会计活动也开始打破传统会计活动方式，对使用计算机技术提高会计效率、质量产生动力。通过改善人工智能技术的帕累托一般条件，研究发现人工智能对会计活动吸引力源于盈余与价格要素变动两个方面（Korinek 和 Stiglitz，2017），即机器应用将降低会计成本，提高企业盈余。经济的数字化正在改变竞争的本质，基于平台的数字市场竞争的观点、影响平台服务价值的关键因素以及这些市场形成竞争的竞争逻辑，影响着企业在数字市场上的根本竞争方式，经济方式改变牵动着会计活动转型（Cennamo，2019）。数字化转型使“表示、连接和聚合”的影响将更加明显，推动企业挖掘新的商业模式和生态系统，以不同的方式创造和获取价值（Adner 等，2019），而会计活动本质上是对经济活动的核算，因此，会计利用人工智能技术挖掘潜在信息价值，更好地服务于不同新型商业模式。

②语音识别技术与会计电算化诞生（20 世纪八九十年代）。第二次人工智能热潮起源于专家系统向数据建模思维方式转变，获得人工智能领域中的突破性进展，即语音识别。20 世纪 80 年代以前电子计算机价格昂贵、程序设计复杂，不具备会计电算化发展的土壤。例如，1983 年，我国国务院成立了电子振兴领导小组，随着改革深入对财务工作提出更高要求，会计电算化逐渐兴起。进入 20 世纪 90 年代，财政部先后发布一系列有关会计电算化系统开发、评审、实施等管理规章，大批由业务主管部门主持开发的软件或商品化会计软件得到广泛应用，用友财务软件集团成立于 1988 年、金蝶软件集团有限公司创始于 1993 年等。除此之外，一系列人工智能与会计活动的结合处于不断尝试碰撞中，在 Arena 仿真平台上实现了一个仿真系统，实时滚动感知可能异常消费时间点的方法（Sim 等，1994）。早期人工智能在商业和管理领域的应用，专家系统应用于管理或行政问题，传统的专家系统的“封闭世界”图景通常是不够的（Duan 等，2019）。运用 1982 年以来美国经济普查的微观面板数据，经过实证研究发现，在应用

计算机技术之后，崛起“超级明星企业”的劳动份额下降，产品市场集中度将会上升，公司的利润率较高，劳动力增加值所占份额较低（Autor 等，2020）。

③计算机深度学习与智能财会系统（2006 年至今）。第三次热潮专注于通过利用数学模型解决真实世界特定问题，2006 年，辛顿和他的学生在《Science》上发表了一篇文章“利用神经网络减少数据难度”（Reducing The Dimensionality of Data with Neural Networks），成功训练出多层神经网络，改变了整个机器学习的格局。这同时也是大数据时代向人工智能时代转型的里程碑时代，过去十年里“数据科学”革命使用大量非结构化和非传统数据优化公司业务，近年来，随着深度神经网络（DNNS）改进，高性能 ML 算法应用更加自动化（Taddy，2019）。我们现在正处于一个更大、更快转变的开始，AI 通过机器学习（ML）的更新进展能够加快自动化本身的步伐（Brynjolfsson 和 Mitchell，2017；Agrawal 等，2019）。根据 6 个德国众筹平台上一个秘密参与观察的数据，我们发现参与具有功能性而非民主性（Ellmer 等，2019）。在此背景下，计算机技术在会计活动中的应用——会计电算化，转型升级为“智能财务会计”，一系列智能化财务应用包括机器视觉、语音识别等接踵而至，最具代表性的就是“德勤财务机器人”使企业财务实现自动化。

④现阶段人工智能技术在我国会计工作中的应用现状。会计行业正在受到来自大数据、人工智能、区块链等新技术的巨大影响，随着智能技术不断发展，新技术在会计领域中的应用逐渐多样化。

首先，人工智能对会计行业发展带来的冲击与挑战研究。中国是世界上最大的工业机器人用户，2016 年，中国工业机器人的销量达到 87000 台，占全球市场的 30%（Cheng 等，2019）。影响国内会计人员工作的有财务云、电子发票、移动支付、数据挖掘与数字签名五大信息技术（李立成和刘勤，2019）。会计人员将被人工智能大量替代（陈明生，2019）。移动互联网行业境内上市在发行审核方面存在财务审核障碍（兰邦华，2015）。挖掘数据背后的信息成为现代企业财务人员面临的新课题（王满，2015；侯佳奇，2015）。第一，我国会计信息化工作现状研究以及人工智能会计应用环境分析。虽然海尔推进从核算型财务向价值创造型财务的转变，同时实现了与业务系统的有效集成（彭家钧，2015），但我国管理会计信息化总体而言仍处于低水平状态（财政部课题组，2015）。会计管理工作围绕“一个主题，两条主线”建立规范会计秩序和有效发挥会计功能作用（高一斌，2019）。以人工智能为代表的第四次工业革命发展迅速，极大可能改变人类现有能源格局（薛澜和张慧勇，2017）。中国企业要融入全球价值链，引进先进的管理会计经验和方法是不可或缺的（冯巧根，2018）。第二，现阶段人工智能在我国会计信息化工作中的应用分析。重庆长安汽车股份有限公司积极应用高效智能的管理会计工具（王锟，2015）。2017 年底，国际四大会计师事务所相继推出了“财务机器人”软件，国内的金蝶、用友软件等公司也相继发布了“云服务财务机器人”（傅元略，2019）。结合智能化方法升级传统的会计信息质量评估模式，形成基于“互联网 +”的上市公司会计信息质量智能评估框架（孙凡和郑济孝，2018）。在上市公司运用人工智能技术会显著降低会计人力资本（杨德明，2020）。重庆建工集团部分分子公司与不同分公司的预算数据成为“信息孤岛”，运用人工智能技术并结合会计机制可以有效避免“信息孤岛”情境（程平等，2015）。当前会计研究存在题材集中、思想困乏、方法呆板、研究结果无趣、不能贡献重要的理论问题，应结合人工智能技术，提供有益指导（张华，2017）。人工智能影响会计工作综合效果的整体评估研究等。人工智能员工的机械化和自动化特征可以基于科学设定自主执行超长时间、超高效率地进行工作，在高度精确算法下，无须人工控制监督（Zlotowski 等，2017）。技术升级驱动财务创新，智能财务便是人工智能与财务结合的产物，目前支持智能审单、智能分析等（孙玉甫和刘梅玲，2017）。

首先，我们对智能技术与人工智能技术概念进行定义与区分。大数据（Big Data）指当数据大到一定程度无法用惯用方式整理分析的数据。大数据具有大容量（High Volume）、速度快（High Volecity）、多样性（High Variety）特性，符合其中任意一种特性即视为大数据。数据挖掘（Data Mining）指将杂乱无章的大数据进行系统性整理，把处理前数据（Raw Data Unstructured Data）变为处理后数据（Processed Data Structured Data），以供后端使用者，如数据分析师使用。人工智能技术指通过编程技术建立数据模型，不断输入数据，使机器更加聪明，分析预测更加准确可信。我们认为大数据、数据挖掘、OCR、RPA 等技术准确来说属于智能化技术，但不属于人工智能范畴，其目标是使机器完成重复、标准、大量的低附加值工作。人工智能技术强调将机器训练成为像人类一样可以进行思考、解决问题以及做决定的过程。

其次，人工智能会计发展对我国会计行业规划与管理政策调整。影响国内会计人员 5 大信息技术有财务云、电子发票、移动支付、数据挖掘与数字签名（李立成和刘勤，2019）。未来会计人员不能仅囿于会计知识掌握，要具备数据编程等与计算机技术相关知识技能，并能够将会计知识与计算机知识相融合。对于会计行业来说，战略规划、风险控制等管理会计决策贡献是人工智能时代以及未来对会计人才期望的价值。第一，人工智能发展与应用，迫使传统的会计行业产生应对与调整机制。财务信息均通过信息系统来采集和传递，提高了财务数据的准确性和透明度（陈虎等，2015）。人工智能会计发展改变会计行业标准和管理体制具体内容，从企业会计整体角度探讨信息化背景下会计理论与制度创新问题，提出了具有广泛适用价值的 VCU 理论与 VCPS 理论（杨雄胜等，2016）。第二，人工智能发展对综合性会计人才培养与需求。人工智能时代会计为企业创造价值的功能突显，实施供给侧结构性改革满足会计人才市场结构性需求，善用互联网新技术变革教学方式（况玉书和刘永泽，2019）。从会计高等教育人才培养目标、师资队伍、教学模式、考核机制 4 个方面，提出了会计高等教育供给侧结构性改革的路径（苑泽明，2018）。“互联网 +”时代以互联网、信息管理为特征，融合云计算、大数据、物联网等智能技术的新兴会计教育模式亟待本科会计教育者构建（刘国城和董必荣，2017）。第三，人工智能会计发展在会计行业中应用的相关法律法规与保障措施。人工智能时代侵财犯罪的刑事立法应当从两个方面双管齐下：一是应在刑法总则中规定人工智能作为犯罪主体时的情形，并设置相应的法定刑。二是应在刑法分则中增补相关罪名，为刑法理论的定纷止争和相关司法适用的统一提供更为精准且及时的指导（吴允锋，2018）。对利用第三方支付非法取财的定性，根据行为人是否利用了支付设备的正常处分功能分别适用诈骗罪与盗窃罪（杨志琼，2018）。

（3）智能化技术应用于会计功能体系，强化会计基础功能

首先，会计功能中基础性功能将被人工智能取代，在人工智能时代，一个成熟的人工智能会计操作系统可以替代会计系统中 90% 的相关人员工作，有效减轻会计人员工作量。在人工智能发展背景下，会计功能跃迁其本质是人工智能机器与技术取代人类基础劳动力，同时取代传统会计工作中的大多数简单而重复的工作，将会计从业者从低附加值的技术工作中解放出来的一种表现形式。经济全球化使企业面临着成本上升、创新不足、风险管控难度大的困境，财务共享服务作为一种新型财务管理模式应运而生。传统会计核算工作将逐渐被人工智能取代，会计人员无须再手工核算相关数据，直接从系统中导出即可，会计人员只须完成较少数无规律性会计核算任务。其次，人工智能程序设计能够自动在计算机上实时处理会计信息，取代了许多会计工作中的基本任务，显著改善了会计工作效率。会计的功能由长期以来单纯服务企业财务与政府财政预算管理演变为通过提供企业与政府综合财务报告来满足不同的企业部门和政府单位的管理主体的会计信息需求，以及管理决策需要，充分实现了会计向本质功能的回归（崔学刚等，2020）。

首先，反映功能是最原始和最基础的会计功能，不论是在财务会计还是管理会计领域都是一项首要的基本功能。在人工智能时代，会计反映功能的主体由“会计人员”向“机器智能”转变，会计行业经历了由“纸质化会计”到“电算化会计”过渡，财务机器人的出现推进了“电算化会计”向“人工智能会计”进程。其次，会计反映对象由“原始凭证、会计凭证”向“财务报表”转变。会计人员利用机器生成的财务报表，融合金融、经济等相关专业领域知识，对会计语言背后反映的经济现象进行剖析，生成在财务报表等会计语言层次之上理解、分析报告，并将其传递到公司管理者和政府决策者手中，进一步强化会计“决策有用观”目标。人

工智能背景下会计反映对象的转变对会计人员职业能力需求也同步发生转变，从有规律、重复性的客观会计核算工作向较少规律性、思维发散性的主观分析工作转型。最后，会计反映目标由“会计语言呈现经济业务”向“会计价值增值与传递”转变。会计工作核心转向对新技术的学习与应用、对综合信息的理解与判断、对分析结果的传递与交流。智能会计模式下机器代替人工完成会计核算工作，并且实现会计信息与原始数据信息实时连接，会计资料实时动态更新，使会计核算来源更加真实可靠，生成的会计凭证与财务报表更加可信。由此人工智能能够更加快速和准确完成基础性会计工作。

估值是指评定一项资产现时价值并预估其未来溢价的过程，会计在对要素进行确认、计量、记录及报告过程中，实际上或隐或现地蕴含着估值过程。因此，估值功能是会计本质功能之一（Ohlson，1995）。在会计准则制定中突显会计的估值功能，可以更加有效地平衡资本市场资源分配，强化契约中会计的作用，使会计在不同社会群体的收入再分配中起到关键作用（陈冬华和姚振晔，2018；李增泉，2017）。

另外，会计在对会计要素进行确认、计量、记录及报告过程中，所依据的会计准则体系属于社会契约组成部分，与此同时，会计信息还被广泛运用于组织利益相关者之间的合约关系，并作为合约各方进行资源配置和财富分配的重要标准（Watts and Zimmerman，1986）。换言之，会计行为可以理解为在履行特定的社会契约活动。因此，会计具有契约功能。会计估值和契约功能的演变与跃迁，可以通过提升企业与政府财务战略及战术管理 3 个层次对相关文献进行梳理，以理清相关研究脉络。

9.3.2 人工智能技术发展与促进会计估值和契约功能转变与跃迁

佩顿在著作《会计理论》中描述“会计功能就是记录、分类、整理与提供价值数据，以便所有者和代表在处置时能周全地使用资本”（Paton，

1922）。功能是指一事物固有或应当发挥的作用、功用（刘峰和葛家澍，2012）。会计功能是实现会计目标的重要手段，也是会计功能重要的展示方式，会计功能非常广泛，主要包括估值功能和契约功能两个部分（Jin 等，2011）。

（1）数智技术可以有效拓展会计估值功能深度

利用人工智能有助于预测虚假会计信息，基于逻辑斯蒂模型（Stepwise－logistic Models），研究发现财务杠杆、资本周转率、资产结构和公司规模是与虚假财务报告预测结果相关的重要因素（Persons，1995）。基于人工智能的会计劳动将进一步改善传统会计劳动力低效等问题（Agrawal 等，2019）。人工智能实现海量会计信息核算加工，随着大规模按需提供运输服务拼车公司的出现，开发能够实时解决大量问题的路线优化算法改善了现有启发式算法设置性能，能够实时调度数千辆出租车，每小时服务超过 25000 名乘客（Bertsimas 等，2019）。通过现代网络和数据处理技术，全面推进单位资金预算、审批、使用环节的公开和透明（田茵，2018），如智能财税服务实现票据自动识别、机器审核、自动对账等财税新模式（周俊亭等，2020）。目前，已有多数研究验证了人工智能在企业生产、运营的效率性和必要性（Baryannis 等，2019）。人工智能时代的会计确认、计量、记录与报告等会计处理流程技术路径再造。构建基于商业智能的管理会计信息系统，推进管理会计信息化体系建设（韩向东，2015）。随着工作环境向协调过程的数字化转变，组织越来越依赖数字化中介的结构化协调来完成工作，减少了个人互动的机会（Claggett 和 Karahanna，2018），工业 4.0 开启的智能制造模式对管理会计的变革和创新提出新的要求（黄世忠，2015）。“实现企业价值增值的目标”逐渐取代传统管理会计目标（朱学义和朱亮锋，2017；叶康涛等，2020）。将大数据的优势应用到企业中，结合财务信息和管理会计方法进行管理（李姝和李钰莹，2016）。人本成本法也适用于共享价值成本计量（丁胜红和吴应宇，2019）。人工智能将加剧基础会计和财务分析师之间不平等（Felten 等，2019）。

(2) 人工智能发展和应用扩展会计契约功能广度

会计契约功能是对特定主体经济活动和相关会计核算真实性、合法性以及合理性进行审查，检查是否根据实际发生经济业务进行；是否符合法律规范；内部控制制度、收支计划和预算是否合理。用最先进的卷积神经网络算法对人脸图像进行有监督的 ML 编码，可以阐明与首席执行官（CEO）口头交流有关的问题（Choudhury 等，2019）。供应链风险管理（Scrm）包括多种策略，旨在识别、评估、减轻及监察可能对供应链任何环节造成影响（主要是负面影响）的突发事件或情况，Scrm 策略通常依赖基于潜在的大型多维数据源的快速自适应决策，将其应用于会计活动，将有效提高会计契约功能（Baryannis 等，2019）。尽管人工智能监督效率较高，但实际使用会计信息监督因人而异，研究发现数据科学技术在管理中面临挑战，员工通过基于数据的算法对管理决策可能产生不良反应（Tambe 等，2019）。人工智能转变会计契约功能并实现功能再造，大数据时代的会计契约功能为主动监督与控制（丁胜红，2019）。会计监管紧密逐步呈现系统化、制度化透明化特征（李晓慧和张明祥，2019）。可扩展商业报告语言（XBRL）技术、四维政府会计数据质量评价指标体系（高一斌，2015；牛艳芳，2018），构建了一套强有力的信息监督系统来保障业财融合的顺利实施（张翼飞和郭永清，2019；徐晨阳等，2017）。运用会计契约治理并积极使用资产化管理的思路和方法，提升政府信息化建设整体绩效（穆勇等，2017），管理会计的控制功能和价值创造功能的展望（王满等，2019）。运用人工智能重构会计契约功能，可以优化配置市场资源（傅元略，2019；殷红等，2019；武晓芬和田海洋，2019；张永杰，2019），应用人工智能能够促成会计实时核算与报告功能，助力会计及时决策功能，加强会计资源配置功能，增强会计智能监督功能等，随着人工智能的发展及应用，智能会计系统可以进行实时核算并生成有效信息，有助于利益相关者作出决策（Acemoglu and Restrepo，2018；毕秀玲和陈帅，2019；曹静和周亚林，2018）。

数智时代会计体系正处于由“现代会计体系”向“智慧会计体系”的

转型时期，数智技术已经使传统手工做账会计“解放自己双手”，无纸化财务会计信息系统软件逐渐占据企业与政府会计岗位，随着大数据、人工智能和互联网信息等技术发展，会计领域正在不断尝试利用数智技术赋能，实现会计智慧化。嵌入数智技术的会计功能体系演进与转变趋势主要包括延伸会计估值功能对内作用机制，即会计估值功能作用路径与触角广泛延展、不断向内与向下渗透与伸展，深度下沉。拓展会计契约功能对外作用机制，即会计契约功能不断扩展横向作用的领域（见图 9－8）。

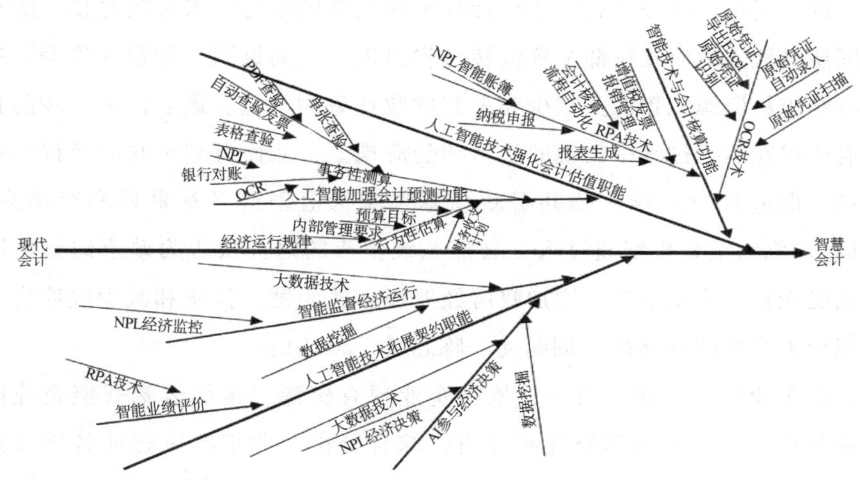

图 9－8　人工智能背景下会计功能转变逻辑进路与实现路径的鱼骨图分析

9.4　数智技术延伸会计估值功能深度，增强会计管理能力

增强会计估值分析能力是数智时代会计估值功能的拓展方向。在获取会计信息基础上，围绕企业经营目标以及政府政策目标与内容等，对企业和政府所拥有的各项资源进行科学与智能配置。

在政府会计层面，会计估值功能深度不断拓展主要体现在，融合人工智能技术的政府会计估值机制可以有效和科学监督不同层级政府预算资源占有、处分、使用与收益等行为。借助精确可靠的政府会计信息，监督所辖层级地方政府财政预算资源配置行为，并对资源配置过程展开实时动态的全程监督，着重关注资源、资金的流动去向和使用额度，实现跨时空、多领域、深层次、全方位监控。首先，上级政府可以依法监督所辖不同层级地方政府机构及其功能政府官员公共资源处置行为，可以有效预防财政预算资源在各层级地方政府及机构部门间流通时出现的蓄意截留作为，有效监督财政预算资源处置活动。其次，可以有力引导下级政府财政预算资源合理的配给，在公共领域实现行政资源配置供给与需求有效对接，防止不同层级地方政府在资源配置流转过程出现的人为设租、创租现象等，进而有利于从资源配置源头减少和遏制腐败现象的发生。最后，进一步防止政府产权在运行过程中出现的受阻和受滞现象，从而有利于政府产权顺利流动，促进政府产权在公共财政预算领域价值创造（章贵桥和李增泉，2018）。纵向监督机制通过人工智能系统生成的财务报告为政府组织解除公众受托责任提供依据，增加政府经费披露透明度，预防和减少政府官员寻租行为产生的可能性（周曙光、陈志斌，2021）。

在企业会计层面，第一，依据企业现有资源，运用云端智能企业财务系统等，经过大数据统计和分析，综合分析企业正在进行的各项目投资状况、资源配置现状、未来资源配置需要，如何满足各项目资金需要，以及如何科学降低和压缩各项经营与管理成本，嵌入数智技术的企业会计估值功能，可以依据科学程序，智能地设计出适应不同性质与规模的企业资源配置核算方法和手段，相比通过传统的人工沟通完成企业资源配置，可以更加合理与高效地完成企业现有资源配置，也由此加深了会计估值功能深度，提升会计估值功能效率。第二，会计估值功能是会计反映功能的延伸与扩展，数智时代背景下对会计分析能力提出了更深层次的要求，滞留在之前的会计分析层次将面临被人工智能淘汰的风险。在数智环境下，会计仅提供量化的企业资源配置数据与定性的践行社会责任披露指标，已经不能满足目前有效提升企业运营绩效与绩治的需求，会计需要运用深层次分析能力将重心转移到升级相关测评方法与工具上来，除对企业管理人员等开展除对比分析外，应进行更科学地分析。

因此，人工智能应用对会计财务分析能力提出了更高层次的要求，使估值功能不能仅停留在提供会计信息层面，由此也深化了会计估值功能深度。

9.5　数智技术拓展会计契约功能广度，强化会计治理能力

企业的股东与经营者，两者存在委托代理关系，政府层面亦如此，公众为委托人，政府则为公众代理人，两者存在委托代理关系。换言之，都存在契约关系。同时，会计是一项价值管理活动，具有技术属性和社会属性的双重属性。在数智时代，会计契约功能将得到极大的扩展与延伸。传统的决策范式在大数据环境下遇到了深刻挑战，催生了新型的大数据决策范式。数智背景下会计要强化自身管理能力，具体体现在对非量化信息管理、决策能力与会计信息安全管理能力。

首先，延伸会计契约功能是提升未来会计管理决策能力的必然选择。股东与经理人，政府与公众之间形成的契约关系，本质上是激励与约束，通过会计信息，可以有效实现对企业经理人，政府官员的监督与约束。数智技术使会计数据日益丰富，搜寻范围与细化程度不断提升，可以及时获取更加全面细致的会计信息，并且日益增强会计数据筛选整合能力，针对不同企业与政府组织的不同决策情境，有效分离和分类出与决策相关的数据，更能有效地达到企业和政府相应目标，科学提升企业和政府决策能力。公司研发指数结合创新投入、技术水平、创新环境和创新产出等评价维度及15项具体指标，能够有效、综合、直观地反映企业研发创新水平，有助于行业、企业研发水平的横向、纵向比较，能够支持管理者决策、投资者评价以及政府相关管理部门的政策制定，助力创新驱动国策向纵深推进（崔也光等，2020）。

其次，深化非量化信息管理是未来会计契约功能的客观需要。会计信息作为政府向社会公众证明政府社会责任践行的有力依据，分为定量数据

和定性信息两部分。在人工智能、大数据时代，会计信息的呈现、获取和使用方式将发生根本变化，非会计信息将成为会计信息的重要补充。数智技术应用使会计定量信息更加快捷、精确，进一步满足监督机制所需科学信息以及企业和政府实地调研精确计量的需要。然而，人工智能无法通过程序度量定性信息尺度。因此，需要会计强化对政府社会责任践行定性信息的整合能力，进一步丰富会计信息内容，拓展增加会计契约功能广度势在必行。融合数智技术的会计契约功能能够提高公众对企业和政府横向监督效率，增强了社会公众对企业和政府约束力度。通过人工智能提供企业财务与政府财政信息的及时性和广泛性，进一步减少企业和政府与公众之间信息不对称现象，通过线上交流平台增强企业和政府与公众联系紧密度。

最后，扩展企业会计契约功能是增强会计信息安全管理能力的内在要求。在数智时代，深化与加强契约精神尤为必要，确保核心企业和政府会计信息的安全，维护企业和政府的利益根本要求。数智技术虽然大幅提升会计信息生成与传输效率，但具体应该披露什么内容的会计数据，以及披露形式与流程等都需要会计结合企业经营和政府规制和公众需求，再进行缜密思考作出决策。数智技术的应用使会计效率提高，在掌握会计信息的同时，会计人员要增加管理信息道德，强化自身职业道德感与社会责任使命感。数智技术有效提高会计核算等基础工作效率，使会计信息内容更加细化，会计信息获取更加方便快捷，但与此同时也增加了企业财务和政府财政信息泄露的风险系数，一旦发生信息泄露，其泄露的会计信息内容量可能是普通会计信息内容量的幂指数倍，将会给企业和政府运行安全带来极大的安全隐患。因此，在数智时代，会计信息安全性需要引起重视，对会计电子财务信息安全管理提出了更高要求，而扩展会计契约功能正是在数智时代维护和保护企业产权和政府产权制度的根本要求，也是实现回归契约精神的本质要求。第一，科学运用数智技术可以有效预测经济前景。依据数智化会计功能体系提供的系列财务报告与财务信息，可以合理推测未来一段时期经济活动的走向与趋势，以此指导与调整现行的经济政策和经济活动，提升经济效率与效益。利用大数据全面采集会计、财务相关数据信息，通过数据挖掘技术进行系统管理，形成可供财务分析使用的有效信息，通过进一步使用NPL（Natural Language Processing）技术，模拟人的思维模式，对财务大数据进行机器分析，作出对公司未来前景的有效预测。第二，运用数智技术指导经济决策。根据数智化会计功能体系生成财务报告与财务信息，选用适宜的模型展开定量分析，再辅之相关的定性分析，对各个备选项目和方案进行可行性分析，为企业决策机构和企业执行机构等提供科学与有效的经济决策信息。第三，在绩效评价系统中嵌入数智技术，如运用RPA技术对比企业各类绩效评价指标与标准，对企业在一定时期经营与运作的资产展开效率与效果分析，对各类费用与收入进行量化效益分析，据此作出科学的、可靠的、客观的、公平与公正的评判与评价。

9.6　数智时代背景下会计功能体系的框架构建

企业和政府在经济与社会发展中，在不同的阶段依据自身需要，制定和实施不同的微观和宏观目标，作为微观和宏观管理和治理机制之一的会计功能体系必须与此相适应。会计的估值功能侧重于估算与定值，追求极致的精准与精确微观信息，与极限微观管理机制相匹配。换言之，会计估值功能与企业和政府侧重细节的财务战术管理相配合。契约治理是指通过正式的合同、合约、章程与规则等形式来治理交易。涵盖交易治理中的所有正式规制、规章和制度。在企业与政府所有经济和市场交易中，越是风险越高的交易越需要正式的契约来制约和保障，是企业与政府对自身承担的义务和责任，也是享有的权利和权力，应在充分清晰自知的情境下作出清醒、理性和理智的选择。如我国古代的“居延汉代契约”“敦煌唐宋契约”等。现代企业与政府的契约治理模式强调的是企业与政府的宏观层面与顶层设计的治理，拟达到最优契约化制度安排与设计，即战略管理。会计的契约功能正是企业和政府所有契约制度得以执行的有效治理机制。因此，会计的估值和契约功能体系，可以从战术管理和战略管理两个维度进行链接和构建（见图9-9）。

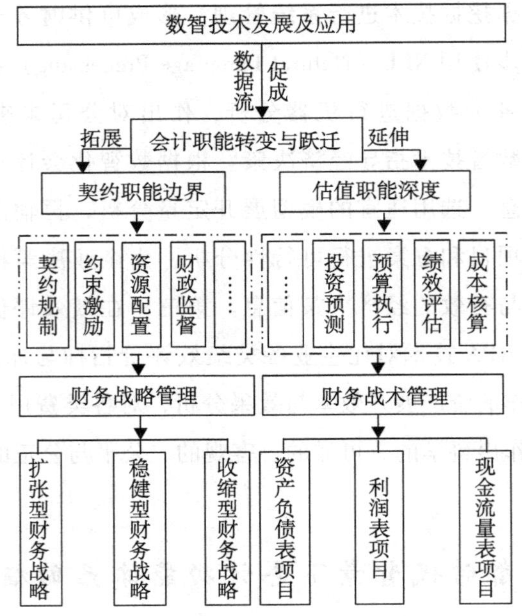

图 9－9 数智技术、会计功能跃迁与财务战略战术管理

9.6.1 合理构建会计估值功能体系可以提升企业和政府财务战术管理

政府存在的价值在于为民服务，而政府的架构也自然必须依据时空的变迁和人民的需要不断地转变。财务微观信息作为企业运营成本与政府财政预算管理重要依据，对于提升企业绩效和政府公共服务质量水平，建立现代化企业管理制度和国家治理制度的积极作用不可忽视。在财务数智化背景下，会计估值功能体系正是为企业和政府提供极其微小与细微的财务战术管理信息最优机制之一，其发挥作用主要体现在企业和政府的资产负债表、利润表和现金流量表等系列财务报告体系。

（1）智能优化企业和政府资产负债状况，促进企业和政府不断成长

数智技术发展与应用颠覆了传统会计管理模式和机制。数智技术系统

通过集合和整合大数据、区块链、物联网、云计算等一系列新技术，可以科学标准化地完成对企业和政府产权的界定，对企业和政府产权的流转、走向与运转轨迹进行适时动态跟踪与密切监管。在资产负债表层面，数智技术嵌入会计估值功能要实现的基本目标是，确保和保障企业和政府产权运行安全。

首先，智能精确和精准测算出企业和政府现时的资产负债情况，模拟出不同企业和不同层级政府的资产与负债最优结构安排，预测企业和政府未来的资产负债趋势和方向，并且可以实时与动态监控企业和政府资产负债状况，有效生成企业和政府资产负债智能预警模式和机制，预防和阻止企业和政府出现资不抵债的情境出现。其次，通过智能技术实现对不同企业与不同层级政府的资产和负债数量、状况精确掌控，完成对各类资产与负债的有效确认与计量，并依据不同企业和不同层级政府资产负债实际状况，可以智能生成改善企业和政府资产负债现状具体机制和详尽的路径信息，设计出满足不同企业和不同层级政府资金需求模型，模拟出适合不同企业的最佳资金需要量和不同层级政府的财政预算开支，并产生科学的筹资资金成本最低的最佳资本配置结构，自动调配和整合符合不同企业和不同层级政府需要的资源渠道和方式的信息，合理安排权益性筹资和负债性筹资，改进企业和政府资产负债情境的可行路径信息。最后，智能生成企业和政府举债风险预警机制，安全与科学的负债。在企业层面，数智技术融合企业会计估值功能治理机制中，可以自动生成适合本企业需要的举债风险防范机制，使企业和负债的监督主体变为“人工智能监督为主，会计人员管理、决策为辅”的二维监督，降低企业负债会计监管中的不可控人为因素，对企业或有负债、隐性负债和显性负债能够进行智能制约，防范企业债务风险。在政府层面，数智技术结合政府会计估值治理机制，实时跟踪与监控政府官员与政府管理组织财政预算行为，可以有效缩短获取公布政府机构财政收支状况会计信息时间，深挖和拓展政府财务披露体系内容，全面提升政府财政透明程度。智能设计出符合本层级政府需要的科学的可靠的财政风险预测和预警机制，实时迅速发现导致政府财政危机的潜在事项，及时降低和防范政府债务风险，为企业和政府完善资产与负债结构，合理举债提供保证与保障，以期促进企业和政府安全成长。

（2）智能管控各类成本，促进开源节流，提升企业利润率和政府治理绩效

在利润表层次，数智技术结合会计估值功能机制，能够以最优化安排与设计，以适用本企业和本层级政府的产权合约的需要，实现推动与加速企业和政府产权的流通和运作，最大化实现企业和政府产权价值创造，确保企业和政府产权的保值与增值。

首先，数智技术借助区块链等技术并结合会计估值功能机制，有较强的市场信息采集与处理能力，智能探索和设计出符合本企业和本层级政府的，降低各类成本的路径与机制。第一，人工智能可以自动搜寻采购商品的供应商信息，结合本企业和本层级政府实际情境，真正实现采购价值链分析，减少采购中间环节，同时不断开发新的供货商，设置、营造与形成竞争的局面和机制，自动筛选出可以参与供货的供应商，自行接洽，减少人工采购成本，并通过竞争招标的方式优选最佳的供应商以及最佳运输路线，最终促成和实现无采购工作人员参与的智能无人采购机制，并可以自行搜集和发现市场供求情况变化的信息，自行设置并通过付款合约条款制度与安排，精准把握好采购时机和数量，智能履行和完成企业及政府的采购作业，以此降低本企业和本层级政府的商品和服务的采购成本。第二，现代企业和政府商品储存管理智能化，就是实现存货的静态储存变为动态储存。在数智技术嵌入会计治理机制后，可以真正实现（JIT）存货适时储存管理，智能设计出一套适合本企业和本层级政府需要的仓储管理系（WMS），设置出符合本企业存货管理逻辑的总成本最低且最优经济订货量，存货安全储备等存货参数。同时，根据本企业和本层级政府的需要，科学选址仓库位置，经过信息搜寻与对比，选择采用自建、租用和借用仓库等方式，自行设计出合适企业和政府需要的储存定位系统，且能实现无差错地为企业和政府找寻、存放、取出需要的存货，提高企业和政府仓储作业效率，智能设计单位存储面积，以提高其利用率，自动化完成出入库、盘点、上架、找货等作业，智能融合单元集挟存储系统，实现快速分

拣，实时动态地完成存货的快进快出与大进大出，综合降低企业和政府储存成本。第三，数智技术结合会计估值技术对降低企业和政府的人力资本作用是不言而喻的，现阶段之后，要求人工智能技术结合会计治理机制，降低企业和政府的人力资本将会成为未来经济与社会的最重要刚需之一。空客公司正在利用人工智能（AI）来降低其处理发票、费用报告等财务功能的成本，其美国分公司 2018 年投入 5 万美元部署了一套 AI 费用报告审查系统，当年就节约了 10 万美元。节约的成本中一是来自节省的人工；二是来自识别出的不合规开支。空客美国分公司的费用报告审批程序大约 53% 是自动化的，每年可节约 20 万美元，到 2025 年这一数字预计将上升至 80%①。采用数字化以及智能化空调生产流水线的美的集团股份有限公司，其一台空调的人工成本竟然只要 10 元人民币，其余都是机器成本（朱民，2021）②。

其次，在数智化时代，将运筹学思想嵌入人工智能技术和会计估值功能联合机制中，可以实现最优化建模，而不同的模型能够简洁有效地刻画实际问题，通过优化加随机建模的算法和方法，解决如马尔可夫决策过程中的复杂场景问题，提升企业利润率。借助大数据、人工智能与区块链等数字技术，企业有效处理数据资产业务及披露相关信息提供了借鉴，有利于发挥企业会计信息的价值发现功能，降低企业内外部信息不对称程度（何瑛等，2020）。第一，通过运筹优化管理，利用数智技术可以按照企业生产的产品，设定符合企业实际需要的供需在线动态匹配模型，解决市场销售中的不确定性下的优化问题，相比传统的人工静态匹配，可以使企业在某个时间段或长时间维度上获得最大匹配分数和最大价值。第二，促成最优化的企业收益管理。数智技术通过数据采集、分析与筛选。可以实现对潜在的消费者和客户挖掘、分类和逐一标注客户需求与偏好，分析其对价格的敏感弹性，真正做到在正确的时间，将正确的商品以正确的价格销售给正确的厂家和用户。第三，数智时代，企业能够实现销售动态匹配定

---

① 空客公司利用人工智能技术降低财务工作成本［EB/OL］. 新浪财经网，http：//finance. sina. com. cn/stock/relnews/us/2019 - 08 - 21/doc - ihytcitn0806348. shtml。

② 朱民：美的一台空调劳动力成本只有人民币 10 块钱 以前很难想象［EB/OL］. 新浪财经网，https：//baijiahao. baidu. com/s?id = 1696620441166284317&wfr = spider&for = pc 2021 - 4 - 10。

价。传统的企业定价策略往往是静态行为，导致企业销售不能定价波动太大，造成企业收益下降，但在数智技术时代，企业可以根据消费者行为和偏好波动，实现匹配的动态定价策略，促成企业获取最大的收益。

最后，融入数智技术系统的会计估值功能可以优化政府绩效考评机制，提高政府绩治效果。第一，数智技术提升政府绩效数据定量信息核算效率与准确率，使政府财政预算透明度进一步细化。依据一定核算程序生成预算执行数据，但会计报告附注中对政府责任信息披露的定性信息需要会计进行手工输入，但在数智时代，结合会计治理机制，可以实现对定性信息记录进行思考，增加定性信息涵盖维度与层次。如在制定政府公务人员薪酬标准与等级上，既要体现合理的短期薪酬差异，又要确保长期薪酬结构政策。依据经济社会发展不同阶段，数智技术可以适时调整长期与短期薪酬结构之间的比值，科学制定长期与短期薪酬结构组合方案，由此可以充分调动政府公务人员的工作主动性和积极性。第二，借助数智技术，政府会计功能不仅在提供信息阶段增加绩效分析内容、升级绩效考评体系，其报告披露的定量数据与定性信息为国家依法对公职人员进行绩效考核提供了信息，为实现政府绩治提供可理解性财务依据，不再仅是单薄的定量或定性信息，为政府绩治提供实现基础。第三，随着时代发展与数智技术普及，就政府会计而言，需要运用更深层次分析能力，对政府会计信息进行分析整合，使政府预算安排在满足公众资源需求的基础上尽可能地缩小财政成本，同时增加财政资金使用效益，增强财政透明度。实证检验表明，政府会计财务报告系统通过及时准确公布财政行为与政府财务会计信息，有助于提升政府公信力（赵军营，2021）。科学合理的绩效考评是有效提升政府绩治的手段，而政治绩治是现代化国家治理的重要组成部分，是提升政治信任可靠路径依赖。

（3）切实促成企业和政府现金流均衡管理，保障企业和政府现金流运行高效与安全

在日常生产经营活动和政府行政过程中，为保障企业和政府正常运作需要，部分企业和政府产权的资产形态必须转化货币资产形式，即存在状

态为广义的现金流形态，因为现金流如同企业和政府的“血液”一般。因此，针对不同企业和不同层级政府，必须维护和确保这部分特别形态的企业和政府产权存在的最佳比例，也就是人工智能技术链接会计估值功能后，确保经营现金流、投资现金流和筹资现金流运转必须维持在均衡状态，预防和阻止出现企业和政府现金流断流情境。

企业更早拥抱人工智能，现金流或增长 122%[①]。科大讯飞 2019 年提出人工智能 1.0 进入人工智能 2.0，并在人工智能 2.0 时代基础上，把产品大规模地投放到应用中去，取得了历史上最好的现金流达到 22 亿元[②]。在现金流量表层次，首先，人工智能技术结合会计估值功能体系，将智慧化设计出适宜本企业的经营资金周转机制和加速经营现金流回流机制，通过对本企业流动资产周转、固定资产周转数据科学确立本企业的应收账款的信用政策标准，可靠的催收机制和回笼机制。经过严格统计分析，设置符合本企业的可信的参数值，构建并生成适宜本企业的流动资产和固定资产周转模型，并对本企业的历史现金流数据进行计算分析，将本企业的现金流预测模型与存货周转、固定资产周转模型和应收账款催收机制进行实时动态链接，不断调整和修正模型，加快存货和固定资产周转，加速应收账款回收，实现经营现金流最多或最大回流。其次，据德勤咨询（Deloitte Insights）的一项调查可知，人工智能将参与 75% 的风险资本投资决策，70% 的金融服务公司正在使用机器学习来预测现金流事件、微调信用评分和发现欺诈行为[③]。数智技术与会计估值机制链接企业投资系统和资本市场金融服务领域，对企业准备投资项目方向、种类与额度等进行最精细测算和估算，实现动态风险和投资战术组合管理，智能化进行资产套利机会、市场模式检测、局部错位与投资组合管理、最佳资产配置、客户分析、合规与审计跟踪、欺诈检测和对账等步骤与措施，实现企业投资领域

---

① 百度 CTO 王海峰：企业更早拥抱人工智能 现金流大概会增长 122% ［EB/OL］. 新浪财经网，https：//www. huxiu. com/moment/64818. html　2019 - 8 - 20。

② 科大讯飞总裁吴晓如：我们取得了历史上最好的现金流达到 22 亿 ［EB/OL］. 网易财经网，https：//www. 163. com/dy/article/G825HMUK0511A0EF. html2021 - 4 - 20。

③ 投资者如何使用人工智能进行财务决策，并确保他们投资正确 ［EB/OL］. 贤集网，https：//www. xianjichina. com/special/detail_481782. html 2021 - 4 - 23。

的固定收益或最大化收益。

就政府而言，依据本层级政府所辖的区域经济与社会发展状况，人工智能结合政府会计功能机制科学估算现金流预算，通过对历史现金流数据的统计分析和概率模型进行现金流预测，为 DCF 等现金估值模型提供更可信的参数值，提高置信度。科学预测不同层级政府在不同时期所需的现金流入量与流出量，确保维持财政预算正常运行所需的现金流。另外，人工智能技术在新冠疫情防控和复工复产中发挥了重要作用，资本市场对人工智能升温。2020 年我国人工智能产业投融资为 235 笔，金额达到 161.59 亿美元①。在人工智能时代，其技术机制结合会计估值功能，对拓宽企业和政府融资渠道、改进融资方式、改变企业和政府传统融资模式单一、借助网络与区块链技术等，加速企业和政府的现金流回流与汇流作用巨大。

9.6.2 科学构筑会计契约功能体系可以提升企业与政府的财务战略管理能力

契约存在就意味着监督和约束，激励与惩戒。企业与政府会计准则，是社会契约的一个重要组成部分，然而针对资本市场和政府资源配置而言，是极其重要的合约与规章制度，也是确保企业和政府各类产权合理界定、运行和流通有效制度和规则保障。契约治理能更好地提升创新绩效。财务战略作为企业和政府战略的从属战略，是在企业和政府战略总体框架基础上，从财务治理视角展开的宏观、全局、普遍的思想观念和指导原则，与微观、局部、个别的财务战术方法的结合，实现企业和政府财务战略目标，从而促进企业总体经营目标和政府执政目标的实现。在企业和政府不同发展阶段，需要实施与之相适应的财务战略。财务战略可以分为扩张型、稳健型和收缩型 3 种。在人工智能背景下，有效运用会计契约功能，可以保证企业和政府 3 类财务战略管理得以被执行和实现。

---

① 我国人工智能产业融资 2020 年超 160 亿美元［EB/OL］. 新华网，https：//baijiahao.baidu.com/s?id=1697550403099981097&wfr=spider&for=pc 2021-04-20.

（1）高效发挥会计契约功能，助力企业和政府科学的扩张型财务战略制订和实施

当企业和政府处在快速发展阶段时期，往往采取扩张性战略，与此相适应，此阶段的财务战略也应是扩张型的，而扩张型财务战略需要实现企业和政府的资产规模，就企业而言，一方面，调整企业财务投资战略，加大基础项目的投资力度；另一方面，加大企业财务制度创新力度。在需要将企业的大部分利润留存的同时，还需要进行大量的权益性或负债性筹资。政府则是进行大规模基础设施投资，发行与之相匹配的政府债券进行融资。第一，企业和政府制定相关筹资契约，并采取一系列相关措施吸引内外部环境的多方利益相关者，由于在人工智能背景下，一系列电算化、智能化系统软件的应用，使传统人工传递会计信息转化为电子传输，计算机的快捷运算与数据快速传输，增强和扩展了传统会计的契约功能发挥作用路径和领域，其广度与宽度不断延伸。第二，大数据平台和电子信息系统强化了企业和政府机构各类预期实施项目的特征描述，能够实现线上线下实时交流与互动，增强企业和政府管理角色丰富度，将不存在传统的各类利益相关者与企业和政府交流断裂带效应，同时可以激发内外部利益相关者与企业和政府创新思维碰撞，同时使会计契约的监督和约束功能效率大幅提升，也提高了企业和政府扩展性战略制定的科学性和合理性。第三，在市场交易中，风险越高，就越需要契约来保障。积极发挥嵌入数智技术的会计契约功能中的激励与惩戒效能，使各类利益相关者认可与信任企业和政府筹资行为，积极支持与配合企业和政府扩张型财务战略，同时组建多方机构参与企业和政府的扩张型财务战略规划监督小组，动员内外部利益相关者共同参与扩张型财务战略目标确定，使扩张型财务战略制定从目标规划到战略决策一系列流程更加公开透明，提升了扩张型财务战略制定的公允性与可行性。并以资源要素为竞争力发展支撑，以互联网作为会计契约功能应用平台，利用智能化会计契约功能反馈机制，增强不同的利益相关者对企业和政府的认知，提升企业声誉和政府公信力，确保企业和政府的扩张型财务战略得以顺利制订和执行。

（2）两者结合融入各项具体契约作业计划，确保企业和政府的稳健型财务战略有效执行

稳健型财务战略适应于企业和政府平稳发展阶段，在此阶段，企业和政府的目标是确保企业和政府稳定的成长与增长，此阶段不宜大规模举债，维持筹资规模与稳定增长相适应的资本结构，促成适当负债，平稳收益，适度分配的稳健型财务战略目标实现。要实施稳健型财务战略。

首先，就企业而言，企业以利益相关者之间缔约形成利益共同体，运行关键在于利益相关者之间利益冲突能否得到及时协调。会计契约功能中监督、激励与惩戒功能介入使利益相关者在企业契约联结体中要素贡献与权益进行界定与反映（雷光勇，2004）。首要任务一般是实现企业现有资源的最优化配置，加速现行资产周转率，提高存货周转率，缩短应收账款回收期，不举债或者少负债。因此，此阶段借助人工智能技术，实施和推进数字化战略，是企业执行稳健型财务数据战略最佳路径选择。应加快数据集成与数据治理，此时采用“对症下药”机制是最符合稳健型财务战略的工具和路径。既要保证企业维持正常生产经营活动及发展所需资金，又要提高现有资源的使用效率及效益，同时要努力降低资金成本与筹资风险。

其次，政府要实施稳健型财务战略，借助数智技术，积极发挥会计契约功能中的规制与制约功能，可以进一步明确政府各利益联结体中参与者的权力与权益，此阶段政府应按契约的约定与规制整合社会中的各类利益相关者，并依据契约治理机制向社会中各类利益相关者提供公共产品和公共服务，依据既定的企业和政府财务战略目标，完成公共产品与服务的最优化契约安排与配给，实现有效的和合理的公共供给。此时，政府会计契约功能的高效发挥，可以确保政府稳健型财务战略顺畅执行，并能够提升政府稳健型财务战略执行的实用性与时效性。

（3）嵌入数智技术的会计契约功能可以保障企业和政府的收缩型财务战略目标实现

收缩型财务战略阶段是一种防御型阶段。第一，就企业而言，依据企

业经营管理的需要，按照合同或契约，消减企业一切不合理的经费用度和开支，尽可能减少企业的现金流出量，同时使用一切手段和工具盘活存货和固定资产，并集中企业所有资源，扩大销售，增强企业市场竞争力，使用各种工具、机制和手段增加企业现金流入量，尽量不要举债或负债，避免因负债筹资到期无法还本付息，导致企业直接破产。经过科学预测若企业能走出困境，应留存大部分收益，少分配或不分配利润，若破产无法避免，则直接采用高分配政策。第二，当政府处于收缩型财务战略阶段，“精兵简政”是其该阶段的最佳执行机制。与政府收缩型财务战略相对应的措施应包括，在确保政府教育、社保等方面的刚需财政支出基础上，改变政府机构臃肿，减少机构数量、适度裁减冗员，控制好人员编制和领导职数，转变政府功能、建设服务型政府，刚性制度的规定也是有效达成这一目的的重要途径之一。实现预算的刚性约束力，这需要体现在预算的编制、执行和监督全过程。没有严格的预算执行、行政成本的控制无异于痴人说梦。必须“硬化”预算编制的约束力，规范预算执行。监督预算是指监督主体对政府的财政预算编制、执行、调整乃至决算等过程和活动进行合法性和合理性的监督检查，以促进预算收支平衡，实现国家财政和政策目标（罗文剑，2014）。会计契约功能中的检查与监督功能可以保障此阶段的财务战略目标圆满实现。在困境中求得生存，安全度过危机。

综上所述，在传统会计契约功能中嵌入数智技术，利用互联网会计信息增强企业与政府数据开放，使用智能化财务软件增强财务战略资源资金审批监督强度，从财务战略制定起步，延伸至财务报表项目战术管理，直至财务战略计划完成，实施全程动态监督，积极推行财务战略和战术目标管理与控制，同时利用开放财务数据通过强化与深化会计估值功能，强化会计契约的强制履行与自我履行，提升会计运行效率，从而加强企业与政府财务战术和战略管理的质量与效用。

9.7　本章小结

人工智能会计应用的快速发展使会计功能发生转变，分别从会计估值功能和契约功能两个角度探索会计功能转变演进逻辑进路。从会计估值功能看，会计主体由会计人员向“机器智能”转变，会计反映对象由原始凭证、会计凭证等一手会计资料向财务报表等二手会计资料转变，会计反映目标由会计语言呈现经济业务向增加会计价值与传递会计信息转变，会计反映方式由电算化会计模式向智能会计模式转变，对应于企业和政府财务战术管理，未来会计估值功能框架构建主要体现以迎合智能会计模式，增强价值传递与创造为方向等。对会计契约功能转变而言，会计监督主体由“一维监督”向“二维监督”转变，会计监督对象由会计资料向“过程控制”转变，会计监督目标由保证资料真实、完整到保证会计信息质量转变，会计监督模式进一步强化“三位一体”市场导向型会计监督体系。与此对应的是企业和政府的扩张型、稳健型和收缩型三大财务战略管理，其功能架构未来发展方向，应以体现在“二维监督”、强化“三位一体”监督和保证会计信息质量为趋势进行构建，以此助推我国经济社会高质量发展。

第10章

数智时代政府会计功能拓展与数字政府治理体制的完善*

10.1 引言

随着人工智能技术的发展及应用，对于传统的政府内外部管理生态，政府组织内外部的功能定位和政府产权在不同层级政府内外部的流转与运作机制等，既带来了挑战，也提供了前所未有的机遇。如何借助人工智能技术发展与应用驱动政府管理与治理机制创新和发展，以此构建数字政府治理体制和智慧型政府，正成为人工智能和政府治理研究领域关注的热点和焦点问题。中国人工智能市场未来五年将处于高速发展阶段，IDC预测到2022年市场规模将达到98.4亿美元，2017—2022年复合增长率达到54.5%。在人工智能的推动下，2030年全球GDP将增长14%，相当于15.7万亿美元。从地域分布来看，中国到2030年GDP将增长26%，北美GDP增长14.5%，总获益相当于10.7万亿美元，占据全球增长比例的近70%①②。近年来，国家有

* 本章内容经过修改发表于《中国行政管理》2022年第1期。

① IDC FutureScape：2019全球分析与人工智能十大预测——中国启示［EB/OL］. https：//cloud. tencent. com/developer/news/381636。

② 普华永道：预计2030年人工智能将为世界经济贡献15.7万亿美元（附报告）。

关部门不断出台有关人工智能技术的相关政策，加速推广人工智能技术普及与应用[①]。然而，关于人工智能技术发展及应用对拓展传统政府会计功能的维度和边界，以此助力完善数字政府治理体制的研究却相对匮乏。在数字政府治理体系中吸纳和融入人工智能技术对扩展政府会计功能作用机理为何？跃迁的政府会计功能又将如何助推数字政府治理体制构建？本书将以政府产权理论为基础对这些问题进行分析。

产权理论指出，政府是一个超级企业，因为它能通过行政决定影响生产要素的使用，而技术的发展会降低市场交易的费用，同时也会扩大企业的作用（Coase，1960；Demsetz，1983；Demsetz 和 Lehn，1985）。国家对管理者所期望的行为模式的侦查、监督和执行成本显然要大于零，而且事实上可能很大，以牺牲政府的目标为代价来增加他个人的满足（Furubothn 和 Pejovich，1972）。对于每一种来源的信息成本，可能有不同的监督形式和合约安排（Alchian 和 Demsetz，1972）。技术进步导致制度变迁，创新和重构制度安排与设计，可以实现规模经济效益，将外部性内在化，降低风险和社会交易成本（Davis 和 North，1970）。政府产权是指依照一定的法律程序所赋予或规定的各级政府的功能、职责及相应的权力结构以及政府行为的权力边界（冯涛和袁为，2008），对政府产权进行界定的主要目的是要构造一个合理的政府产权制度以防止政府产权的泛化和权力的扩张（陈维达，2007）。基于此，本书分析指出，人工智能技术的发展及应用改变了政府产权在运作、运转和流通过程中传统的监督形式和合约安排，也改变了政府产权运作的社会交易成本，并转变了原有政府产权信息流的产生、来源渠道、加工、分配、处理方式以及共享模式等，将有效降低政府产权流转信息的获得成本。政府会计功能体系作为提供政府产权在流转过程中占有、使用、处置和收益等信息的生产和运作机制，必然与之相应转变与升级。换言之，人工智能时代将驱使传统的政府会计功能结构和维度必须进行改变和拓展，以适应和满足时代发展和政府治理现代化的需要和需求，并以此助力数字政府治理体制的构筑。

---

① 如《促进大数据发展行动纲要》《新一代人工智能发展规划》《政务信息系统整合共享实施方案》《党的十九大报告》等［EB/OL］. http：//www.199it.com/archives/607486.html。

本书后续部分安排如下：第 2 部分首先对有关人工智能技术发展和应用对国家与社会的产生经济后果的相关文献进行综述考查，并对拓展政府会计功能的机理进行分析；第 3 部分分析政府会计功能跃迁在构建数字政府治理机制中的作用；第 4 部分对全章进行总结。

10.2　文献综述

近年来，有众多文献对人工智能技术发展与应用对国家与社会产生的积极经济后果展开了探讨与研究，相关文献主要从宏观、中观和微观 3 个层次，对人工智能提升政府治理效能、加速经济治理及政府功能转变与拓展等作用进行了分析。关于提升政府治理效能，相关文献主要从政府管理、政务效率、政府决策质量、公共产品与社会治理等几个方面进行了分析。人工智能已经展现出了超越人类和替代人类的技术能力，极大提升了政府管理能力和治理水平（Kaplan，2016；Stiglitz 和 Korinek，2017；颜佳华、方浩伟，2019）。可提供全面和便捷的政务服务，缓解政府服务工作压力，有效提升政务服务的质量和效率（吴鹏、邢诒海，2019；张文静，2019）。人工智能有利于提高政府决策质量（Stiglitz，2017；Thierer，2017；陶勇，2019）。人工智能技术能够精准了解民众的“喜怒哀乐”及其他生活偏好，有利于提升社会公共服务水平，解决政府和政策的碎片化问题，精准、灵活地回应公众需求来提供公共物品（刘波，2018；于君博，2018）。数字化、网络化动摇了以固定空间、相对集权为基础的国家或组织的根基，连带我们的政府形态和社会治理模式也将步入新的历史阶段（戴长征、鲍静，2017；Peters，2013）。

关于加速经济治理积极效应，相关文献主要从推动产业升级，提高资源配置效果，降低人工成本与劳动力结构优化，提升经济价值创造等几个方面进行了考查。人工智能是一种通用技术，具有基础设施的外溢性特征，所催生的新业态和新模式将推动产业结构转型升级（Agrawal 等，2019；郭凯明，2019）。人工智能技术重构不同产业生产、分配、交换、消费等环节，其“精准效率”能够优化配置市场资源（Brynjolfsson 等，2018；钱锋、桂卫华，2018；陶勇，2019）。随着人工智能的发展及应用，可能会对中国的经济和劳动力市场形成巨大冲击，优化劳动力资源配置，有助于劳动力整体质量提高和劳动力结构优化（曹静、周亚林，2018；Acemoglu 和 Restrepo，2018；方晓霞等，2018；王君等，2017；朱巧玲、李敏，2018）。使用人工智能技术能够打破行业壁垒和地域壁垒，减少行政审批不需要的环节，鼓励新形态和新模式产业研发，带动和驱使产业转型，提升各类型产业和数字经济的价值创造与增值（高杰等，2019）。

关于助力政府转变和拓展功能视角，现有文献主要提出了有效控制政府规模，增强部门协同效应，健全政府职责体系，提升政府应急管理能力等几方面积极作用。人工智能技术能有效控制政府规模，提高行政运行效率（陈鹏，2018、2019；王山，2017）[①②③]。随着计算机技术及人工智能的发展，未来日本55%的职业，美国47%的工作岗位有可能被计算机替代，政府机构和企业部门人员将被大量裁减（David，2017；Frey and Osborne，2017）。强调打破政府部门间的藩篱，消除政府内部隔阂，推进政府部门的深度协调合作，进而有效解决面临的社会问题（Arntz 等，2016；陈畴镛，2018）。“智能技术＋政务服务”已成为政府功能转变的动力和重要抓手，优化政府管理功能，推动政府功能科学化配置，政府自由裁量权将会削弱，寻租空间将会被极大压缩，增强政府与社会的合作共治（何哲，2018；王山，2018、2019；岳楚炎，2019）。人工智能技术提升政府职责体系建设，真正实现从权力本位向责任本位（叶战备等，2018）转变。人工智能技术可使政府机构快速和高效应对应急管理（朱晓鑫等，2019）。

特别需要指出的是，也有文献从会计治理角度提出了人工智能技术发展对构建会计智能体，政府审计治理机制，完善政府会计治理机制等中积极作用。人工智能技术将对会计治理理念、治理范式、治理内容、治理手段等产生不同程度的影响，促成会计智能体的产生和发展（傅元略，2019；殷红等，2019）。人工智能审计平台并对信息技术进行全面整合和大数据综合应用，可以达到对社会的综合治理（武晓芬、田海洋，2019；张永杰，2019）。信念革新、技术变革与制度支撑推动政府会计提升政府治理效能（潘俊等，2019；姜宏青、魏小茹，2019；汪敏达、陈志斌，2017；王汇华、刘永泽，2019）。

但与上述文献不同，本书将基于人工智能理论、功能论和政府产权理论等理论，从人工智能技术发展和应用拓展政府会计功能的角度探讨对构建数字政府治理体制的积极效应与作用。政府会计功能是指政府会计工作能够满足监控预算执行过程的合规性，提高财政透明度，评价政府绩效，解脱受托责任等需求的特有属性。借助人工智能技术，传统的政府会计功能机制将得到飞跃式的创新，可以将公共财政预算领域关联度低和价值度低的数据转变成串联的有用的价值度高的政府会计治理所需的信息与信息流，从而有效改变政府会计功能体系在公共产品与服务管理、社会与环境管理和政府决策管理等整体治理中的作用，为各层级政府实现“数字化治理”提供路径和机制支持。有助于从技术上助力传统型政府向数字化政府治理模式转变，提升我国各层级政府决策力、政府竞争力和政府生产力。

因此，以人工智能理论、政府产权理论与政府会计治理理论对完善数字政府体制问题展开的探索与研究，既能满足我国数字政府财政预算管理现实需求，又是对人工智能理论、政府产权理论与政府会计治理理论等理论研究的新探寻，对构建我国数字政府治理体制作出实践和理论贡献。

10.3　人工智能技术发展与拓展政府会计功能机理分析

10.3.1　人工智能技术应用有助于扩展政府会计功能广度

随着人工智能技术的发展与应用可以促成政府会计功能体系将政府产权运行的不同时空维度的数据流进行关联。

首先，人工智能技术普及和发展不仅是社会应用机制，也是社会倒逼机制（刘波，2018）。政府产权的运作与流通机制产生的信息流，其流转、处理、加工与应用轨迹需要有合适的工具与手段向外界披露和传播，传统政府会计功能中的手工式或机械式数据处理方式显然不能适应新时代的需求，需要拓展原有的政府会计功能维度，对政府产权运行的数据流进行科学分析、分类、处理和分配等，并通过有效工具和机制提供给需要的利益相关者。对政府产权在同层级政府运行的时间、空间地理位置、具体执行的人和机构以及精细的流程走向等，通过借助人工智能技术在政府会计功能体系中的嵌入，可以实现这些数据流精确的横向关联。人工智能技术的应用可以将庞大的、无序的、隐性的、静态的等海量的公共财政预算数据向关联化、向显性化、向动态化、智能化方向的转化，可以加速数字政府治理方式、路径和机制的创新，可以产生“倍增”效应，推进我国的数字政府治理建构进程（胡洪彬，2018；王少泉，2019）。因此，人工智能的物理属性为政府会计功能体系的横向拓展提供了技术支撑。其次，通过对拓展的政府会计功能体系可以对横向关联的政府产权运行的数据流进行深层次加工和整合，形成有效的信息和信息流，可以发现政府产权横向运行的内在的关联关系和规律，借此可以预测与判断未来政府产权在不同地区和相同政府层级横向流转与运行的趋势。最后，经过人工智能技术属性转变为社会属性，借助人工智能技术的发挥并由政府会计功能体系生成的政府产权流转的横向精确信息流，可以加快数据信息共享和开放机制建设，加强同层级政府间政府产权运行模式的比较与借鉴，能够科学创新政府产权运转的方式和模式，加速政府产权的流转和价值创造，以此提升政府财政预算资金使用的效用和效果，促成政府的组织形式和政府会计治理模式的转变。因此，人工智能的社会属性可以促成未来政府横向治理模式的深刻变革。从长远来看，人工智能技术的发展和应用将有力改变政府会计功能运作方式和发挥模式，极大地拓展了政府会计功能的宽度与广度。

10.3.2 政府人工智能化系统建设将有力延伸政府会计功能深度

人工智能技术发展和应用可以使政府会计功能结构层级不断向深层次

渗透，助力穿透传统政府会计功能结构程度。首先，依靠人工智能技术属性和延伸的政府会计功能的发挥有助于开拓数字政府层级的虚拟空间结构和运行机制。融入人工智能技术，政府会计功能体系可以深度挖掘政府产权在不同政府层级流转的数据和数据流，实现不同层级的政府产权运行数据流的贯穿性和开放性，实现政府产权在不同政府层级流转的数据流有机统一，使政府产权在不同层级政府流转的数据流具有连续性、整体性和系统性特征。其次，嵌入人工智能系统，政府会计结构功能体系可以加强不同层级政府间政府产权流转机制的协同，重塑和再造政府产权在不同层级运作和运转机制，可以深度探寻公共财政预算资金的最小政务作业单元，精细分析与考核公共财政预算资金使用效能，实现公共财政预算资金的最优流向和精确配置。最后，人工智能技术与政府会计功能体系的结合将产生巨大的社会正向效应。两者共融可以对政府产权流转在不同层级政府产生的数据流进行有效整合、开放与共享。可以加强政府产权在不同层级流转的监督，将不同层级和不同地区的政府产权运行的数据流转化为政府所需的监控信息流和科学决策信息流，有效预防和阻止政府官员贪腐，节约政府行政成本，增强科学决策，以此提升政府决策力和政府生产力等。因此，吸纳人工智能体系的技术属性和社会属性将能有力延伸政府会计功能深度。

10.4　政府会计功能科学变迁助推数字政府治理体制构建

数字政府治理体制指在市场经济条件下政府对公共事务的治理，由治理理念、治理结构和运作方式与过程所构成的“三位一体”的有机框架或网络。嵌入人工智能技术的政府会计实时核算和同步信息披露功能可以提高政府管理层决策质量和均衡资源配置效率，智慧化政府会计投资测算功能，能够助推国家对产业结构进行适时调整和升级效用，智能化政府会计监督功能可以助力健全和完善职责体系，预防和预警不同类型举债风险效果等，智能化的政府会计绩效评估有利于革新政府管理和治理方式，在整合与处理公共财政预算数据、优化公共资源配置、降低政府行政成本、提高政府决策质量、提升财政预算管理效果、培养公民社会等方面发挥着不可估量的积极作用和效能，并以此助力我国数字政府治理机制构建与完善（见图 10－1）。

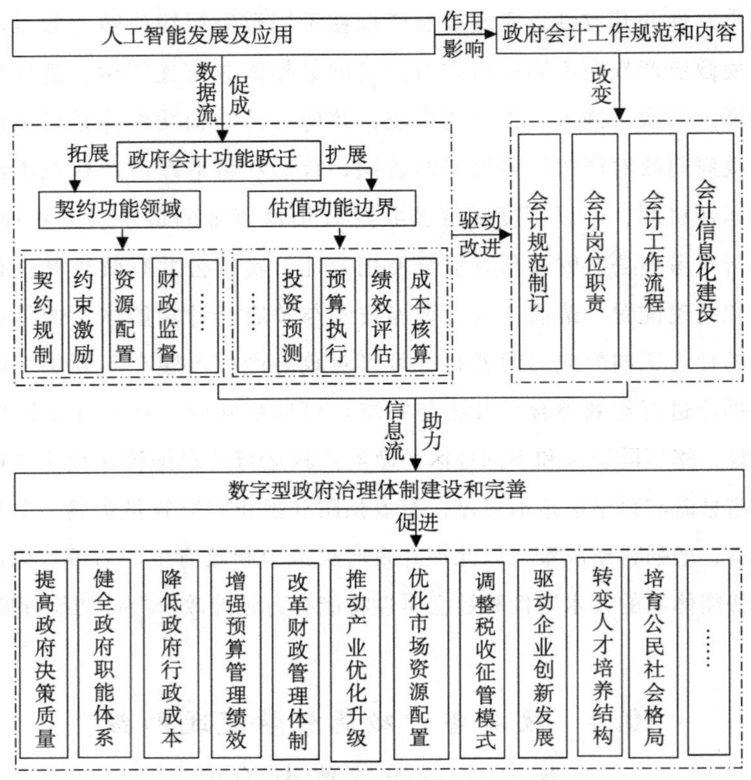

图 10－1　政府会计功能跃迁与完善数字政府治理体制演绎图

10.4.1　政府会计功能拓展有利于政府财务数据完成信息化转换，夯实数字政府治理基础

（1）政府会计资源配置功能吸纳人工智能技术可以促进和推动产业转型优化升级

公共财政预算资源配置机制是指调节公共财政预算资源使用的数量、

规模、结构、布局等方面的经济机制，实则是政府产权的一种处置和处分行为。在政府会计结构功能体系中吸纳和融入人工智能技术，并加以科学运用和发挥，可以实现对政府产权在不同时间和空间位置流转与运作产生的数据和数据流进行快速收集、整理、加工和提炼等程序化操作，进而实现和完成对不同类型的政府产权数据和数据流向目标导向的分类信息流转变和转换，继而生成可用和有效的信息和信息流，以此夯实我国数字政府治理体制的基础，而这也是建设和构筑我国的数字政府治理体制进程必不可少的环节与步骤。首先，依靠人工智能技术中的工程学方法可以将公共财政资源配置的流程和分布，各层级政府与机构对公共财政预算资源具体占有、处分、使用与收益的精确数额形成分类化和网络化的数据流，借助人工智能技术和政府会计公共财政预算资源配置功能的运用和发挥，对这些数据流进行分类、加工、整合并汇总成有用的信息流。可以合理预测和推测出不同地区政府、不同层级政府及机构未来公共财政预算资源配置流程、分布及额度的有用信息。使公共财政预算资源配置趋向科学化，由此提升公共财政预算资源配置效率与效果，促进各地区各部门实现不同产业优化或转型。其次，将人工智能技术融入政府会计资源配置功能中，并依靠预防设定的人工智能物理属性使财政预算资源配置形成网络化和神经化的信息流，再凭借人工智能技术中的工程学等方法，对各地区和各层级政府及其组成机构与部门公共财政预算资源配置进行逻辑推理、智能识别和人工模拟，可以使公共财政预算资源配置实现规范化、程序化、标准化、精细化和智能化等。因此，人工智能中的工程学功能配合政府会计资源配置功能，能够对公共财政预算资源实现跨地区、跨层级和跨部门的再造和整合，促进并促成公共财政预算资源的最优配置，触发和催生产业新业态和新模式的诞生和形成，拉动和推动不同产业结构转型升级。

（2）嵌入人工智能技术有助于政府会计精确核准政府行政费用开支，降低政府行政成本

现阶段我国部分地方政府的公务成本高、运行成本高、基础成本高、装备成本高、无形成本高等产生行政成本积累现象。行政成本耗费本质是

政府产权运作的一种内化式的体现和方式。根据德勤报告的数据可知，以办公自动化为例，通过自动化计算机执行的常规任务，在全球低端范围内每年可节省 9670 万个小时和 33 亿美元，在高端范围内每年甚至可节省 12 亿个小时，并因此省下 411 亿美元[①]。在保证政府会计事项可追述、可证明的条件下实现政府会计资料可以无纸化管理，显著降低政府行政成本。据某大型国企反映，该企业每年因会计资料打印所带来的各种成本耗费超过 3000 万元。由此估算全国企业的耗费，保守的数字也达数亿元。平均计算，我国企业每天因会计资料打印而发生的成本超过 100 万元[②]。而人工智能不仅具有优于常人的精确性，同时也更为便捷和快速，人工智能在控制政府规模的同时，也为节省财政支出和提升政府灵敏度提供了有效载体。

首先，人工智能技术的发展和应用必然会对传统的政府会计分工形成冲击，政府部门的基础会计工作将会快速被替代。其核心工作原理是以财务管理流程为导向，优化政府行政业务流程，使政府财务管理工作更加标准化、信息化、精准化、高效化，最终倒逼政府财务管理组织体系重构，降低基础会计人员数量，提升综合能力较强的财务会计与管理会计分析岗，增强政府财务部门的信息化特征。传统的政府管理体制是由不同层级官僚制构成，而官僚制的运行机制则不可避免地带来“帕金森定律”负向效应。人工智能技术的发展与运用可以克服官僚制中的弊端与缺陷，使金字塔式的垂直管理体制转向分权化的横向扁平化管理体制。由此克服行政机构臃肿、推诿扯皮、行政流程繁冗、效率低下等弊病，并可以削弱官员的自由裁量权，减少官员贪腐、创租与设租、寻租与抽租等不良行为。因此，人工智能的产生、发展与应用将大大降低各国政府的行政成本是由其自然技术属性决定的。其次，在政府会计核算功能结构中嵌入人工智能系统的遗传算法，将行政支出落实到每一个行政作业单元和作业细节，落实到不同政府层级的每个部门和个人，追求并实现最极致的“精”与“细”。

---

① 《德勤报告：人工智能如何增强政府治理》，中国地方政府网站联盟［EB/OL］. http：//www. zgzfwm. com/zwlt/201707/t20170721_1149839. shtml。

② 会计资料无纸化政策破冰——企业会计信息化工作规范解读之一［EB/OL］. http：//kjs. mof. gov. cn/zhengcejiedu/201312/t20131223_1027775. htm。

依赖人工智能技术中的遗传算法促成行政成本消耗在不同地区、不同层级及部门多维时空中无缝隙衔接、集成和呈现。将所有作业单元流程链上生成的数据流通过政府会计核算体系形成有效的信息流，可以实现对各层级政府及其附属机构作业的行政成本展开精细核算，并促成精确核准，由此可以有效节省和降低政府的行政成本支出。最后，人工智能技术结合政府会计行政成本核算功能会导致公共财政支出的下降，而政府行政成本合理降低与减少是政府产权运行效率提高的外在呈现，也是人工智能发挥和应用产生积极的良好社会效应的外在展现。由此促成政府行政成本的均衡和科学管理，这也是推进国家和政府治理能力现代化重要组成部分，也是构建廉洁型政府的必然要求，更是完善数字政府治理体制不可或缺的重要一环。

10.4.2 政府会计治理功能跃迁，促进建构数字政府治理体制

对政府产权的运作及其经济后果展开评估及问责是法治型政府进行绩效管理的必然要求。将人工智能的物理属性和社会属性纳入政府会计功能结构体系中，形成有效的信息和信息流。可以对政府产权的运转流向进行前瞻性研判和预测，确保政府产权在流通过程不出现受阻和受滞的情境，影响政府产权权能的发挥和政府产权的价值创造，以此推动政府转变功能，促进政府功能合理到位和归位，提升各层级政府财政预算资源的管理和治理效用，提高政府决策质量，提升财政预算透明度，培育公民社会格局，助推数字政府治理体制完善。

（1）人工智能系统与政府会计功能结合将突破政府行政数据壁垒，提高政府决策质量，提升公共财政预算管理效能

政府科学决策的前提是有效获得和掌握与决策相关的信息及信息流。首先，政府会计功能中引入人工智能技术中的人工神经网络法，可以有效突破不同地区不同层级政府及其所属部门间的行政数据壁垒，以最细化和最小化行政作业单元为基础，将每一层级政府及其所属机构投资行为、预

测和绩效评估等行为产生碎片化、零散化、孤立化的数据，建立起上下贯穿、左右纵横的系统化数据链，并以此建立和形成贯穿整个政府层级，穿透所有行政辖区的行政作业系统化数据流，在融入政府会计投资预测和绩效评估等功能后，并借助统一的政府数据共享平台，可以勾勒和刻画出政府产权在不同时间段和不同层级政府及机构间流转与运行的细致轨迹，以此轨迹为依据进行加工可以形成有效的信息和信息流，借此评估不同层级政府及所属部门对政府产权的占有、处分、使用与收益等行为的经济后果。并针对不同时间和不同层级政府间的政府产权运行轨迹，准确推测和预测其科学的运作方向和未来所需的财政预算资源配置额度。在此基础上形成的政府决策，将可以有效保障政府决策质量，并可以加强政府产权的科学流通，增强政府产权的价值创造，提升公共财政预算管理效能。其次，人工智能技术将由手工或机械完成的政府会计账务与财务处理工作嵌入自动化系统之中，从而达到提高政府会计账务处理效率和效果的目的。一般而言，将人工智能应用于政府会计工作之中，可以更高效地完成政府会计工作，人工智能技术可以发展为类似人类神经网络，可以模拟或生成政府账务自动化处理程序与步骤，并实现优化与提升，这与传统的会计与财务处理是不同的，可以有效提高政府会计和财务工作的效率和效果。最后，政府会计投资预测和绩效评估功能引入人工智能技术必然产生积极的社会效应。一是政府积极吸纳先进管理机制和治理理念决心和行动的外在展示，必然改进政府原有的管理和治理模式，促使政府转变功能，提升政务执行力。二是政府借助人工智能系统和政府会计数据形成的“金税、金关、金盾”等信息系统惠民工程，变被动服务为主动服务，可以大幅度提升和改善辖区人民生活福祉。有效提升政府决策可以增加民众对政府的信任，增强政府的公信力。因此，政府会计功能中融入人工智能技术能够有效推动高效型政府的建设，助力数字政府治理体制的健全与完善。

(2) 政府会计功能跃升促成财政透明度，助力文明社会培育与形成

首先，人工智能技术特性在环境保护与治理、养老医疗、教育卫生、

公共基础设施建设等公共管理领域已得到广泛应用。在公共服务领域，人工智能技术可以将最小政务作业单元生成的数据和数据流经过即时网络提供至政府会计功能结构体系，经由政府会计功能具体的运作机制，对这些数据进行整合、分类、加工和处理形成有用的信息和信息流后，通过数据共享平台向全社会及时披露，可以保障民众知情权。并通过在线服务、数字民主和数字政府平台等使民众快速了解和掌握，确实使政府在公共产品和服务领域的治理变得更为开放和透明。

其次，在人工智能时代，借助政府数字媒介、网络或其他数字政府平台，越来越多的民众有意愿主动参与政府的政治生活，主动监视政府执行政务过程，由被动参与转变为主动参与，同时对不同数字政府平台披露的信息和信息流，可以发表自己对政府在公共服务领域的治理意见，而每一位民众的具体治理建议可以视同为人工智能处理系统中的特定代码，汇总所有特定代码并经过人工智能技术发挥和运用，再经过整合和处理，可以生成公众需求和诉求的数据与数据流，再经过特定的政府会计结构功能机制加工，公众对政府对多元化公共产品和公共服务信息以及所需的公共财政预算资源配置流向、分布与额度等信息即可获得。同时也变革了公共产品和服务供给方式，提高公共产品和服务质量，降低公共产品和服务供给成本，满足了公众多元化的需求和需要，真正实现和促成了公共产品与服务治理由传统的以政府为中心过渡到以公民为中心的治理模式，实现公众、社会和政府在公共产品与服务治理领域共治机制，实现透明型和服务型政府的建设，也完善了数字政府治理运行体系，而此是由政府会计功能体系中嵌入人工智能技术共同催生和促成的。

10.5　本章小结

人工智能的快速发展与普及将对我国现有政府会计结构功能体系等将产生巨大的变革。嵌入人工智能技术，可以有效拓展和创新现有政府会计功能的设计和安排。在公共财政预算领域，实现政府产权流转信息和信息流的快速生成和供给，增强政府组织在公共产品与服务管理、环境管理和政府管理等整体治理作用，并为政府实现“数字化治理”提供路径和机制支持，可以改变政府原有的治理模式，进而推动政府治理方式和机制创新，从技术上助力传统型政府向数字化和智能化政府治理模式转变，完善我国数字政府治理体制。有助于降低整个国家和社会的运行成本，提高政府公共行政决策能力和政府绩效，提升政府竞争力和政府生产力，推进我国政府和国家治理体系能力现代化进程，服务国家和经济社会发展。

参考文献

[1] Acemoglu, D. and P. Restrepo, 2018, "The Race between Man and Machine: Implications of Technology for Growth, Factor Shares and Employment" [J]. *American Economic Review*, Vol. 108, pp. 1488 - 1542.

[2] Acemoglu, D., and P. Restrepo, 2020, "Robots and Jobs: Evidence from US Labor Markets" [J]. *Journal of Political Economy*, 128 (6), 2188 - 2244.

[3] Agrawal, A., J. S. Gans and A. Goldfarb, 2019b, "Artificial Intelligence: The Ambiguous Labor Market Impact of Automating Prediction" [J]. *Journal of Economic Perspectives*, (33), pp. 31 - 50.

[4] Agrawal, A., J. S. Gans and A. Goldfarb, 2019 a, "Economic Policy for Artificial Intelligence [J]. *Innovation Policy and the Economy.*, (19): 139 - 159.

[5] Alchian A A. 1950, Uncertainty, Evolution, and Economic Theory [J]. *Journal of Political Economy*, 58 (3): 211 - 221.

[6] Alchian, A. A. & Demsetz, H. 1972, Production, Information Costs, and Economic Organization [J]. *The American Economic Review.*, 62 (5): 777 - 795.

[7] Aretz, K., Campello, M. and Marchica, M. 2020, Access to Collateral and the Democratization of Credit: France's Reform of the Napoleonic Secur-

ity Code [J]. *The Journal of Finance*, 75 (1): 45 -90.

[8] Arntz, M., Gregory, T. and Zierahn, U., 2016, "The Risk of Automation for Jobs in OECD Countries: A Comparative Analysis", OECD Social, Employment and Migration Working Papers, No. 189.

[9] Arntz. M., 2016, "The risk of automation for jobs in OECD countries: A comparative analysis", OECD Social Employment and Migration. Working Papers. 189.

[10] Arpan Kumar Kar, Yogesh K. Dwivedi, 2020, "Theory Building with Big Data - driven Research - Moving away from The 'What' towards the 'Why'" [J]. *International Journal of Information Management*, pp. 54.

[11] Arpan Kumar Kar, Yogesh K. Dwivedi, 2020, "Theory building with big data - driven research - Moving away from the 'What' towards the 'Why'" [J]. *International Journal of Information Management*, (54) pp1 -10.

[12] Asteriou, D., Pilbeam K. and Pratiwi, C. E. 2021, Public Debt and Economic Growth: Panel Data Evidence for Asian Countries [J]. *Journal of Finance and Economics*, 45: 270 -287.

[13] Baryannis, G., Validi, S., Dani, S. and G. Antoniou, 2019, "Supply Chain Risk Management and Artificial Intelligence: State ofthe Art and Future Research Directions" [J]. *International Journal of Production Research*, Vol. 57 (7), pp. 2179 -2202.

[14] Bertsimas, D., Jaillet, P. and Martin, S., 2019a, "Online Vehicle Routing: The Edge of Optimization in Large Scale Applications" [J]. *Operations Research*, 67 (1), pp. 143 -162.

[15] Botta, A., Caverzasi, E. and Russo, A. 2020, Fighting the COVID -19 Emergency and Re -Launching the European Economy: Debt Monetization and Recovery Bonds. Greenwich Papers in Political Economy 27605.

[16] Brynjolfsson Erik, Mitchell Tom, Rock Daniel. 2018, What Can Machines Learn and What Does It Mean for Occupations and the Economy? [J].

AEA Papers and Proceedings, 108.

[17] Brynjolfsson, E. and Collis, A., 2019, "How should We Measure the Digital Economy" [J]. *Harvard Business Review*, 97 (6), pp. 140 - 148.

[18] Brynjolfsson. E., T. Mitchell and D. Rock, 2018, "What Can Machines Learn and What Does It Mean for Occupations and theEconomy". 1962, AEA Papers and Proceedings. (108): 43 - 47.

[19] Buchanan J M. Stubblebine, C Externality [J]. *Economica*, 29 (116): 371 - 384.

[20] Cantore, C., Levine, P. L., Melina, G. and Pearlman, J. 2017, optimal fiscal and monetary policy, debt crisis, and management [J]. *Macroeconomic Dynamics*, 23: 1166 - 1204.

[21] Catrina, I. L., 2012, The Failure of Fiscal Consolidation through 'Budget Cuts. [J]. *Procedia Economics and Finance*, (3): 367 - 374.

[22] Chen, Z., He, Z. and Liu, C. 2020, The financing of local government in China: Stimulus loan wanes and shadow banking waxes [J]. *Journal of Finance and Economics*, 137 (1): 42 - 71.

[23] Cheung S N S. 1969, Transaction Costs, Risk Aversion, and the Choice of Contractual Arrangements [J]. *Journal of Law & Economics*, 12 (1): 377, 379 - 399.

[24] Coase R H. 1960, Problem of Social Cost, The [J]. *Journal of Law & Economics*, 3 (4): 1 - 44.

[25] Croce, M. M., Nguyen, Thien T., Raymond, S. and Schmid, L. 2019, Government Debt and The Returns to Innovation [J]. *Journal of Finance and Economics*, 132 (3): 205 - 225.

[26] D. J. Wright 2016, Soft Budget Constraints in Public Hospitals [J]. *Health Economics*, 25 (5): 578 - 590.

[27] David, B. 2017, "Computer Technology And Probable Job Destructions in Japan; An evaluation" [J]. *Journal of the Japanese and International Economies*. 43 (1): 77 - 87.

[28] David, B. 2017, "Computer Technology and Probable Job Destructions in Japan; An Evaluation" [J]. *Journal of the Japanese and International Economies*. 43 (1): 77 -87.

[29] Demirci, I., Huang, J. and Sialm, C. 2019, Government Debt and Corporate Leverage: International Evidence [J]. *Journal of Finance and Economics*, 133 (2): 337 -356.

[30] Demsetz. H. 1964, The Exchange and Enforcement of Property Rights [J]. *Journal of Law & Economics*, 7 (1): 11 -26.

[31] Demsetz H, Lehn K. 1985, The Structure of Corporate Ownership: Causes and Consequences [J]. *Journal of Political Economy*, 93 (6): 1155 -1177.

[32] Demsetz H. 1969, Information and Efficiency: Another Viewpoint [J]. *Journal of Law & Economics*, 12 (1): 1 -22.

[33] Demsetz H. 1983, The Structure of Ownership and the Theory of The Firm [J]. *Journal of Law & Economics*, 26 (2): 375 -390.

[34] Demsetz H. 1967, Toward A Theory of Property Rights [J]. *American Economic Review*, 57 (2): 347 -373.

[35] E. J. Mishan. 1971, The Postwar Literature on Externalities: An Interpretative Essay [J]. *Journal of Economic Literature*, 9 (1): 1 -28.

[36] Fan, P. H., T. J. Wong, and T. Zhang, 2009, "Institutions and Organizational Structure: The Case of State - Owned Corporate Pyramids", Working Paper, The Chinese University of Hong - Kong.

[37] Farzaneh A. Amani, and Adam M. Fadlalla, 2017, "Data Mining Applications in Accounting: A Review of The Literature and Organizing Framework." International Journal of Accounting Information Systems, 24, pp. 32 -58.

[38] Ferreira J., Fernandes C. I. and Ferreira F., 2019, "To Be or Not to Be Digital, That is The Question: Firm Innovation and Performance" [J]. *Journal of Business Research*, 101 (8.), pp. 583 -590.

[39] Florini, A. M., 2002, Increasing Transparency in Government, International Journal on World Peace, 19 (3): 3 –5.

[40] Frey, C. B. And M. A. Osborne, 2017, "The Future of Employment: How Susceptible are Jobs to Computerisation?" [J]. *Technological Forecasting and Social Change*, 114 (1): 254 –280.

[41] Frey, C. B., and Osborne, M. A., 2017, The Future of Employment: How Susceptible Arejobs to Computerisation? [J]. *Technological Forecasting and Social Change*, 114 (C): 254 –280.

[42] Froystein. Gjesdal. 1981, Accounting for Stewardship. [J]. *Journal of Accounting Research*. Vol. 19, No. 1, Spring, pp. 208 –231.

[43] Furubotn E G, Pejovich S. 1973, Property Rights, Economic Decentralization, and The Evolution of The Yugoslav Firm, 1965 – 1972 [J]. *Journal of Law & Economics*, 16 (2): 275 –302.

[44] George J. Stigler. 1972, The Economics of Information [J]. *Journal of Political Economy*, 23 (4): 281 –283.

[45] Gertler, M., Kiyotaki, N. and Prestipino, A. 2020, Credit Booms, Financial Crises, and Macroprudential Policy [J]. *Review of Economic Dynamics*, 37 (S1): S8 –S33.

[46] Goldfarb, A. and Tucker, C., 2019, "Digital Economics" [J]. *Journal of Economic Literature*, 57 (1), pp. 3 –43.

[47] Graetz, G., and M. Guy, 2018, "Robots at Work" [J]. *Review of Economics and Statistics*, 100 (5), 753 –768.

[48] Greco, F., Polli, A., 2020, Emotional Text Mining: Customer Profiling in Brand Management. Int. J. Inf. Manag. 51.

[49] Grover, V., Lindberg, A., Benbasat, I., & Lyytinen, K. 2020, The Perils and Promises of Big Data Research in Information Systems. Journal of The Association for Information Systems, 21 (2), 268 –291.

[50] Guo, S., Pei, Y. and Xie, Z. 2018, Fiscal Decentralization, Intergovernmental Transfer, and Overborrowing. Meeting Papers, Society for Eco-

nomic Dynamics, 975.

[51] Huang, Z. and Du, X. 2018, Holding The Market under The Stimulus Plan: Local Government Financing Vehicles' Land Purchasing Behavior in China [J]. *China Economic Review*, 50: 85 - 100.

[52] Hukal, P., Henfridsson, O., Shaikh, M. and Parker, G., 2020, "Platform Signaling for Generating Platform Content" [J]. *MIS Quarterly*, 44 (3), pp. 1177 - 1206.

[53] J. Kornai, 1979, Resource - Constrained Versus Demand - Constrained Systems [J]. *Econometrica*, 47 (4): 801 - 819.

[54] John, F. C., B. T. John, W. Volker, and H. W, Maik, 2013, Fiscal Consolidation Strategy [J]. *Journal of Economic Dynamics and Control*, (37): 404 - 421.

[55] Kar, A. K. 2020, What Affects Usage Satisfaction in Mobile Payments? Modelling User Generated Content to Develop The "Digital Service Usage Satisfaction Model.", Information Systems Frontiers. https://doi.org/10.1007/s10796-020-10045-0.

[56] Kevin T. Rich and Jean X. Zhang. 2014, Does Audit Committee Monitoring Matter in The Government Sector? Evidence from Municipal Internal Control Quality [J]. *Journal of Governmental & Nonprofit Accounting*, (3): 58 - 80.

[57] Kluza Krzysztof. 2017, Risk Assessment of The Local Government Sector Based on The Ratio Analysis and The DEA Method. Evidence from Poland [J]. *Eurasian Economic Review*, 7 (3): 329 - 351.

[58] Kudla, Janusz. 2018, Determinants of Public Indebtedness in European Union Countries. e - Finanse, 14 (3): 76 - 86.

[59] Lau, R. Y. K., Zhang, W. and Xu, W., 2018, "Parallel Aspect - Oriented Sentiment Analysis for Sales Forecasting with Big Data" [J]. *Production and Operations Management*, 27 (10), pp. 1775 - 1794.

[60] Leuz C, Wysocki P D. The Economics of Disclosure and Financial

Reporting Regulation [J]. *Journal of Accounting Research*, 2016, 54 (2): 525 -622.

[61] Louis P. Le Guyader, 2019, "Artificial intelligence in accounting: GAAP's 'FAS133' ." J Corp Acct Fin. pp. 1 -5.

[62] Mak, H. Y. and Max Shen, Z. J., 2020, "When Triple - A Supply Chains Meet Digitalization: The Case of JD. Com's C2M Model" [J]. *Production and Operations Management*, pp. 1 -10.

[63] Makoto Kuroki Expense Budget Ratcheting Under Zero - Profit Incentive: Evidence from Private Colleges and Universities. Working Paper. 2018.

[64] Mary Kehinde Salawu, and Tankiso Steven Moloi, 2020, "Critical Factors for Accounting Estimation of Investment in Artificial Intelligence: An Imperative for Accounting Standards Setters in the Fourth Industrial Revolution Era", Journal of Accounting and Management, Vol. 10, No. 1.

[65] Mendonca, H. F., and M. R. Machado, 2013, "Public Debt Management and Credibility: Evidence from An Emerging Economy" [J]. *Economic Modelling*, (30): 10 -21.

[66] Montes, G. C., Bastos, J. C. A. and De Oliveira, A. J. 2019, Fiscal Transparency, Government Effectiveness and Government Spending Efficiency: Some International Evidence Based on Panel Data Approach. Economic Modelling, 79: 211 -225.

[67] Murray, A., Kuban, S., Josefy, M. and Anderson, J., 2019, "Contracting in The Smart Era: The Implications of Blockchain and Decentralized Autonomous Organizations for Contracting and Corporate Governance", Academy of Management Perspectives.

[68] North. D. C., Davis L. 1970, Institutional Change and American Economic Growth: A First Step Towards A Theory of Institutional Innovation [J]. *The Journal of Economic History*, 30 (1): 131 -149.

[69] North. D. C., 1981Structure and Change in Economic History. New York: Norton.

[70] Ohlson J A. 1995, Earnings, Book Values, and Dividends in Equity Valuation [J]. *Contemporary Accounting Research*, 11 (2): 661 - 687.

[71] Petrie, M., 2003, Promoting Fiscal Transparency: The Complementary Roles of The IMF, Financial Markets, and Civil Society, IMF Working Paper.

[72] Piguillem, F. and Riboni, A. 2021, Fiscal Rules as Bargaining Chips. [J]. The Review of Economic Studies, 88 (5): 2439 - 2478.

[73] Qiu, Chen. 2015, How Do Directors of Nonprofit Organizations Perceive the Donor Evaluation Process? [J]. *Journal of Governmental & Nonprofit Accounting* (4): 1 - 16.

[74] Sandberg, J., Holmström, J. and Lyytinen, K., 2020, "Digitization and Phase Transitions in Platform Organizing Logics: Evidencefrom the Process Automation Industry" [J]. *MIS Quarterly*, 44 (1), pp. 129 - 153.

[75] Sanghee Park. 2018, Understanding Public Sector Debt: Financial Vicious Circle under the Soft Budget Constraint [J]. *Public Organization Review*, (3): 1 - 22.

[76] Saura, J. R., Bennett, D. R., 2019, A three - stage method for data text mining: using UGC in business intelligence analysis. Symmetry 11 (4), 519.

[77] Schmidt, C. G. and Wagner, S. M., 2019, "Blockchain and Supply Chain Relations: A Transaction Cost Theory Perspective" [J]. *Journal of Purchasing and Supply Management*, 25 (4) 1 - 13.

[78] Singhal, K., Feng, Q., Ganeshan, R., Sanders, N. R. and Shanthikumar, J. G., 2018, "Introduction to The Special Issue on Perspectives on Big Data" [J]. *Production and Operations Management*, 27 (9), pp. 1639 - 1641.

[79] Stiglitz, J. E. 2017, The Coming Great Transformation [J]. *Journal of Policy Modeling*, 39 (4): 625 - 638.

[80] Stiglitz, J. E, A. Korinek., 2017, "Artificial intelligence, Worker -

Replacing Technological Change, and Income Distribution", in; A. K. Agrawal et al (eds) Economics of Artificial Intelligence. University of Chicago Press.

[81] Safdar Sial, Ali Abdallah Alhadidi, 2020, "How Artificial Intelligence Changes the Future of Accounting Industry.", International Journal of Economics and Business Administration, Vol, pp. 478 – 488.

[82] Thierer. A. D "Artificial Intelligence and Public Policy", https//: Papers. ssrn. com/sol3/papers, cfm?abstract id = 3021135.

[83] Walker, D. M., 2004, Addressing Fiscal Risks: A Case for Greater Truth and Transparency in Government Financial Reporting [J]. *International Journal of Government Auditing*, 31 (1): 7 – 10.

[84] Weitzman M L. 1980, The "Ratchet Principle" and Performance Incentives [J]. *Bell Journal of Economics*, 11 (1): 302 – 308.

[85] Wu, L., Lou, B. and Hitt, L., 2019, "Data Analytics Supports Decentralized Innovation" [J]. *Management Science*, 65 (10), pp. 4863 – 4877.

[86] B·盖伊·彼得斯 (B. Guy Peters) (美) 吴爱明, 等, 译. 张成福校 [M]. 北京: 中国人民大学出版社, 2013.

[87] 安东尼. 唐斯 (Anthony Downs) (作者), 郭小聪 (译者), 等. (译者) 官僚制内幕 (中文修订版) [M]. 北京: 中国人民大学出版社, 2017.

[88] 财政部会计司公共部门会计准则考察团, 冯卫东, 于小旺, 喻灵. 瑞士、意大利的政府会计改革及其借鉴 [J]. 会计研究, 2006 (9): 76 – 81.

[89] 财政部会计司考察团. 英、法非营利组织和政府会计准则考察报告 [J]. 会计研究, 2004 (11): 81 – 83.

[90] 蔡利, 段康. 政府审计对地方政府债务治理的效应研究 [J]. 审计研究, 2022 (2): 31 – 42.

[91] 曹静, 周亚林. 人工智能对经济的影响研究进展 [J]. 经济学动态, 2018 (1): 103 – 115.

[92] 曹堂哲. 公共行政执行协同机制——概念、模型和理论视角 [J]. 中国行政管理，2010 (1)：115 - 120.

[93] 曹治，陈立兵. 最低工资标准与企业金融化 [J]. 会计与经济研究，2022，36 (2)：56 - 71.

[94] 岑聪. 互联网技术发展与中国创新效率的空间优化——兼论知识产权保护的门槛效应 [J]. 会计与经济研究，2022，36 (2)：94 - 111.

[95] 曾雪云，徐雪宁. 智能化与信息科技革命驱动的财务成本会计研究——中国会计学会财务成本分会 2019 学术年会综述 [J]. 会计研究，2020 (2)：191 - 193.

[96] 常丽. 公共绩效管理框架下的政府财务绩效报告体系构建研究 [J]. 会计研究，2013 (8)：10 - 16.

[97] 常丽. 美、日政府资产负债信息披露全景图比较研究 [J]. 财政研究，2010 (8)：36 - 41.

[98] 陈爱蓓. 财产权的道德意蕴 [J]. 社会科学战线，2010 (3)：188 - 193.

[99] 陈畴镛. 韩国数字政府建设及其启示 [J]. 信息化建设，2018 (6)：30 - 34.

[100] 陈冬华，姚振晔，新夫. 中国产业政策与微观企业行为研究：框架、综述与展望 [J]. 会计与经济研究，2018 (1)：51 - 71.

[101] 陈凤仙. 人工智能发展水平测度方法研究进展 [J]. 经济学动态，2022 (2)：142 - 158.

[102] 陈国青，曾大军，卫强，张明月，郭迅华. 大数据环境下的决策范式转变与使能创新 [J]. 管理世界，2020，36 (2)：95 - 105.

[103] 陈劲. 人工智能与实体经济的整合式创新路径研究 [J]. 人民论坛，2021 (1)：29 - 31.

[104] 陈立齐，李建发. 国际政府会计准则及其发展述评 [J]. 会计研究，2003 (9)：49 - 52.

[105] 陈立齐. 美国政府会计的原则和重大变化简介 [J]. 会计研究，2004 (9)：28 - 30.

[106] 陈良华，迟颖颖，祖雅菲．供应链成本分配动态稳定性研究[J]．会计研究，2020 (4)：25-36.

[107] 陈鹏．人工智能对公共政策议程的影响 [J]．山东行政学院学报，2018 (6)：16-21.

[108] 陈鹏．人工智能时代的政府治理：适应与转变 [J]．电子政务，2019 (3)：27-34.

[109] 陈胜群，陈工孟，高宁．政府会计基础比较研究——传统的收付实现制与崛起的权责发生制，孰优孰劣？[J]．会计研究，2002 (5)：34-39.

[110] 陈收，蒲石，方颖，陈国青，黄丽华，黄益平，马超群，吕廷杰，李心丹，廖理，吴冲锋，谢康，袁先智，叶强．数字经济的新规律[J]．管理科学学报，2021，24 (8)：36-47.

[111] 陈思融，章贵桥．政府社会责任演进、可持续发展与完善政府会计功能 [J]．贵州社会科学，2013 (7)：69-73.

[112] 陈穗红，金介辉，石英华．论我国政府会计权责发生制的应用问题 [J]．财政研究，2004 (11)：11-14.

[113] 陈穗红，石英华．我国政府会计目标选择 [J]．财政研究，2007 (7)：48-50.

[114] 陈穗红．我国财政信息透明度的改善途径探析 [J]．中国行政管理，2008 (9)：28-31.

[115] 陈维达．论政府产权制度的完善 [J]．重庆工商大学学报（社会科学版），2007 (2)：13-19.

[116] 陈小平．人工智能：技术条件、风险分析和创新模式升级[J]．科学与社会，2021，11 (2)：1-14.

[117] 陈小悦，陈璇．政府会计目标及其相关问题的理论探讨 [J]．会计研究，2005 (11)：61-65.

[118] 陈晓红，李杨扬，宋丽洁，汪阳洁．数字经济理论体系与研究展望 [J]．管理世界，2022，38 (2)：208-224.

[119] 陈亚民，牟乃密．社会主义市场经济条件下会计改革的总体思

路 [J]. 会计研究，1992 (6)：28 - 33.

[120] 陈志，程承坪，封立涛. 人工智能是否有助于解决中国经济增长的结构性减速 [J]. 经济问题探索，2022 (2)：47 - 57.

[121] 陈志斌. 基于衍生功能界定的政府会计角色定位研究 [J]. 会计研究，2014 (1)：28 - 34.

[122] 陈志斌，公共受托责任：政治效益、经济效益与有效的政府会计 [J]. 会计研究，2003 (6)：36 - 39.

[123] 陈志斌，李敬涛. 政府善治目标的实现与政府会计治理效应 [J]. 会计研究，2015 (5)：13 - 19.

[124] 陈志斌，刘子怡. 政府会计准则执行的驱动研究 [J]. 会计研究，2016 (6)：8 - 14.

[125] 陈志斌，吴敏. 政府会计信息对行政权力运行的影响路径研究 [J]. 会计研究，2018 (10)：44 - 49.

[126] 陈志斌，周曙光. 政府会计国家治理功能的界定研究 [J]. 会计研究，2017 (11)：31 - 37.

[127] 陈志斌. 公共受托责任：政治效应、经济效率与有效的政府会计 [J]. 会计研究，2003 (6)：36 - 39.

[128] 陈志斌. 论中国政府会计概念框架的选择 [J]. 会计研究，2012 (2)：65 - 71.

[129] 陈志斌. 政府会计概念框架结构研究 [J]. 会计研究，2011 (1)：17 - 23.

[130] 陈志斌. 政府会计概念框架整体分析模型 [J]. 会计研究，2009 (2)：19 - 27.

[131] 陈志斌. 政府会计要素选择的分析框架研究 [J]. 北京工商大学学报（社会科学版），2014，29 (5)：1 - 6.

[132] 陈志勇，陈思霞. 制度环境、地方政府投资冲动与财政预算软约束 [J]. 经济研究，2014 (3)：76 - 87.

[133] 程承坪. 论人工智能的自主性 [J]. 上海交通大学学报（哲学社会科学版），2022，30 (1)：43 - 51.

[134] 程承坪．人工智能的自主性、劳动能力与经济发展 [J]．人文杂志，2021 (6)：60 -68.

[135] 程文．人工智能、索洛悖论与高质量发展：通用目的技术扩散的视角 [J]．经济研究，2021，56 (10)：22 -38.

[136] 程晓佳．财政透明度与政府会计改革 [J]．会计研究，2004 (9)：22 -27.

[137] 迟海滨．开展预算会计学术研究 进一步加强预算会计工作 [J]．财务与会计，1990 (10)：19 -21.

[138] 淳伟德，文章，陈粘．供给侧结构性改革背景下我国地方政府债务风险预警研究 [J]．预测，2020，39 (6)：69 -75.

[139] 丛树海．重塑我国政府会计体制的若干探讨 [J]．财经研究，1997 (9)：43 -49.

[140] 崔惠玉，景宏军．预算绩效管理中的政府会计问题 [J]．财务与会计，2011 (6)：48 -50.

[141] 崔学刚，葛传路，张琨．从医院会计变迁看新中国政府会计发展 70 年 [J]．会计研究，2020 (1)：49 -62.

[142] 崔也光，张悦，王肇．创新驱动国策下公司研发指数的构建研究——公司研发综合实力的会计评价方法 [J]．会计研究，2020 (2)：16 -25.

[143] 答凯艳．人工智能的过去、现在和未来 [J]．系统科学学报，2022，30 (1)：47 -51.

[144] 戴维·奥斯本，特德·盖布勒著，周敦仁，等，译．改革政府 [M]．上海：上海译文出版社，2006.

[145] 戴长征，鲍静．数字政府治理——基于社会形态演变进程的考察 [J]．中国行政管理，2017 (9)：21 -27.

[146] 单新涛．财政预算棘轮效应研究 [D]．新疆：新疆财经大学，2012.

[147] 道格拉斯．C. 诺思．陈郁，罗华平，等，译．经济史中的结构与变迁 [M]．上海：上海三联书店，上海人民出版社，1994.

[148] 翟淑萍，韩贤，张晓琳，陈曦．数字金融能降低企业债务违约风险吗［J］．会计研究，2022（2）：117－131.

[149] 丁纯．欧盟数字化转型的特征与启示［J］．人民论坛，2021（25）：106－109.

[150] 丁胜红．大数据会计核算理论体系创新与核算云端化流程重构［J］．中南大学学报（社会科学版），2019，25（5）：99－107.

[151] 樊行健．浅论加强预算会计分析［J］．财经理论与实践，1991（5）：54－55.

[152] 范恒山．政府功能转变与落实科学发展观［J］．环境经济，2004（7）：13－15.

[153] 方红生，张军．中国地方政府竞争、预算软约束与扩张偏向的财政行为［J］．经济研究，2009（12）.

[154] 方先明，张谊浩，蒋彧．地方政府过度举债、风险累积和治理对策［J］．中国行政管理，2012（4）：109－113.

[155] 方晓霞，杨丹辉，李晓华．新科技革命与产业革命深度交互下超智慧社会构建——日本的战略演进与机制创新［J］．日本问题研究，2018（1）：11－20.

[156] 菲利克斯·尼格罗，劳埃德尼格罗．公共行政学简明教程［M］．北京：中共中央党校出版社，1997（10）.

[157] 费雷德．W. 里格斯．行政生态学．金耀基，译．［M］．台北：台湾商务印书馆 1978（73）.

[158] 费雷德·W·里格斯．行政生态学．金耀基译．台北：台湾商务印书馆，1978（73）：5－7.

[159] 冯巧根．初探预算会计准则［J］．上海会计，1995（2）：11－12.

[160] 冯巧根．预算会计改革初探［J］．财会月刊，1994（10）：10－11.

[161] 冯巧根．管理会计工具的创新——“十字形”决策法的应用［J］．会计研究，2020（3）：110－127.

[162] 冯淑萍．会计改革与发展的 20 年 [J]．财务与会计，1998 (12)：4 - 7.

[163] 冯涛，袁为．“政府产权”范式的理论内涵及其对政府改革的意义 [J]．福建论坛（人文社会科学版），2008 (3)：4 - 14.

[164] 弗兰克·古德诺（美），丰俊功，译．政治与行政——政府之研究 [M]．北京：北京大学出版社，2012.

[165] 傅斌．责任预算初探 [J]．会计研究，1987 (3)：62 - 64.

[166] 傅元略．智慧会计：财务机器人与会计变革 [J]．辽宁大学学报（哲学社会科学版），2019 (1)：68 - 78.

[167] 甘泉，向妍．新城镇化背景下地方政府债务风险预警研究 [J]．统计与决策，2020，36 (03)：155 - 158.

[168] 高德步，何富彩．如何测度预算软约束？——来自 1998 至 2014 年我国中央政府对省级政府净补助的证据 [J]．投资研究，2017：(1).

[169] 高杰，谢其军，黄萃，苏竣．中德人工智能发展政策与战略布局的比较研究 [J]．科技管理研究，2019 (10)：206 - 209.

[170] 高锦萍，潘煜．政府会计透明度及提升路径研究 [J]．管理世界，2017 (3)：174 - 175.

[171] 高珂，王涛．我国地方政府隐性债务治理问题研究 [J]．经济问题探索，2020 (1)：23 - 37.

[172] 高培勇．中国财税改革 40 年：基本轨迹、基本经验和基本规律 [J]．经济研究，2018 (3)：4 - 20.

[173] 高强．为振兴财政献计献策——在全国第三次预算管理和预算会计理论研讨会闭幕时讲话 [J]．预算会计，1996 (10)：7 - 11.

[174] 高强．学习贯彻新制度 不断提高预算管理水平 [J]．预算会计，1997 (10)：4 - 7.

[175] 高强．在北京市预算会计研究会一届三次理事会上的讲话 [J]．预算会计，1995 (5)：4 - 6.

[176] 高望来．人工智能与后疫情时代的数字治理 [J]．当代世界与

社会主义，2021（6）：25－33.

［177］戈登．塔洛克（Gordon. Tullock）（作者），柏克（译者），郑景胜（译者）．官僚体制的政治［M］北京：商务印书馆，2018.

［178］葛家澍．必须替借贷记账法恢复名誉——评所谓“资本主义的记账方法”［J］．中国经济问题，1978（4）：77－85.

［179］葛家澍．试论会计核算这门科学的对象和方法［J］．厦门大学学报（社会科学版），1956（2）：31－55.

［180］龚强，徐朝阳．政策性负担与长期预算软约束［J］．经济研究，2008（2）：44－55.

［181］顾国达，马文景．人工智能综合发展指数的构建及应用［J］．数量经济技术经济研究，2021，38（1）：117－134.

［182］关国华．预算会计演进刍析［J］．财会通讯，1983（11）：41－42.

［183］管治华，范宇翔．预算软约束、经济增长与地方政府隐性债务规模［J］．安徽大学学报（哲学社会科学版），2020，44（3）：143－156.

［184］郭朝先，方澳．人工智能促进经济高质量发展：机理、问题与对策［J］．广西社会科学，2021（8）：8－17.

［185］郭靖，倪鹏飞，彭旭辉．城市收缩与地方政府债务风险［J］．中国行政管理，2022（1）：98－104.

［186］郭凯明．人工智能发展、产业结构转型升级与劳动收入份额变动［J］．管理世界，2019（7）：60－77.

［187］郭柃沂，许光建，许坤．地方政府债务的形成机制及对策［J］．宏观经济管理，2020（1）：41－47.

［188］郭令超．改进总预算会计和总决算核算办法的建议［J］．财会通讯，1993（2）：54－55.

［189］郭敏，万熙虹．政府会计改革对政府债务规模的影响分析［J］．管理现代化，2020，40（3）：7－9.

［190］郭庆旺，赵志耘．日本的预算制度初探［J］．现代日本经济，1990（4）：35－38.

[191] 郭庆旺．论加快建立现代财政制度［J］．经济研究，2017（12）：19－21.

[192] 郭庆旺，赵旭杰．地方政府投资竞争与经济周期波动［J］．世界经济，2012（5）：3－21.

[193] 郭殊．共治理念下地方政府债务的合作行政治理［J］．学海，2020（1）：123－130.

[194] 郭小聪，代凯．中国民主行政模式建构［J］．政治学研究，2016（1）：95－103.

[195] 郭玉清，薛琪琪，姜磊．地方政府债务治理的演进逻辑与转型路径——兼论中国地方政府债务融资之谜［J］．经济社会体制比较，2020（1）：34－43.

[196] 郭玉清．新发展格局下的地方政府债务治理［J］．陕西师范大学学报（哲学社会科学版），2022，51（2）：42－50.

[197] 郭月梅，欧阳洁．地方政府财政透明、预算软约束与非税收入增长［J］．财政研究，2017（7）：73－88.

[198] 韩凤芹，蔡佳颖．财政分权、政府间竞争与地方政府债务风险——基于省级数据空间效应的实证［J］．统计与决策，2021，37（17）：149－154.

[199] 韩健，程宇丹．因地制宜：化解我国地方政府隐性债务的路径选择［J］．中国行政管理，2020（9）：12－16.

[200] 韩君，颜小凤，韦楠楠．人工智能对中国就业技能结构影响的区域差异研究［J］．西北人口，2022，43（3）：45－57.

[201] 郝东洋，张冉．服务国家治理的政府成本会计：功能特征、概念框架与实现路径［J］．中国行政管理，2016（5）：19－25.

[202] 何大安．数据智能化、网络协同化与人工智能运用——从基础经济理论层面对企业投资经营的分析［J］．浙江学刊，2021（5）：99－110.

[203] 何大安．中国数字经济现状及未来发展［J］．治理研究，2021，37（3）：5－15.

[204] 何瑛，杨琳，张宇扬．新经济时代跨学科交叉融合与财务管理理论创新［J］．会计研究，2020（3）：19－33.

[205] 何哲．人工智能时代的政务智慧转型［J］．北京行政学院学报，2018（1）：52－59.

[206] 贺敬平，王森林，杨晓林．权责发生制在我国政府财务会计中的应用——基于海南政府会计改革试点的案例分析［J］．会计研究，2011（6）：42－49＋95－96.

[207] 赫伯特．A．西蒙．詹正茂，译．管理行为［M］．北京：机械工业出版社，2004.

[208] 赫尔曼．哈肯（德），凌复华．协同学：大自然构成的奥秘［M］．上海：上海译文出版社，2013.

[209] 鹤光太郎．政府的透明度——财政和金融政策的透明度［J］．日本经济评论，2003（7）：22.

[210] 侯世英，宋良荣．数字金融对地方政府债务融资的影响［J］．财政研究，2020（9）：52－64.

[211] 胡安俊．人工智能、综合赋能与经济循环［J］．当代经济管理，2022，44（5）：58－64.

[212] 胡登峰，黄紫微，冯楠，梁中，沈鹤．关键核心技术突破与国产替代路径及机制——科大讯飞智能语音技术纵向案例研究［J］．管理世界，2022，38（5）：188－209.

[213] 胡洪彬．人工智能时代政府治理模式的变革与创新［J］．学术界，2018（4）：75－87.

[214] 黄晴，刘华兴．治理术视阈下的社区治理与政府角色重构：英国社区治理经验与启示［J］．中国行政管理，2018（2）：123－129.

[215] 黄少安．产权经济学导论［M］．北京：经济科学出版社，2004.

[216] 惠宁，杨昕．数字经济驱动与中国制造业高质量发展［J］．陕西师范大学学报（哲学社会科学版），2022，51（1）：133－147.

[217] 冀云阳，钟世虎．地方政府债务对全要素生产率的影响研究［J］．财政研究，2022（4）：87－99.

［218］姜宏青，王翔．预算绩效管理与政府成本会计信息体系的融合研究［J］．会计与经济研究，2020，34（3）：36－49.

［219］姜宏青，魏小茹．政府会计信息在政社合作管理中的应用与改进［J］．会计与经济研究．

［220］姜宏青，于红，张艳慧．我国地方政府承债主体和会计核算主体的错位与解决［J］．会计研究，2018（9）：25－30.

［221］姜李丹，薛澜．我国新一代人工智能治理的时代挑战与范式变革［J］．公共管理学报，2022，19（2）：1－11.

［222］杰瑞．卡普兰（Jerry Kaplan）［美］，著．李盼，译．人工智能时代［M］．杭州：浙江人民出版社 2016，36，38.

［223］靳庆鲁，孟庆峰，王艳艳，吴育辉，顾远东，吴刚．互联网时代和中国制度下的会计审计与公司财务研究［J］．中国科学基金，2017（3）：287－296.

［224］荆新．我国政府会计准则体系的结构与协调问题研究［J］．会计与经济研究，2017，31（1）：20－27.

［225］拉赛尔·M. 林登著，汪大海，等，译．无缝隙政府：公共部门再造指南（中文修订版）［M］．北京：中国人民大学出版社，2013：31－35.

［226］兰旭凌．风险社会中的社区智慧治理：动因分析、价值场景和系统变革［J］．中国行政管理，2019（1）：140－145.

［227］郎玫，权一章．财政竞争与债务幻觉：双重张力下营商环境的建设逻辑［J］．中国行政管理，2020（9）：29－37.

［228］雷光勇．企业会计契约：动态过程与效率［J］．经济研究，2004（5）：98－106.

［229］李春雨，刁榴．日本的环境治理及其借鉴与启示［J］．学习与实践，2009（8）：164－168.

［230］李翠妮，葛晶，赵沙俊一．人工智能、老龄化与经济高质量发展［J］．当代经济科学，2022，44（1）：77－91.

［231］李定清．对预算会计改革若干问题的思考［J］．事业财会，1994（4）：13－15.

［232］李定清．试论政府会计的特征与构建［J］．生产力研究，2002（5）：150－152.

［233］李定清．预算会计改革初探［J］．重庆商学院学报，1995（3）：47－49.

［234］李桂君，田宗博，白彦锋．财政分权与金融分权的协同性及其对地方政府举债行为的影响研究［J］．财政研究，2022（2）：91－105.

［235］李红霞．让政府预算在阳光下运行：预算公开透明的思考［J］．财政研究，2011（1）：18－19.

［236］李红霞．国际公共部门会计准则的回顾、基本框架及其启示［J］．会计研究，2005（4）：88－93.

［237］李建发．从中美政府会计的差异看我国预算会计改革［J］．会计研究，1997（2）：41－45.

［238］李建发，肖华．公共财务管理与政府财务报告改革［J］．会计研究，2004（9）：7－10＋97.

［239］李建发，张曾莲．基于财务视角的政府绩效报告的构建［J］．会计研究，2009（6）：11－17＋96.

［240］李建发，张国清．国家治理情境下政府财务报告制度改革问题研究［J］．会计研究，2015（6）：8－17.

［241］李建发，张津津，张国清，赵军营．基于制度理论的政府会计准则执行机制研究［J］．会计研究，2017（2）：3－13.

［242］李建发．论改进我国政府会计与财务报告［J］．会计研究，2001（6）：9－16.

［243］李建发．政府财务报告研究［M］．厦门：厦门大学出版社，2006：43－47.

［244］李建强，朱军，张淑翠．政府债务何去何从：中国财政整顿的逻辑与出路［J］．管理世界，2020，36（7）：41－55.

［245］李靖云，刘军，人大常委王毅：中国环境治理最难的时期已经到来［EB/OL］．南方都市报，http：//finance. sina. com. cn/china/20140126/041518085082. shtml.

[246] 李磊，王小霞，包群．机器人的就业效应：机制与中国经验 [J]．管理世界，2021，37 (9)：104 - 119.

[247] 李力，温来成，唐遥，张偲．货币政策与宏观审慎政策双支柱调控下的地方政府债务风险治理 [J]．经济研究，2020，55 (11)：36 - 49.

[248] 李先念．对财务会计人员的几点希望 [J]．中国金融，1963 (6)：1 - 2.

[249] 李晓慧，马金玉．中国政府会计改革：基于 Lùder 政府会计变革模型分析 [J]．财政研究，2009 (11)：30 - 33.

[250] 李晓慧，孟超，陈立齐．政府会计管理的三维度研究 [J]．财政研究，2010 (9)：62 - 65.

[251] 李晓西，赵峥，李卫锋．完善国家生态治理体系和治理能力现代化的四大关系——基于实地调研及微观数据的分析 [J]．管理世界，2015 (5)：1 - 5.

[252] 李秀玉，李朝阳．债务危机背景下中国政府会计改革的思考 [J]．中国行政管理，2012 (4)：53 - 56.

[253] 李一花，亓艳萍．地区财政能力、引资竞争与地方债规模研究 [J]．当代财经，2017 (1)：27 - 39.

[254] 李永友，马孝红．地方政府举债行为特征甄别——基于偿债能力的研究 [J]．财政研究，2018 (1)：65 - 77.

[255] 李永友，沈坤荣．辖区间竞争、策略性财政政策与 FDI 增长绩效的区域特征 [J]．经济研究，2008 (5)：58 - 69.

[256] 李增泉．关系型交易的会计治理——关于中国会计研究国际化的范式探析 [J]．财经研究，2017 (2)：4 - 33.

[257] 李振，向辉，赵奇锋．地方政府隐性债务与银行流动性创造 [J]．中央财经大学学报，2021 (10)：30 - 42.

[258] 李子联，刘丹．农村信贷、城乡结构与经济高质量发展 [J]．会计与经济研究，2022，36 (2)：112 - 128.

[259] 李子联，刘丹．农村信贷、城乡结构与经济高质量发展 [J]．

会计与经济研究，2022，36（2）：112－128.

［260］李紫娟．加快推动人工智能产业高质量发展［J］．红旗文稿，2021（2）：27－29.

［261］梁正，吴培熠．数据治理的研究现状及未来展望［J］．陕西师范大学学报（哲学社会科学版），2021，50（2）：65－71.

［262］廖备水．论新一代人工智能与逻辑学的交叉研究［J］．中国社会科学，2022（3）：37－54.

［263］林毅夫，李志赟．政策性负担、道德风险与预算软约束［J］．经济研究，2004（2）：17－27.

［264］刘波．人工智能对现代政治的影响［J］．人民论坛，2018（2）：30－32.

［265］刘光忠．改进我国预算会计制度的思考［J］．会计研究，2002（1）：25－30.

［266］刘光忠．关于推进我国政府会计改革的若干建议［J］．会计研究，2010（12）：11－16.

［267］刘国强．论会计信息属性与政府会计监管［J］．会计研究，2006（7）：3－8.

［268］刘国柱．“数字威权主义”论与数字时代的大国竞争［J］．美国研究，2022，36（2）：35－57.

［269］刘华军，何礼伟，杨骞．中国人口老龄化的空间非均衡及分布动态演进：1989－2011［J］．人口研究，2014（2）：71－82.

［270］刘欢，周会洋，侯粲然．地方政府债务与企业创新［J］．会计研究，2020（9）：163－177.

［271］刘军，陈嘉钦．智能化能促进中国产业结构转型升级吗［J］．现代经济探讨，2021（7）：105－111.

［272］刘骏，应益华．制度伦理视角下的政府会计改革研究［J］．会计研究，2012（1）：20－24.

［273］刘立燕，熊胜绪．金字塔结构、法律环境与超控制权收益——来自中国上市公司的经验证据［J］．商业经济与管理，2011（8）：

30 – 35.

[274] 刘梅玲，黄虎，佟成生，刘凯．智能财务的基本框架与建设思路研究 [J]．会计研究，2020 (3)：179 – 192.

[275] 刘孟飞，王琦．数字金融对商业银行风险承担的影响机制研究 [J]．会计与经济研究，2022，36 (1)：86 – 104.

[276] 刘佩珂．高等学校的财务会计分析 [J]．财政，1962 (21)：18 – 21.

[277] 刘勤，杨寅．改革开放 40 年的中国会计信息化：回顾与展望 [J]．会计研究，2019 (2)：26 – 34.

[278] 刘尚希．人民财政观 [J]．财政研究，2022 (1)：3 – 5.

[279] 刘叔申，郭亚萍．关于制定预算会计准则问题 [J]．财贸研究，1997(5)：39 – 40.

[280] 刘笑霞，李建发．中国财政透明度问题研究 [J]．厦门大学学报（哲学社会科学版），2008 (6)：34 – 41.

[281] 刘雅君．转移支付、预算软约束与我国政府债务可持续性 [J]．学习与探索，2020 (10)：155 – 164.

[282] 刘玉廷．我国政府会计改革的若干问题 [J]．会计研究，2004 (9)：3 – 6.

[283] 邵瑞庆，李颖琦，叶婷婷．政府会计人员能力框架与培养模式及其促进体系研究——基于上海市的问卷调查 [J]．会计与经济研究，2018 (1)：40 – 50.

[284] 刘子怡，陈志斌．政府治理效率、财政透明度与政府会计治理工具：信息需求的视角 [J]．北京工商大学学报（社会科学版），2015 (6)：54 – 59.

[285] 刘子怡，陈志斌．政府治理效率、财政透明度与政府会计治理工具：信息需求的视角 [J]．北京工商大学学报（社会科学版），2015，30 (6)：54 – 59.

[286] 刘子怡，郝红霞．媒体压力、治理激励与政府会计信息披露 [J]．中南财经政法大学学报，2015 (6)：10 – 18.

[287] 刘子怡．中国情境下政府会计准则执行策略的理论框架构建[J]．会计与经济研究，2017，31（5）：29－37.

[288] 卢梭．社会契约论．何兆武，译．[M]．上海：商务印书馆，2010.

[289] 陆建桥．关于加强我国政府会计理论研究的几个问题[J]．会计研究，2004（7）：3－9.

[290] 路军伟，陈希晖．法国政府预算与政府会计改革：评介与借鉴[J]．审计与经济研究，2009，24（3）：78－81.

[291] 路军伟，李建发．政府会计改革的公共受托责任视角解析[J]．会计研究，2006（12）：14－19.

[292] 路军伟，田五星．政府会计改革：驱动因素与变革效率——基于政治伦理、市场逻辑与组织行为的视角[J]．会计研究，2014（2）：20－26.

[293] 路军伟，殷红．政府会计改革的动力机制与分析模型——基于制度变迁的理论视角[J]．会计研究，2012（2）：57－64.

[294] 路军伟，于国旺．政府会计的“双轨制”现象及成因研究——基于契约理论视角[J]．会计研究，2015（12）：31－37.

[295] 路军伟．我国政府会计改革取向定位与改革路径设计——基于多重理论视角[J]．会计研究，2010（8）：62－68.

[296] 罗润东，郭怡笛．人工智能技术进步会促进企业员工共同富裕吗？[J]．广东社会科学，2022（1）：54－63.

[297] 罗斯·L. 瓦茨（Ross L. Watts），杰罗尔德·L. 齐默尔曼（Jerold L. Zimmerman）（美）1986. 陈汉文，等．实证会计理论[M]大连：东北财经大学出版社．

[298] 罗文剑．政府行政成本控制问题研究[D]．南昌：南昌大学，2014：85－86.

[299] 罗长林，邹恒甫．预算软约束问题再讨论[J]．经济学动态，2014（5）：115－124.

[300] 吕冰洋，毛捷，刘潘．财政权力配置对地方举债的影响研究

[J]. 中国人民大学学报，2021，35（5）：56－69.

［301］吕荣杰，郝力晓．中国人工智能发展水平、区域差异及分布动态演进［J]. 科技进步与对策，2021，38（24）：76－84.

［302］吕炜，高帅雄，周潮．投资建设性支出还是保障性支出——去杠杆背景下的财政政策实施研究［J]. 中国工业经济，2016（8）：5－2.

［303］马蔡琛，桂梓椋．全面预算绩效管理视域下的政府会计准则体系构建——基于国际比较视野的考察［J]. 河北学刊，2020，40（3）：132－139.

［304］马恩涛，孔振焕．我国地方政府债务限额管理研究［J]. 财政研究，2017（5）：54－63.

［305］马骏，林慕华．中国预算改革：未来的挑战［J]. 中国行政管理，2012（6）：7－12.

［306］马鹏飞，隋聪．新冠疫情下的股市波动与上市公司应对——基于信号传递视角［J]. 会计与经济研究，2021，35（6）：106－126.

［307］马文涛，张朋，董松柯．全球视角下的财政透明度与政府债务：机制识别与现实启示［J]. 财政研究，2020（2）：27－43.

［308］马亚明，张立乐．地方政府债务扩张对国有企业投资效率的影响——基于国有企业过度负债的中介效应［J]. 会计与经济研究，2022，36（1）：27－45.

［309］马勇，吕琳．“双支柱”政策、政府债务与财政政策效果［J]. 经济研究，2021，56（11）：30－47.

［310］毛捷，韩瑞雪，徐军伟．财政压力与地方政府债务扩张——基于北京市全口径政府债务数据的．

［311］毛捷，刘潘，吕冰洋．地方公共债务增长的制度基础——兼顾财政和金融的视角［J]. 中国社会科学，2019（9）：45－67.

［312］孟凡利．美国政府会计中的预算会计处理与报告［J]. 财务与会计，1996（10）：52－54.

［313］孟凡利．对中国预算会计基本走向的探讨［J]. 山东经济，1994（4）：51－54.

[314] 孟凡利．试论构建新型的预算会计理论体系 [J]. 预算会计，1995 (10)：7-10.

[315] 米志诚，．长春市开展财务和预算会计红旗竞赛 [J]. 中国财政，1959 (4)：14-15.

[316] 欧阳宗书，狄愷，张娟，米传军，邱颖．美国、加拿大政府会计改革的有关情况及启示 [J]. 会计研究，2013 (11)：3-7.

[317] 潘俊，李靠队，许良虎，李敬涛．环境驱动、冲突协调与政府财务信息披露 [J]. 会计研究，2014 (6)：73-80.

[318] 潘俊，徐颖，窦笑晨．政府财务信息披露质量评价研究：基于环境起点论的分析 [J]. 会计与经济研究，2017 (6)：25-35.

[319] 潘俊，袁璐，唐凯丽．卓越政府会计人才能力框架与评价机制研究 [J]. 会计与经济研究，2019 (3)：16-27.

[320] 潘敏，张新平．新冠疫情、宏观经济稳定与财政政策选择——基于动态随机一般均衡模型的研究 [J]. 财政研究，2021 (5)：38-54.

[321] 潘晓江．资本管理会计：现代企业会计的理念创新 [J]. 会计研究，2020 (1)：77-91.

[322] 彭珍珍，顾颖，张洁．动态环境下联盟竞合、治理机制与创新绩效的关系研究 [J]. 管理世界，2020，36 (3)：205-220.

[323] 蒲德祥，霍慧芳．数字经济研究的热点、趋势与展望 [J]. 统计与决策，2021，37 (15)：9-13.

[324] 戚啸艳，韩静，赵建国．政府会计改革进程中的困惑和机遇解构 [J]. 会计研究，2013 (6)：33-38+95.

[325] 戚艳霞，王鑫，赵建勇．权责发生制、会计透明度和政府绩效管理 [J]. 财政研究，2008 (5)：60-62.

[326] 戚艳霞，王鑫．政府会计与政府审计的动态协调和制度优化 [J]. 审计研究，2013 (3)：22-27.

[327] 戚艳霞，张娟，赵建勇．我国政府会计准则体系的构建——基于我国政府环境和国际经验借鉴的研究 [J]. 会计研究，2010 (8)：69-75.

[328] 戚艳霞，种金睿，姜国杰．公共财政管理框架下的政府会计改

革：理论诠释与制度完善［J］. 财政研究，2013（11）：67－70.

［329］戚莹，高文英. 人工智能时代自动化行政的实践困境及规制路径［J］. 中国人民公安大学学报（社会科学版），2022，38（1）：67－75.

［330］戚聿东，丁述磊，刘翠花. 数字经济时代新职业发展与新型劳动关系的构建［J］. 改革，2021（9）：65－81.

［331］戚聿东，肖旭. 数字经济时代的企业管理变革［J］. 管理世界，2020，36（6）：135－152.

［332］戚聿东，肖旭. 数字经济时代的企业管理变革［J］. 管理世界，2020，36（6）：135－152＋250.

［333］钱锋，桂卫华. 人工智能助力制造业优化升级［J］. 中国科学基金，2018（3）：257－261.

［334］曲春青，庄新颖. 提高金融市场化程度能否缓解地方政府债务对企业债务融资的挤出效应？［J］. 国际金融研究，2021（12）：34－43.

［335］全国预算会计工作会议在北京召开［J］. 财政，1965（10）：18－19.

［336］饶国霞，葛扬. 我国房地产如何破解"土地财政"之殇［J］. 商业经济与管理，2014（1）：71－78.

［337］饶品贵，汤晟，李晓溪. 地方政府债务的挤出效应：基于企业杠杆操纵的证据［J］. 中国工业经济，2022（1）：151－169.

［338］任保平，张越. 新经济推动生产体系变化下供给侧结构性改革的路径［J］. 北京师范大学学报（社会科学版），2021（6）：150－157.

［339］荣秋艳. 中国地方政府功能：问题、成因及转变［J］. 经济问题探索，2014（3）：28－33.

［340］塞缪尔·亨廷顿. 变化社会中的政治秩序［M］. 上海：三联书店出版社，1999，45－51.

［341］邵瑞庆，李颖琦，叶婷婷. 政府会计人员能力框架与培养模式及其促进体系研究——基于上海市的问卷调查［J］. 会计与经济研究，2018（1）：40－50.

［342］沈伟. 地方政府债务的成因与风险治理［J］. 人民论坛，2020

(15)：159 -161.

[343] 沈洋，魏丹琪，周鹏飞. 数字经济、人工智能制造与劳动力错配 [J]. 统计与决策，2022，38 (3)：28 -33.

[344] 沈永建，尤梦颖，梁方志. 政府管制与企业行为：述评与展望 [J]. 会计与经济研究，2020，34 (03)：81 -95.

[345] 审计署昆明特派办理论研究会课题组，周应良，陈波，马艳飞，陈淑栋，蒋超博，杨鲤铭，乔超. 新时代大数据审计实践研究——以医疗保障基金审计为例 [J]. 审计研究，2020 (2)：7 -13.

[346] 石亚军. 推进实现三个根本转变的内涵式大部制改革 [J]. 中国行政管理，2013 (1)：15 -18.

[347] 史锦华，张亮亮. 区块链破解地方政府债务治理难题的思考 [J]. 中国行政管理，2021 (4)：83 -87.

[348] 史绍绂. 编报 1962 年财政决算的几个问题 [J]. 财政，1962 (24)：3 -5.

[349] 史绍绂. 谈编报预算会计报表的几个问题 [J]. 财政，1963 (9)：18 -20.

[350] 史绍绂. 谈谈财政总预算会计的资金调度问题 [J]. 财政，1981 (7)：24 -26.

[351] 史绍绂. 浅议会计主体与会计对象——预算会计准则框架的具体思考之一 [J]. 预算会计研究通讯，1994 (9)：6 -7.

[352] 史宇鹏. 数字经济与制造业融合发展：路径与建议 [J]. 人民论坛·学术前沿，2021 (6)：34 -39.

[353] 数据资讯：人工智能全球之势 [J]. 中国科学院院刊，2022，37 (3)：411 -414.

[354] 宋傅天，姚东旻. "城投部门" 议价能力与地方政府债务扩张 [J]. 管理世界，2021，37 (12)：92 -110.

[355] 宋衍蘅，陈晓. 西方国家政府会计的比较及其借鉴 [J]. 会计研究，2002 (9)：58 -62.

[356] 孙宝厚. 账户入手 全面揭示 促进管理 [J]. 审计研究，1997

(1)：32－35.

[357] 孙锋，王峰．城市社区治理能力：分析框架与产生过程［J］．中国行政管理，2019（2）：53－59.

[358] 孙慧敏，谢庆红，吴斌．中美欧人工智能产业风险研究及中国对策［J］．科技管理研究，2021，41（17）：170－178.

[359] 孙健，刘梅玲．中国会计学会学术会议综述［J］．会计研究，2019（1）：93－95.

[360] 孙恪庄．加强预算会计对国民经济宏观管理的作用［J］．财务与会计，1988，(11)：6－7.

[361] 孙琳，陈舒敏．债务风险、财政透明度和记账基础选择——基于国际经验的数据分析［J］．管理世界，2015（10）：132－143.

[362] 孙琳，方爱丽．财政透明度、政府会计制度和政府绩效改善——基于48个国家的数据分析［J］．财贸经济，2013（6）：22－32.

[363] 孙琳，桑宁．中期预算、权责发生制与政府债务控制——基于跨国面板数据的分析［J］．财贸经济，2018，39（11）：36－52.

[364] 孙琳，周欣，王弟海，高司民．财政分权、政府会计制度和政府债务风险：基于跨国面板数据的研究［J］．财贸经济，2021，42（10）：52－69.

[365] 孙沛沛．基于棘轮效应的预算松弛行为后果分析与防范［D］．石家庄：河北大学，2015.

[366] 孙萍．中国社区治理的发展路径：党政主导下的多元共治［J］．政治学研究，2018（1）：107－110.

[367] 孙睿，葛扬．我国地方政府债务风险评估与应对［J］．江苏社会科学，2020（6）：90－97.

[368] 孙伟平．智能系统的"劳动"及其社会后果［J］．哲学研究，2021（8）：30－40.

[369] 孙璇．人工智能时代生产关系的政治经济学分析［J］．福建论坛（人文社会科学版），2022（3）：32－41.

[370] 唐大鹏，常语萱．政府内部控制、政府财务信息与政府公信力

[J]. 财政研究，2018 (1)：112 - 123.

[371] 唐铁汉. 加强政府绩效管理 深化行政管理体制改革 [J]. 中国行政管理，2006 (3)：6 - 10.

[372] 唐云锋，马春华. 财政压力、土地财政与"房价棘轮效应" [J]. 财贸经济，2017 (11)：39 - 54.

[373] 陶勇. 协同治理推进数字政府建设——《2018 年联合国电子政务调查报告》解读之六 [J]. 行政管理改革，2019 (6)：70 - 74.

[374] 陶勇. 协同治理推进数字政府建设——《2018 年联合国电子政务调查报告》解读之六 [J]. 行政管理改革，2019 (6)：70 - 74.

[375] 田国强，陈旭东. 中国如何跨越"中等收入陷阱"——基于制度转型和国家治理的视角 [J]. 学术月刊，2015 (5)：18 - 27.

[376] 田毅鹏. 农村社区治理能力现代化的新取向 [J]. 政治学研究，2018 (1)：111 - 114.

[377] 汪敏达，陈志斌. 政府会计提升政府治理效能的机制研究——信念革新，技术变革与制度支撑 [J]. 中央财经大学学报，2017 (10)：57 - 64.

[378] 王百行，耿建云. 谈谈如何进行预算执行情况分析 [J]. 财政，1981 (8)：28 - 29.

[379] 王彪华. 大数据审计理论与实践研讨会综述 [J]. 审计研究，2020 (2)：52 - 56.

[380] 王斌，高波. 土地财政、晋升激励与房价棘轮效应的实证分析 [J]. 南京社会科学，2011 (5)：28 - 34.

[381] 王晨明.《政府会计准则——基本准则》：新坐标 新起点 [J]. 财务与会计，2016 (4)：71 - 72.

[382] 王赐江：警惕环保类群体性事件高发势头 [EB/OL]. 环球网，http：//opinion. huanqiu. com/opinion_china/2012 - 11/3249656. html.

[383] 王芳，沈彦杰，高女杰. 我国债券市场政府会计信息披露研究——以省级政府信用评级报告为例 [J]. 北京工商大学学报（社会科学版），2020，35 (2)：58 - 68.

［384］王芳，谭艳艳，严丽娜．中国政府负债信息披露：现状、问题与体系构建［J］．会计研究，2017（2）：14－23.

［385］王芳，张琦．政府会计信息披露研究：国外文献回顾与启示［J］．北京工商大学学报（社会科学版），2014，29（5）：7－14.

［386］王海峰．论构建地方服务型政府过程中行政成本的控制［J］．学习论坛，2013（4）：40－43

［387］王海民．对政府会计监管问题的几点看法［J］．会计研究，2001（12）：29－31.

［388］王汇华，刘永泽．政府会计与政府治理——基于中国省级面板数据的经验研究［J］．贵州财经大学学报，2019（2）：62－69.

［389］王汇华．政府会计、财政透明度与经济治理——基于中国省级面板数据的经验研究［J］．中国软科学，2020（3）：161－170.

［390］王军，常红．人工智能对劳动力市场影响研究进展［J］．经济学动态，2021（8）：146－160.

［391］王君，张于喆，张义博，洪群联．人工智能等新技术进步影响就业的机理与对策［J］．宏观经济研究，2017（10）：169－181.

［392］王林辉，姜昊，董直庆．工业智能化会重塑企业地理格局吗［J］．中国工业经济，2022（2）：137－155.

［393］王庆成．预算会计改革的探讨［J］．教育财会研究，1993（4）：4－9.

［394］王庆成，王建英．行政单位会计改革的思考［J］．预算会计，1996（7）：24－29.

［395］王庆成．论我国非企业会计组成体系的构建［J］．会计研究，2004（4）：3－7＋97.

［396］王庆成．事业单位会计准则的研究［J］．预算会计，1995（9）：30－36.

［397］王庆成．西方政府和非营利组织会计准则的制定情况［J］．预算会计，1996（2）：44－46.

［398］王庆东，常丽．政府财务报告改革导向及其实现机制探索

[J]. 会计研究，2007 (3)：88-90.

[399] 王秋石，关阵. 中国地方政府债务促进了经济增长吗？——一个元分析 [J]. 公共管理与政策评论，2021，10 (3)：107-122.

[400] 王韧，刘柳巧，刘于萍. 地方政府债务负担会阻碍区域经济一体化吗？——城市群视角的异质性诊断 [J]. 财政研究，2021 (5)：70-84.

[401] 王山. 大数据时代中国政府治理能力建设与公共治理创新 [J]. 求实，2017 (1)：51-57.

[402] 王山. 新中国70年信息技术变革与政府管理创新的回顾与展望 [J]. 西南民族大学学报（人文社科版），2019 (8)：8-15.

[403] 王山. 智能技术对政府管理的影响研究 [D]. 北京：中国农业大学，2018 (13)：87.

[404] 王少泉. 数字时代治理理论：背景、内容与简评 [J]. 国外社会科学，2019 (2)：96-104.

[405] 王天恩. 信息及其基本特性的当代开显 [J]. 中国社会科学，2022 (1)：90-113.

[406] 王晓娟，朱喜安，王颖. 工业机器人应用对制造业就业的影响效应研究 [J]. 数量经济技术经济研究，2022，39 (4)：88-106.

[407] 王鑫，戚艳霞. 我国政府债务会计信息披露与改进建议——基于政府会计改革视角 [J]. 财政研究，2015 (5)：107-111.

[408] 王鑫. 基于新绩效观的政府会计体系研究 [J]. 财会通讯，2014 (16)：57-59.

[409] 王叙果，张广婷，沈红波. 财政分权、晋升激励与预算软约束——地方政府过度负债的一个分析框架 [J]. 财政研究，2012 (3)：10-15.

[410] 王彦，王建英，赵西卜. 政府会计中构建二元结构会计要素的研究 [J]. 会计研究，2009 (4)：24-30.

[411] 王奕俊，杨悠然. 人工智能背景下专业人才培养的发展路径与方向——基于会计职业相关数据的实证研究 [J]. 中国远程教育，2020 (1)：35-45.

[412] 王银梅．政府会计功能取向及我国预算会计改革 [J]．行政事业资产与财务，2011 (23)：12－17.

[413] 王雍君．支出周期：构造政府预算会计框架的逻辑起点——兼论我国政府会计改革的核心命题与战略次序 [J]．会计研究，2007 (5)：3－9.

[414] 王振宇，司亚伟，路遥．地方财政生态“失衡”现象及其修复 [J]．财政研究，2021 (9)：40－55.

[415] 位豪强．基于博弈分析的棘轮效应与盈余管理 [D]．天津：天津大学，2015.

[416] 魏明海．责任会计制度中的行为因素 [J]．广西会计，1988 (10)：1－4.

[417] 魏巍．人工智能就业替代效应和创新效应的分化研究 [J]．软科学，2022，36 (3)：55－61.

[418] 吴超鹏，金溪．社会资本、企业创新与会计绩效 [J]．会计研究，2020 (4)：45－57.

[419] 吴敏，曹婧，毛捷．地方公共债务与企业全要素生产率：效应与机制 [J]．经济研究，2022，57 (1)：107－121.

[420] 吴鹏，邢诒海．政务人工智能的云服务模式研究——以广州市为例 [J]．电子政务，2019 (6)：2－12.

[421] 吴盛光，叶锦棠．怎样分析预算执行情况 [J]．财政，1963 (1)：10－12.

[422] 吴晓林．城中之城：超大社区的空间生产与治理风险 [J]．中国行政管理，2018 (9)：137－143.

[423] 吴粤，王涛，竹志奇．政府投资效率与债务风险关系探究 [J]．财政研究，2017 (8)：29－42.

[424] 武晓芬，田海洋．中外人工智能审计研究热点及演进知识图谱比较研究 [J]．科技管理研究，2019 (10)：185－191.

[425] 谢波峰，朱扬勇．数据财政框架和实现路径探索 [J]．财政研究，2020 (7)：14－23.

[426] 辛荣耀．关于预算会计的功能、协调和队伍建设问题 [J]．会计研究，1983 (6)：53.

[427] 辛勇飞．数字技术支撑国家治理现代化的思考 [J]．人民论坛·学术前沿，2021 (Z1)：26 - 31.

[428] 邢俊英．改革政府会计制度 防范财政负债风险 [J]．会计研究，2004 (4)：69 - 72.

[429] 熊虎．地方政府债务的经济增长效应研究——基于数量与质量的双重视角 [J]．宏观质量研究，2021，9 (6)：113 - 128.

[430] 徐晨阳，王满，沙秀娟，马影，于增彪．财务共享、供应链管理与业财融合——中国会计学会管理会计专业委员会 2017 年度专题研讨会 [J]．会计研究，2017 (11)：93 - 95.

[431] 徐经长，何乐伟．以政府会计改革助推全面绩效管理 [J]．中国行政管理，2018 (6)：157 - 158.

[432] 徐经长．人工智能和大数据对会计学科发展的影响 [J]．中国大学教学，2019 (9)：39 - 44.

[433] 徐鹏，徐向艺．人工智能时代企业管理变革的逻辑与分析框架 [J]．管理世界，2020，36 (1)：122 - 129.

[434] 徐肖冰，陈庆海．疫情冲击下的欧洲债务风险、影响及启示 [J]．南方金融，2021 (5)：79 - 88.

[435] 徐玉德．地方政府隐性债务的内涵辨析与逻辑溯源 [J]．财政研究，2021 (9)：30 - 39.

[436] 徐镇绥．试论政府会计改革中会计基础选择问题 [J]．会计研究，2006 (12)：20 - 24.

[437] 许光建，曾路遥．基于政府会计制度改革的中国政府负债风险控制研究 [J]．价格理论与实践，2016 (9)：37 - 41.

[438] 许勇，黄福寿．人工智能赋能国家治理：定位、逻辑与实践 [J]．哈尔滨工业大学学报（社会科学版），2022，24 (3)：60 - 66.

[439] 亚当·斯密 (Adam Smith)，著．郭大力，王亚南，译．国民财富的性质和原因的研究（上卷）[M]．上海：商务印书馆，1972 (2).

[440] 阎伯臣，何光裕，吕伯炎．关于记账方法的探讨 [J]．经济研究，1962 (9)：44 – 50.

[441] 阎达五．我对“会计”教学中存在的主要问题的初步看法 [J]．教学与研究，1958 (6)：52 – 54.

[442] 阎达五，荆新．对事业单位会计改革等问题的意见 [J]．预算会计，1996 (10)：28 – 33.

[443] 阎达五，荆新．关于预算会计改革的几点思考 [J]．预算会计研究通讯，1994 (8)：14 – 17.

[444] 阎达五，荆新．试论基金会计 [J]．预算会计，1997 (4)：42 – 44.

[445] 颜佳华，方浩伟．“互联网 + 审批服务”：实践、反思与展望 [J]．中国行政管理，2019 (2)：156 – 157.

[446] 杨纪琬．对预算会计研究会工作的几点希望 [J]．财务与会计，1990 (10)：23 – 25.

[447] 杨纪琬．进一步加强会计核算工作 [J]．财政，1961 (5)：10 – 13.

[448] 杨纪琬，余秉坚．新中国会计工作的回顾（二）[J]．会计研究，1987 (3)：35 – 40.

[449] 杨纪琬．对预算会计改革中几个难点的看法——1997 年 3 月 18 日在预算会计改革座谈会上的发言摘要 [J]．预算会计，1997 (5)：9 – 10.

[450] 杨纪琬．两个“准则”的区别和比较 [J]．预算会计，1997，(10)：16 – 19.

[451] 杨晓光，徐宗本，郭雷．计算治理：一个值得重视的新兴交叉领域 [J]．中国科学基金，2022，36 (1)：94 – 99.

[452] 杨亚军，杨兴龙，孙芳城．基于风险管理的地方政府债务会计系统构建 [J]．审计研究，2013 (3)：94 – 101.

[453] 叶康涛，刘金洋，曾雪云．会计管理活动论的当代意义 [J]．会计研究，2020 (1)：5 – 15.

[454] 叶龙，冯兆大．我国政府会计模式构建过程中主体界定问题初探［J］．会计研究，2006（9）：69－75.

[455] 叶战备，王璐，田昊．政府职责体系建设视角中的数字政府和数据治理［J］．中国行政管理，2018（7）：57－62.

[456] 易庭源．社会主义复式记帐原理的探讨——要从对象出发按资金运动的规律来说明［J］．江汉学报，1963（3）：52－57.

[457] 殷红，邵瑞庆，印晓兰．文物文化资产会计研究：综述与展望［J］．会计与经济研究，2019（1）：23－38.

[458] 应唯，张娟，杨海峰．政府会计准则体系建设中的相关问题及研究视角［J］．会计研究，2016（6）：3－7.

[459] 尤愚．人民银行上海分行推行会计集中制的做法与经验［J］．中国金融，1953（2）：14－15.

[460] 于君博．后真相时代与数字政府治理的祛魅［J］．行政论坛，2018（3）：90－96.

[461] 于文轩．人工智能与公共管理：机遇与挑战［J］．北京航空航天大学学报（社会科学版），2020，33（4）：50－54.

[462] 于晓婷，邱继洲．论政府环境治理的无效与对策［J］．哈尔滨工业大学学报（社会科学版），2009（6）：127－132.

[463] 余明桂，王空．地方政府债务融资、挤出效应与企业劳动雇佣［J］．经济研究，2022，57（2）：58－72.

[464] 余睿．公共财产所有权的法律属性［J］．江西社会科学，2015（1）：148－153.

[465] 余睿．行政法视野下的公共财产支配权效力探究［J］．江汉论坛，2015（9）：140－144.

[466] 余性元．谈会计工作的监督作用问题［J］．财经研究，1958（7）：51－52.

[467] 余绪缨．试论“复式记账法”的理论基础——兼论“资金收付记账法”［J］．厦门大学学报（哲学社会科学版），1978（Z1）：136－151.

[468] 余应敏．渐进引入应计制：我国政府会计基础的理性选择

[J]. 财政研究，2008 (11)：69 – 72.

[469] 余应敏．美国政府会计的发展及其对我国的启示 [J]. 财政研究，2008 (1)：74 – 77.

[470] 余应敏．推行应计制（权责发生制）政府会计是防范财政风险的重要举措：由欧债危机谈起 [J]. 财政研究，2014 (2)：35 – 40.

[471] 预算会计与政府会计 [J]. 财会通讯，1982 (9)：64.

[472] 袁野．推进新时代大数据审计工作的思考 [J]. 审计研究，2020 (1)：3 – 6.

[473] 约拉姆·巴泽尔．Yoram Barzel [以] 费方域，等，译．产权的经济分析 [M] 上海：格致出版社，上海三联书店，上海人民出版社，1997.

[474] 岳楚炎．人工智能革命与政府转型 [J]. 自然辩证法通讯，2019 (1)：21 – 25.

[475] 詹雷，王成．政府特征与政府会计概念框架 [J]. 中南财经政法大学学报，2004 (6)：98 – 102.

[476] 詹新宇，曾傅雯．经济增长目标动员与地方政府债务融资 [J]. 经济学动态，2021 (6)：83 – 97.

[477] 张国建，胡玉梅，艾永芳．地方政府债务扩张会促进产业结构转型升级吗 [J]. 山西财经大学学报，2020，42 (10)：69 – 82.

[478] 张国生．改革预算会计和构建政府会计体系的思考 [J]. 中南财经政法大学学报，2005 (6)：102 – 107.

[479] 张国兴．关于构建我国政府会计体系问题的研究 [J]. 会计研究，2008 (3)：11 – 18.

[480] 张红霞．政府绩效评价与会计制度研究分析——评《政府绩效评价与政府会计》[J]. 财务与会计，2019 (21)：2.

[481] 张惠强．制度环境、资源特征与化债选择——地方政府债务化解的社会学分析 [J]. 学术论坛，2020，43 (2)：68 – 77.

[482] 张娟．政府会计与企业会计：概念框架差异与启示——基于 IPSASB 与 IASB 最新研究成果的分析 [J]. 会计研究，2010 (3)：78 – 85.

[483] 张康之. 公共行政中的哲学与伦理 [M]. 北京：中国人民大学出版社，2004，15 – 19.

[484] 张乐，童星. 人工智能的发展动力与风险生成：一个整合性逻辑框架 [J]. 江西财经大学学报，2021 (5)：23 – 36.

[485] 张美莎，曾钰桐，冯涛. 人工智能对就业需求的影响：基于劳动力结构视角 [J]. 中国科技论坛，2021 (12)：125 – 133.

[486] 张牧扬，潘妍，范莹莹. 减税政策与地方政府债务——来自增值税税率下调的证据 [J]. 经济研究，2022，57 (3)：118 – 135.

[487] 张鹏飞. 日本人工智能产业发展和政策研究 [J]. 现代日本经济，2021 (5)：25 – 40.

[488] 张平，王楠. PPP 视阈下我国地方政府隐性债务风险的空间分布测度与防范对策 [J]. 当代财经，2020 (12)：39 – 49.

[489] 张平，吴子靖，赵萌. 中国城市社区治理研究的发展态势与评价——基于 (1998—2017 年) 2049 篇 CSSCI 的文献计量分析 [J]. 治理研究，2019，35 (1)：21 – 30.

[490] 张琦，步丹璐，郁智. 媒体关注、报道情绪与政府“三公”预算抑制 [J]. 经济研究，2016 (5)：72 – 85.

[491] 张琦，程晓佳. 政府财务会计与预算会计的适度分离与协调：一种适合我国的改革路径 [J]. 会计研究，2008 (11)：35 – 41.

[492] 张琦，程晓佳. 政府会计改革环境动因的实证研究——以 OECD 国家为例 [J]. 财政研究，2012 (10)：73 – 78.

[493] 张琦，宁书影，郑瑶. 国家审计的“三公”预算治理效应——基于中央部门的经验证据 [J]. 审计研究，2018 (4)：53 – 61.

[494] 张琦，田霈. 政府会计研究主题、方法与引用率——基于美国文献的数据分析 [J]. 会计研究，2016 (1)：38 – 48.

[495] 张琦，王森林，李琳娜. 我国政府会计改革重大理论问题研究 [J]. 会计研究，2010 (8)：76 – 82.

[496] 张琦，张娟，程晓佳. 我国政府预算会计系统的构建研究 [J]. 会计研究，2011 (1)：24 – 30.

[497] 张琦，张娟，吕敏康．预算制度变迁、网络化环境与政府财务信息传导机制——基于商务部“三公经费”公开的案例研究［J］．会计研究，2013（12）：25－32.

[498] 张琦，张娟．供求矛盾、信息决策与政府会计改革——兼评我国公共领域的信息悖论［J］．会计研究，2012（7）：24－31.

[499] 张琦，张娟．政府会计改革：问题、对策与建议——政府会计改革研讨会综述［J］．会计研究，2009（10）：83－88.

[500] 张琦，郑瑶．媒体报道能影响政府决算披露质量吗？［J］．会计研究，2018（1）：39－45.

[501] 张琦．公共受托责任、政府会计边界与政府财务报告的理论定位［J］．会计研究，2007（12）：29－34.

[502] 张琦．经济危机催生政府会计权责发生制改革——基于中美政府会计改革动因的比较［J］．中南财经政法大学学报，2009（6）：45－50.

[503] 张琦．论绩效评价导向政府会计体系的构建［J］．会计研究，2006（4）：3－8.

[504] 张蕊，王洋洋，廖佳．关键下属高管晋升锦标赛的创新激励效应研究［J］．会计研究，2020（2）：143－153.

[505] 张维迎．博弈论与信息经济学［M］上海：上海三联书店，1996.

[506] 张为国，赵建勇．制定《事业会计准则》中若干主要问题的探讨［J］．会计研究，1994（6）：5－11.

[507] 张新民，陈德球．移动互联网时代企业商业模式、价值共创与治理风险——基于瑞幸咖啡财务造假的案例分析［J］．管理世界，2020，36（5）：74－86＋11.

[508] 张雪芬．预算会计改革思考［J］．会计研究，2001（4）：43－45.

[509] 张延，赵艳朋．预算软约束与我国地方政府债务［J］．经济问题探索，2016（4）：8－13.

[510] 张永杰．社保基金数字化联网审计模式建构研究［J］．会计与

经济研究，2019（1）：39－51.

[511] 张永理．社区治理［M］．北京：北京大学出版社，2014：107－163.

[512] 张摘．杨纪琬教授谈预算会计改革［J］．财务与会计，1993（5）：61.

[513] 章贵桥．政府会计功能、国家善治与政治信任［J］．会计研究，2017（12）：19－23.

[514] 章贵桥，陈志斌．构建我国政府会计概念框架的价值取向与目标定位——基于里格斯行政生态学视角［J］．甘肃社会科学，2013（4）：193－196.

[515] 章贵桥，陈志斌，徐宗宇．人工智能发展、政府会计功能拓展与数字政府治理体制的完善［J］．中国行政管理，2022（1）：48－54.

[516] 章贵桥，李增泉．财政预算软约束、棘轮效应与政府会计治理效能［J］．会计研究，2018（12）：41－47.

[517] 章贵桥，潘俊．权力寻租、隐性福利与有效的政府会计报告［J］．经济体制改革，2013（3）：123－127.

[518] 章贵桥，杨媛媛，颜恩点．数智化时代、政府会计功能跃迁与财政预算绩效治理［J］．会计研究，2021（10）：17－27.

[519] 赵扶扬，陈斌开，刘守英．宏观调控、地方政府与中国经济发展模式转型：土地供给的视角［J］．经济研究，2021，56（7）：4－23.

[520] 赵合云．绩效预算改革引入权责发生制政府会计的有效性分析——基于制度关联性的视角［J］．中央财经大学学报，2009（5）：7－11.

[521] 赵建勇．关于建立新的预算会计规范体系的探讨［J］．财务与会计，1996（8）：46.

[522] 赵建勇．非盈利组织编制财务报告目的的研究［J］．会计研究，1997（6）：22－26.

[523] 赵建勇．关于我国预算会计的改革［J］．财经研究，1995（8）：51－56.

[524] 赵建勇．论预算会计的主体 [J]．预算会计，1995 (6)：12－13.

[525] 赵建勇．浅谈事业单位会计的十大改革 [J]．预算会计，1998 (7)：10－12.

[526] 赵建勇．试论中国预算会计体系 [J]．财经研究，2001 (6)：60－64.

[527] 赵建勇．预算会计改革模式探讨 [J]．上海会计，1996 (3)：33－34.

[528] 赵建勇．政府会计的显著特征——兼谈政府会计教育 [J]．会计研究，2004 (9)：11－15.

[529] 赵建勇．中美政府会计的比较 [J]．经济管理，2001 (3)：77－78.

[530] 赵军营．政府综合财务报告可比性研究——基于政府合并财务报表准则相似性分析 [J]．会计与经济研究，2021，35 (1)：64－76.

[531] 赵军营．政府综合财务报告可比性研究——基于政府合并财务报表准则相似性分析 [J]．会计与经济研究，2021，35 (1)：64－76.

[532] 赵西卜，王建英，王彦，曹越．政府会计信息有用性及需求情况调查报告 [J]．会计研究，2010 (9)：9－16.

[533] 赵永亮，杨子晖．民主参与对公共品支出偏差的影响考察 [J]．管理世界，2012 (6)：74－85.

[534] 赵治纲．我国地方政府债务管理框架的重构与风险防范——基于政府会计和债务管理融合的视角 [J]．求索，2021 (2)：141－150.

[535] 珍妮特．登哈特，罗伯特．登哈特，丁煌，译．新公共服务——服务，而不是掌舵 [M]．北京：中国人民大学出版社，2010 (32)：100.

[536] 甄杰，谢宗晓，李康宏，林润辉．信息安全治理与企业绩效：一个被调节的中介作用模型 [J]．南开管理评论，2020，23 (1)：158－168.

[537] 郑方方，陈素云．地方政府债务绩效管理的现实基础与实现路径 [J]．地方财政研究，2021 (2)：22－30.

[538] 郑洁，刘盼盼．地方政府债务规模、新型城镇化与区域经济增

长［J］. 统计与决策，2022，38（7）：142－145.

［539］郑琼洁，王高凤．人工智能对中国制造业价值链攀升的影响研究［J］. 现代经济探讨，2022（5）：68－75.

［540］郑石桥．预算棘轮效应和预算松弛实证研究［M］. 上海：上海立信会计出版社，2010.

［541］郑永君．社会组织建设与社区治理创新——厦门市“共同缔造”试点社区案例分析［J］. 中国行政管理，2018（2）：46－52.

［542］《政府会计权责发生制研究》课题组．我国预算会计制度的深化改革［J］. 财政研究，2002（5）：19－24.

［543］《中国共产党第十八届中央委员会第四次全体会议公报》.［EB/OL］. 新华网．http：//www. js. xinhuanet. com/2014－10/24/c_1112969836_3. htm 2014. 10. 24.

［544］中国人民银行营业管理部课题组，周学东，李宏瑾，李康，苏乃芳．预算软约束、融资溢价与杠杆率——供给侧结构性改革的微观机理与经济效应研究［J］. 经济研究，2017（10）：53－66.

［545］中华人民共和国国务院令（第 492 号）《中华人民共和国政府信息公开条例》2007. 第 10 条［EB/OL］. 中国网．http：//www. china. com. cn/policy/txt/2007－04/24/content_8160379_3. htm.

［546］周航，高波．财政分权、预算软约束与地方政府债务扩张［J］. 郑州大学学报（哲学社会科学版），2017（2）：55－61.

［547］周俊亭，席彦群，周媛媛，邱涛，翁安栋．大数据、人工智能与财税服务创新［J］. 中国软科学，2020（8）：69－77.

［548］周黎安．中国地方官员的晋升锦标赛模式研究［J］. 经济研究，2007（7）：36－50.

［549］周丽晖，严盖．环境治理的经济学分析［J］. 生态经济，2007（12）：146－148.

［550］周世愚．地方政府债务风险：理论分析与经验事实［J］. 管理世界，2021，37（10）：128－138.

［551］周守华，刘国强．只争朝夕　不负韶华　推动新时代会计理论

发展繁荣——《会计研究》新年献辞［J］. 会计研究，2020（1）：3 -4.

［552］周守亮，唐大鹏. 智能化时代会计教育的转型与发展［J］. 会计研究，2019（12）：92 -94.

［553］周曙光，陈志斌. 政府会计准则执行的行为分析、能力需求与培养路径［J］. 会计与经济研究，2018（4）：3 -11.

［554］周曙光，陈志斌. 国家治理视域下政府财务报告审计的机制构建［J］. 会计与经济研究，2019，33（6）：19 -30.

［555］周曙光，陈志斌. 会计学视角下政府资产负债结构分析指标构建［J］. 会计与经济研究，2021，35（3）：23 -34.

［556］周曙光，陈志斌. 会计学视角下政府资产负债结构分析指标构建［J］. 会计与经济研究，2021，35（3）：23 -34.

［557］周曙光，陈志斌. 实施政府会计准则的预期效应研究［J］. 财政研究，2017（9）：40 -46.

［558］周卫华，杨周南，库甲辰. 二元结构体系下政府会计技术改进研究——基于事项会计理论的探讨［J］. 会计研究，2016（2）：14 -21.

［559］周秀英. 政府绩效评价下的政府会计体系改革［J］. 福建论坛（人文社会科学版），2011（S1）：11 -12.

［560］朱丹，吉富星. 地方政府隐性债务风险评估及应对［J］. 地方财政研究，2021（3）：17 -23.

［561］朱琪，陈臻，李博湛，杨洋. 老龄化背景下人工智能对人工成本的影响：来自中国31个省份的证据［J］. 华南师范大学学报（社会科学版），2022（2）：142 -158.

［562］朱巧玲，李敏. 人工智能、技术进步与劳动力结构优化对策研究［J］. 科技进步与对策，2018（6）：36 -41.

［563］朱晓鑫，张广海，孙佰清，孟禹. 人工智能时代我国政府开放应急管理数据的应用研究［J］. 图书馆理论与实践，2019（6）：61 -67.

［564］朱星文. 会计治理论［D］. 天津：天津财经大学，2008.

［565］邹晓梅. 日本地方政府债务融资管理的实践及启示［J］. 宏观经济管理，2021（10）：84 -90.